U0114556

儒家圓教底再詮釋

—從「道德的形上學」到「溝通倫理學底存有論轉化」

謝大寧 著

臺灣學生書局 印行

序 言

轉眼間，牟宗三先生故去已一年半了。然而這段日子以來，環繞著牟先生的論題，卻似乎正方興未艾，甚至隱然有成為兩岸中國哲學界之顯學的趨勢。這其間討論的角度多端，立場亦頗多元，自緊守榘矱者以迄全盤否定者，委實不一而足。可以說，當前學界對如何「總結牟先生的經驗」，似乎尚乏共識；傅偉勳先生嘗謂，未來中國哲學的前途，端視如何對牟先生之學進行再詮釋，這一判斷在目前看來，似乎有些大膽，不過如果從近兩年來關於新儒家的討論，無論正反各方，幾無不以牟先生為主要對象來看，則傅先生的判斷恐怕是雖不中亦不遠的。

然而縱觀近年來一般關於牟先生的檢討，大抵說來，多是以其獨立的哲學體系為對象。換言之，大家大抵俱只以「哲學家的牟先生」視之。牟先生當然是不折不扣的哲學家，但平心而論，牟先生恐怕並不是典型西方型態，以獨立運思為主的哲學家，也不是帶著某種學究氣的哲學專家，而且他主觀上可能也不願被歸類為這一意義的哲學家。就此而言，牟先生的立場恐怕更接近於中國的注疏傳統，雖則他也不是古典注疏家一型。因此，整體來說，牟先生恐怕比較會喜歡「中國哲學詮釋者」這麼一個封號吧！而且他所謂的詮釋，也遠不同於今天西方典型之詮釋學者；在牟先生的詮釋裡，經典的脈絡仍是其最基本的元素。這一點，也使得他的哲學，以及由他的哲學所開的新學統中，仍富含著「道統」的特質。

　　以牟先生這一思想的特質，乃使筆者警覺到，今天學界檢討牟先生的方式，會不會因此而產生偏差呢？由於牟先生最基本的工作，乃是經典的現代詮釋，因此他雖對西方哲學的主流傳統浸淫甚深，而他也充分運用了此一資源，來建構經典詮釋的論証基礎，但原則上他決不為任何系統所制，而是進一步順經典之脈絡去發掘涵蘊在經典中的哲學問題，然後以這一哲學問題和西方相比觀，而形成一種交互詮釋的型態。同時在這一交互詮釋中，他恆把握著經典之主體性，於是他本質上是在「用」西方哲學，而不是仰賴它。就這點而言，今天學界許多人之論牟先生，或是抽離了經典的脈絡來獨立地看待他的許多概念，或是僅依西方專家哲學的立場來批判其思路，這又豈能同情地和牟先生進行「視域融合」呢？值是之故，本書之嘗試作為牟先生之學的再詮釋，首先的一個自我要求，即是必須充分奠基在經典的脈絡上，換言之，筆者乃是自覺地隨順牟先生的詮釋方法，而嘗試以一種進入其系統內部改變其詮釋的方式，來建立筆者的再詮釋。於是這一再詮釋，一方面既是針對牟先生所作，另一方面也可視之為對經典所進行的另一次再詮釋，同時並賦予這一詮釋以另一套論証基礎。無疑地，筆者這樣的嘗試，原則上也仍然是建立在經典的主體性之上，以此而和西方哲學完成了另一次對話和交互詮釋。筆者自問，這樣的檢討方式，至少在形式上，會更符合於詮釋法則吧！

　　此外,亦須一提的，筆者之所以選擇此一方式來對牟先生進行再詮釋，亦尚有另一外緣的因素。坦白說，這些年來中文學界關於義理詮釋這一課題，早已被哲學界侵吞得不成名堂了，哲學

界挾其強勢的知識型態和論証能力，逐步迫使傳統中文學界的義
理之學退縮到僅能進行文獻疏理的地步。這一趨勢當然指出了一
些值得反省的事實，如果說術業有專攻，則中文學界之義理詮
釋，其主體性究竟應該在那裡呢？它難道只能在傳統注疏和西方
哲學間出主入奴嗎？關於這點，筆者仍清晰記得，十年前筆者初
入博士班時，牟先生於課堂上的耳提面命。他一再警誡我們這批
中文學界的學生，雖然我們已不能免於西方哲學的挑戰，但西方
哲學畢竟非我們的專業，因此如何清晰地去掌握原典的義理脈
絡，並適度地運用、操縱西方哲學，以使它們提供必要的服務，
這便是我們的天職。對我們而言，如何尋求善會原典，並依本於
原典以進行新創造，比之尋求成為西方某一哲學流派的專家，有
更本質的重要性。牟先生這一提示，筆者以為事實上是值得所有
有志於尋求中國古典義理詮釋之主體性者，都必須三復斯言的。

　　當然，筆者也完全了解本書的工作乃是一項極冒險的嘗試，
這主要是由於此一工作所必須預設的條件甚多，而無論是就原典
的熟悉度，或是對西方哲學一些經典性著作的掌握等等，都遠不
是筆者目前的學力所可承擔者。然而筆者之所以敢冒險一試，無
非是由於眼見由牟先生所賦予的儒學新生命，在制度實踐這一面
所遭遇到的嚴重困局。毫無疑問的，由牟先生對儒學所作的創造
性詮釋，以及他對這時代變局的存在實感，這兩者的巧妙融合，
已促使儒學的發展進入了一個高峰。這一高峰既充分保全了傳統
儒學的道德實踐精神，也開出了指引時代方向的藥方。就這一精
神而言，筆者是從未置疑的，而且它也一直是筆者這些年來振拔
自己的力量泉源。然而我們如果平心來看，則由牟先生所開出的

儒學高峰，它之日益喪失了對時代發展之批判性建構的力量，卻似乎也是很難否認的事實。這現象看來並不能簡單歸咎於儒門淡薄，收拾不住，我們要問的是，這會不會也是源於牟先生詮釋系統本身的問題呢？儒學自然不是只有內聖一面的傳統，儒學經世也依然仍是有志於道統承傳者之一理想，然則筆者如何能在眼見有問題之下，而不冒險一試呢？

但筆者亦想表明一點：本書的嘗試固然是有些大膽，它直接挑戰了牟先生窮其畢生精力所建構的最基本論題，不過筆者的意圖完全不是想證明牟先生的努力終將歸於失敗，恰恰相反，本書事實上只是在嘗試以另一方式來證明牟先生的說法確有其真知灼見，只是它必須有更開放的表述而已。這也就是說筆者以為牟先生的系統在今天所遭遇的困局，事實上只是由於其表述上偶然的滑轉，所形成的自我封閉所致，吾人只要有方法打開此一封閉，即可使牟先生的理想進一步得到暢通。筆者確信，這樣的嘗試至少在意圖上會是一種對牟先生之建設性的再詮釋，當然也是對儒學之另一種調適上遂的再詮釋，因此即使此一嘗試終歸失敗，筆者也會以為，本書終將預示著「接著牟先生講」之時刻的早日到來。

惟在全書伊始，筆者亦須坦白承認，除了上述提及的，本書所必須預設的對原典和西方哲學的熟悉度，都已遠遠越出筆者的學力之外，本書尚有一大限制：那就是由於筆者的英文程度，至多只足以檢查英譯本哲學原典是否有原則性問題，德文則是一竅不通，因此使本書不得不過度依賴中譯本，這也是為什麼筆者在參考書目中，完全不列英德原文著作的緣故（雖然筆者亦確曾參

考部分原文作品，但是基於學術良心，還是以不列為上）。筆者當然清楚如此「藏拙」的作法所必須付出的代價，也願誠懇地接受因此而來的批評和責難。此一遺憾乃是筆者必須嚴肅面對的事實，但願日後能夠彌補。

　　最後，我要感謝家人在這段期間給我的支持，心遠、心耘尚幼，若非他們的勞神，我必然無法專心完成此一工作。另外，也必須感謝月惠的提供意見，由於身處偏僻的南部鄉間，她大概是這段其間我唯一的談友了。他如惠如、忠源、碧香的協助處理資料，惠玟、雅蓉、星光、春桂、文莉的協助校對，都是我必須感謝的。此外，在我心深處，亦總覺得小女心澂一直在陪伴著此書的成長，在她病勢轉重時，也正是我跌入最深沉的懷疑之時，而在她故去之後不久，我的初步架構也告成形，然則莫非此書竟是她的示現嗎？我亦常以此感到深深的安慰！此書終於以最粗糙的面目問世了，我知道這只是開始，而不是結束，我想我會期待各方的指教，以為我進一步努力的動力！

謝大寧　序于嘉義民雄

民國八十五年十一月

儒家圓教底再詮釋──從「道德的形上學」到「溝通倫理學底存有論轉化」

目　錄

第一章　宋明理學詮釋進路之檢討

　　對理學的詮釋進路而言，如《宋史》之僅依朱子之學以立「道學」之傳❶，當然是太偏狹的說法；而傳統的「理學」、「心學」之論述典範，於今看來，顯然也是不夠用的。傳統通常由於朱子的權威，而習慣依《近思錄》將周、張、二程皆吸入朱子的系統中。於是彷若濂、洛、關、閩皆是一根而發，而以朱子為集大成者。從而整個宋明理學遂簡化成「性即理」和「心即理」，「程朱」和「陸王」之對舉。這樣的對舉模式，直到今天如余英時先生在處理宋明清學術史時，仍以為是一基本典範，可見其入人之深❷。不過在今天講哲學或哲學史者，大抵皆已瞭解這種二分的模式，顯然是過於粗糙的，於是而有三分或四分等種種新分類模式。本章的處理主要即在通過對這些分類模式的介紹，以摘取出幾個具代表性的模式，並嘗試對這幾個模式作一抉擇，以選取出在現有的詮釋進路中，最具有周延性的詮釋系統，從而能夠為以下各章的進一步檢討，尋找到對焦的焦點。

第一節　宋明理學現有的詮釋進路

　　有關理學的哲學詮釋，從傳統的二分過渡到現有的格局，其主要的關鍵點，乃在於以張橫渠為代表的「氣」的思想，是否具有獨立性上。就算今天仍強烈主張朱子是所謂理學之集大成者的人，大概也不能否認這裡確有一些問題，如蒙培元《理學的演

變》云：

> 朱熹的哲學體系，雖然是以理爲最高範疇的客觀唯心主義
> 體系。但這並不是說，在這個體系中沒有任何矛盾。朱熹
> 作爲理學集大成者，既要把各種不同傾向的哲學思想，經
> 過改造，容納在一個龐大體系之中，同時也就爲自己提出
> 了一個極其困難的任務。作爲一個哲學家，他完成了一個
> 唯心主義理學體系。但是由於歷史的和認識的根源，在這
> 個體系中，包含著深刻的內在矛盾。簡單地說，在以朱熹
> 爲代表的理學體系中有兩個最基本的矛盾。一是理本體論
> 同氣化學說的矛盾，即唯心主義體系同唯物主義因素之間
> 的矛盾；一是理本體論同心本體論的矛盾，即客觀唯心主
> 義體系同主觀唯心論思想的矛盾。此外，方法和體系之間
> 也有矛盾，最明顯的是他的「格物窮理」說同「明明德」
> 的根本目的之間的矛盾。就是說，在朱熹的客觀唯心主義
> 哲學體系中，包含著某些唯物主義因素，同時又有主觀唯
> 心論的思想。這些矛盾是朱熹本人無法解決的。這就決定
> 了朱熹哲學必然要分化。❸

　　這也就是說他是承認所謂的「理本體」論和「心本體」論、
「氣化學說」間，確實存在著矛盾；他也即以此矛盾而說陽明心
學和羅欽順、王廷相以迄王夫之的唯物主義式的轉化❹。依此論
點，則理學在哲學上，似乎至少含著三個異質性的成分，而傳統
二分的說法，主要即是忽略了氣化論這條主要的脈絡。
　　當注意到氣化論的獨立性時，理學的哲學詮釋乃有了三分甚

至是四分的說法。之所以會有四分之說，主要當然是由於邵康節的介入。如陳來的《宋明理學》云：

> 按照現代學術界的通常作法，我們可以把宋明理學體系區分為四派：氣學（張載為代表）、數學（邵雍為代表）、理學（程頤、朱熹為代表）、心學（陸九淵、王守仁為代表）。氣學—數學—理學—心學，歷史地、邏輯地展現了宋明理學逐步深入的發展過程。❺

　　這樣的分法也頗合學術史的常識，康節在伊洛淵源上，常與濂溪、橫渠、二程並稱，對某些問題的表述，諸如「理性命」等概念，「太極不動，性也，發則神」「性者道之形體」「心者性之郛郭」等說法❻，亦與理學諸家有頗多可以交通處，然而哲學式地處理理學，是否有必要加入康節呢？

　　關於上述問題，當然涉及康節之學的基本義理型態。一般而言，康節之學乃是建立在一套元會運世之數之與易數的比觀上，這一比觀的重點倒不是在數的湊合上，而是由此他可以繁興出對種種世變運會的推步觀物之學。於是其工夫論乃著重在「觀物」一概念上，由此物所涉及的性、理等等，雖不是指物的自然之性、自然之理，此性此理原則上仍是人文性的，但它實是指一客觀的、外在的、歷史性的運會之理。故《皇極經世》云：「數者何也？道之運也，理之會也，陰陽之度也，萬物之紀也。明於幽而驗於明，藏於微而顯於管，所以成變化而行鬼神者也。」❼以此而言，觀物之道，即在此數之推步上，故此一觀之工夫，乃在

於深入運會之幽微，而深入之道，則在於一種至誠專一，不為一切主觀牽纏的「冷汰萬物」式的純客觀態度，因此他言「以物觀物」，言「誠」，其著重點乃在「心如止水之定」，在於不為情所擾，所謂「以物觀物，性也；以我觀物，情也。性公而明，情偏而暗」是也❽。按照這樣的義理型態，康節的底子當然是近乎佛老，而遠於儒家的❾。唐君毅先生云：

> 濂溪之立人極以合太極，希聖希賢以希天；橫渠之言人之仁義，誠明之道，以合天之太和中之神化之道，以爲乾坤之孝子，皆是上合；而不同康節之以此心曠觀萬物，唯是一橫合者。上合，則必勉力以自拔于下降之途，以立己立人，而見一強度的道德精神。故濂溪橫渠之言易，皆能與中庸之言率性修道之功，互相發明。橫合，則可由觀物而玩物，以歸於一廣度的藝術性之欣賞態度，則不必合于儒學以道德爲本之原旨。康節之學唯限於觀物、玩物，而觀易、玩易；雖偶及於中庸之言，實不能真通中庸之率性修道之學以爲論。故康節之學終不免爲歧出之儒學，而濂溪橫渠之學，即不必能至于盡善盡美，然要更爲宋代儒學之正宗，而非康節之所能比者也。❿

唐先生這一外在義理型態的描述，確有其準確處。以此看來，康節之學於吾人之論題言，應該可以原則性地予以排除。因此，依康節以立四分之說，原則上是沒有必要的，是以底下筆者只擬討論各種不同型態的三分說。

　　關於三分說的各種型態，我們也可以依一個標準，而將之區分為兩組。原則上說，大陸的學者大抵皆將理學各派思想視為是某種特定的意識型態，而港台的學者則基本上將理學思想視為是一套套道德哲學和道德形上學。當然，形成此一分歧的原因是眾所皆知的，但就中國哲學史各階段的理解而言，兩岸間形成如此整然的兩種理解模式，倒也是很特別的。現在我們即依此區別而說。

　　就大陸學者而言，他們典型的三分說，即是所謂的「氣本論」（橫渠）、「理本論」（二程、朱子）和「心本論」（陸、王）之三分，它們分別比配於唯物論、客觀唯心論和主觀唯心論，並以此形成一套意識型態鬥爭的哲學史詮釋模式。當然關於這三分的實質內容，並不是全無爭論，而其中爭論比較大的，大約就是橫渠之學的內容了。這一爭論主要是環繞著橫渠究竟是唯物論，還是唯心論，抑或是二元論而展開的。不過就筆者知見所及，似乎少有人純然主張橫渠是位一元論者❶，其差別只是在橫渠究竟是位二元論者，還是以唯物一元論為主，而含著一些唯心論的雜質這一點的爭執而已。就二元論者的主張言，他們大抵承認橫渠的宇宙論是一種唯物主義的觀點，但落下來而說純粹的本體範疇時，卻又轉成某種唯心主義的觀點。如侯外廬等人所編之《宋明理學史》即謂：

　　　　張載雖然吸取了不少自然科學的成果，但他的本體論，不是建築在對於自然科學成果進行歸納的基礎上，而是用儒家經典，特別是用《周易》中的範疇、概念加以推演，這

就不可避免地使其本體論的學說具有某些猜測、臆想的成分，本體論的概念、範疇，也就不可避免地帶有唯心的內容。所以張載在本體論中的唯物主義是很不徹底的，他雖然以物質狀態的「氣」作為宇宙本體和世界各種物質形式的最基本的狀態，但「氣」所具有的運動變化功能「神」，卻明顯地帶有神秘主義的色彩，於是淵源於「神」的「天道」、「天性」、「天理」諸範疇，也就自然而然地具有物質性與精神性、自然性與社會性的雙重性質。⓬

這樣的想法看來在大陸學界中，並不是個主流觀點，而主流觀點原則上則肯定橫渠在本體論上是純粹的唯氣一元論，而只是在人性論倫理學說上含著唯心的雜質，如張岱年云：

張載的倫理學說完全是唯心的。他宣揚「民吾同胞，物吾與也」（《西銘》），提倡「愛必兼愛」（《正蒙·誠明》），實際上是宣揚階級調和論，企圖緩和當時激烈的階級鬥爭。剝削階級所講的「人類之愛」，在階級社會裡是不可能實行的。他雖講愛一切人，但並不要求取消封建等級制度。這種「民胞物與」的說教，可能起麻痺勞動人民革命鬥爭意識的作用，這都是應當批判的。⓭

這是以一種純負面的方式來理解橫渠的倫理觀，而張立文的說法就未必如此負面。張立文以為橫渠實可由唯物的本體合理地

推衍出「二重心性論」，從而通往一種超越的道德理想和現實的社會倫理❷ 。不過理論上是不是能如張立文這般樂觀，看來支持者並不會很多，如陳來即指出如何由太虛之氣轉出仁義禮智，理論上確有困難❸ 。這也就是說，按照大陸主流的觀點，大抵認為橫渠是個素樸的、尚未成熟的唯物論者；至於對理本論和心本論內容的理解，則大致無本質之歧異，至多只是在二程的區別上有人主張大程是主觀唯心論者而已，但這似乎也只是少數派的意見。

　　依照如上所說的三分說，這樣的詮釋進路，嚴格來說，是沒有哲學上之獨立意義的。現在筆者要問的是，當一切思想都必須預設著某種階級意識型態鬥爭之前提時，會不會只是徒然給這一切思想製造了內在的矛盾而已❹ ？又宋明理學家基本問題意識真適合用意識型態來簡化嗎？照這樣的三分說，當然未必經不起原典材料的考驗，它也確可簡單地勾勒出一幅哲學史進程的圖象，然而誠如余英時先生所說的：

　　　　意識型態與學術思想在實踐中雖不能截然劃分，在觀念上則決不能混而爲一。……意識型態除了社會根源之外，尚有學術思想方面的根源。意識形態的主要功能即在於對一般人（或某些社群）發揮說服力，以導向共同的社會行動，因此他不僅要符合這些人（或社群）的共同利益並激發他們的情緒，而且還要獲得他們的共同信仰。信仰的建立則必須訴諸人們奉爲真理的知識與思想，這就和這個社會在當時所達到的最高學術水準分不開了。❺

其實意識型態之化約絕對不容無限的「上綱上限」，這是個極易明白的道理，就算我們並不否認理學中含著意識型態的成分，這也必須先預設著一套「思想」之判準才行。因此，筆者以為在大陸學者眾多的三分說中，李澤厚的三時期說乃具有特別的重要性 ⓲。之所以如此說，倒不是李氏的說法和其他人有多少歧異，其實他在對個別思想家的理解上，大抵亦不悖於大陸主流學者制式化的理解模式，他也並未排除意識型態式的說法，但他的特點則在於他並未賦予意識型態以絕對的優先性，他在解釋理學各時期轉折時，基本上是著眼於理學思想的哲學意涵上。如其云：

> 如果從宋明理學的發展行程和整體結構來看，無論是格物致知或知行合一的認識論，無論是無極、太極、理、氣等宇宙觀世界觀，實際上都只是服務于建立這個倫理主體，並把它提到「與天地參」的超道德的本體地位。⓳

說宋明的主題是以人性論為核心 ⓴，並企圖勾聯倫理主體和存有之間的關係，這大體是相應的，而且這種提法也比較能夠維持理學思想之哲學命題的純淨性。李澤厚亦即依此命題以詮釋理學各期的發展，這就使得他的系統具有了更高的合理性。筆者以為，李澤厚雖非以理學名家，但他的這個詮釋進路，卻很足以作為大陸學界某種「調適上遂」意義下的代表。因此，底下筆者關於大陸學界的討論，也即擬以此一「三時期」的系統為主要對

象。

　　對比於大陸學界的說法，港台學者在基本問題意識上是遠為
不同的。錢穆先生在《近思錄隨箚》中說明道「先王之世，以道
治天下。後世只是以法把持天下」一段有云「把持則用權力。權
力二字，中國人不愛言。故只言君道，不言君權。只言君德，不
言君力。近代民主政治乃好言權力，又必言法治。法亦必仗權力
以行。與中國傳統言治，其義大異矣。孰得孰失，宜有討論之餘
地。」❹ 此言若用以說古人，當是事實，但若作為對古人之現
代詮釋，則顯然對社會性的權力機制缺乏了相應的批判和警覺。
但平心而論，港台說理學的學者一般而言，皆有此一「論道不論
器」的傾向，則也是事實。嚴格來說，這當然是不夠的，在此，
大陸學者的說法亦未必沒有可參考處。但是港台學者原則上皆只
將理學作一學術思想看，則又有其「先立其大」的手段，這一問
題意識的著眼點，一如前述，當然是更為正大的。其中卓爾成家
者，則約有錢穆、唐君毅、牟宗三和勞思光等先生。

　　在上述諸先生中，錢賓四先生的詮釋，基本上只是學術史式
和文化評論式的，其中亦不乏實踐之實感，但就是不含著哲學或
哲學史式的詮釋，他有時亦頗輕詆哲學的詮釋❷ 。因此，對本
文的題旨而言，錢先生的說法其實可以存而不論。至於唐君毅先
生的詮釋，則有一特殊傾向，值得略作說明。

　　基本上說，唐先生的詮釋，實近於黑格爾（G. Hegel）之說
哲學史，其重點原不在原典之客觀疏解，系統之構建、批判，而
只是在尋找某一精神於理學中是如何貫串的。也就是說這是一種
綜合式的講法，而不是分解的講法。如其論朱陸異同云：

人果能于此前者不疑（案：指不錯認「心理合一」為當下
現成之境），而恆自見其過，與其心之恆不如理，乃自求
靜斂其心，以存其虛靈明覺之體，以超拔于氣稟物欲之昏
蔽之外，而上開性理之昭露流行之門，乃視此性理為幽微
而深隱，以超越于心之上，此朱子之教也。人果能于此後
者不疑（案：指不疑心理之未嘗為一），更自其本心良知
之發用，一念如理之處，直下加以自覺，由此中之心理之
合一處，以證會本心良知之體上、心體上，心與理之合
一，以知此超越之理，自內在于一超越之本心，原昭明于
此心之中，而「莫見乎隱，莫顯乎微」，即以此增其自
信；乃更順此發用，而使之相續不斷，浸至以此「不見不
合一」，為去除一切不合一者之工夫，此陸王之教也。㉓

　　像這樣的講法，若分解地來看，恐怕並不能切合於朱陸各自
的系統，而唐先生原即不斤斤於此，而是根本就有些強原典以順
於他所構思的系統。這當然不能算是嚴格意義的詮釋，唐先生自
己也頗明白這點，所以他說「吾之論述宋明儒之每家之學，皆只
提示吾所視為有較特殊之承先啟後之哲學意義者為止。然一家之
學，固不以此而止也。」㉔ 因此之故，唐先生之說宋明，原則
上只應視為唐先生個人哲學之依托於宋明而表現，這當然存有黑
格爾所謂「哲學即哲學史」之意，而以本文的題旨來看，則唐先
生之說應該也是可以存而不論的。於是，論真能對宋明理學作客
觀而具原創性之哲學詮釋者，乃只有牟、勞二先生矣！而二先生

亦皆恰好各有一套三分說。

　　關於牟勞二先生詮釋進路之內容，下文當有詳述，此處暫且不具論。於此所應說者，乃是二先生皆有一個相同的問題意識，亦即將理學的內涵皆指向於一種實踐式的「成德之教」，依牟先生的說法，也就是理學企求於「于個人有限之生命中取得一無限而圓滿之意義」⓫。但何謂無限而圓滿呢？對於此一問題，二先生則有極大的歧見。綜上所述，若從客觀的學術思想層面著眼的話，整個理學的詮釋，依筆者看，截至目前為止，其實存在著三個具有典範性的進路，此即牟先生的三系說、勞先生的一系三階段說和李澤厚的三時期說。而既然我們並不打算以某種意識型態的角度來看理學，則筆者顯然有必要依一種對「真理」觀察之角度，對這三個典範性的詮釋作一簡別。因此，底下各節，筆者即擬分述這三個系統的內容，並嘗試作一綜合性之抉擇。而必須略為說明的是，我分述的先後次序純只依表述方便而定，並不依各系統的形成時間來安排。

附　註：

❶　《宋史》卷四百廿七～四百卅〈道學傳〉中僅列濂溪、橫渠、二程、康節、程門高弟、朱子、南軒及朱子弟子等人，至於象山以及五峰等則僅入於廣義的〈儒林傳〉中。詳見《宋史》頁5194～5333。（案：本文註解中所引之書及論文，俱不錄其出版資料，以節省篇幅。所有出版資料請見參考書目，註文中所列頁碼，俱依據參考書目所列版本。）

❷　余英時先生基本上是依章學誠對「朱陸異同」的判斷，形構了對宋

明清學術史的詮釋模式，這一模式基本上乃依「尊德性」和「道問學」之畸輕畸重，所導致的智識主義和（傾向於）反智識主義的不同立場，以詮釋學術之變遷。章氏説詳《文史通義》卷二頁33～37〈朱陸篇〉，余先生説詳《歷史與思想》中之〈從宋明儒學的發展論清代思想史 —— 宋明儒學中智識主義的傳統〉、〈清代思想史的一個新解釋〉、〈略論清代儒學的新動向〉等篇，及《中國思想傳統的現代詮釋》中之〈清代學術思想史重要觀念通釋〉等。

❸ 蒙培元《理學的演變》，頁26。

❹ 詳見上引書七、八章，又蒙培元《中國心性論》云「周張二程和朱熹都是客觀論的自律論者，陸王是主觀論的自律論者，後來的羅欽順、王夫之等人則是客觀論的他律論者。」所用名詞雖不同，其義則一。見該書頁333～334。

❺ 陳來《宋明理學》，頁12。

❻ 「理性命」之説見於邵雍《皇極經世書》卷三〈觀物內篇三〉，頁148。康節云「易曰窮理盡性以至于命，所以謂之理者，物之理也；所以謂之性者，天之性也；所以謂之命者，處理性者也。」又，卷六，〈觀物外篇下〉，頁393，康節云「太極不動，性也，發則神，神則數，數則象，象則器，器之變復歸於神也。」至於「性者道之形體」，「心者性之郛廓」二語，則見於康節《伊川擊壤集》自序，康節云「性者道之形體也，性傷則道亦從之矣；心者性之郛廓也，心傷則性亦從之矣。」

❼ 邵雍《皇極經世書》卷二，頁106～107。

❽ 同上卷六〈觀物外篇下〉，頁357。

❾ 《朱子語類》冊七卷一百云「康節之學，近似釋氏」，「因論康節

之學，曰：似老子，只是自要尋箇寬閒快活處，人皆害它不得」，
見該書頁2544。

⑩　唐君毅《中國哲學原論‧原教篇》頁47～48。

⑪　張岱年《中國哲學發微》曾提到鄧冰夷和呂世驤二人曾主張橫渠乃
是「徹頭徹尾的唯心論」，在大陸學者這是很少數的例外。詳見該
書頁118～126。

⑫　侯外廬等《宋明理學史》，頁104。

⑬　張岱年，前引書頁393～394。又如馮憬遠〈試論張載的樸素唯物主
義氣本論〉一文，也直說橫渠之人性論乃是「離開人的社會性而提
出的一種先驗唯心主義人性論」，馮文見《論宋明理學》頁124～
147。

⑭　張立文《宋明理學邏輯結構的演化》一書中，〈宋明儒學的演變〉
一文云「張載的心性二重化，是與他本體論的建構相連繫
的，……，變化氣質既可以通向一種超現實的理想道德境界，又可
以過渡到社會政治、道德倫理的現實之中。」詳見該書頁151～
203。

⑮　陳來，前引書頁49云「張載……把太虛之氣作為人性的根源。這一
作法在理論上雖可自圓其說，但由太虛（氣）之性如何轉而為仁義
禮智（理），並不是沒有困難。」

⑯　如沈善洪、王鳳賢〈王陽明哲學的內在矛盾〉一文，即以為宋明儒
乃是將封建倫理抬高成為一種意識型態的世界觀，「然而正是這種
特殊性，卻形成了宋明理學一個內在的、不可克服的矛盾」，但這
矛盾究竟是由理學家帶來的呢？還是由詮釋者之觀察角度帶來的
呢？沈王二氏之文見《論宋明理學》頁377～393。

❶ 見余英時《中國思想傳統的現代詮釋》中〈意識型態與學術思想〉一文，頁68～69。

❶ 此說詳見李澤厚《中國古代思想史論》中〈宋明理學片論〉一文，見該書頁220～266。

❶ 同上，頁220。

❷ 李澤厚云「人性是聯結、溝通天人的樞紐，是從宇宙論到倫理學的關鍵。不是宇宙觀、認識論，而是人性論才是宋明理學的體系核心。」詳見前引書頁224～225。

❷ 錢穆《近思錄隨箚》，頁261～262。

❷ 如錢賓四先生《現代中國學術論衡》所謂「哲學一名詞自西方傳譯而來，中國無之。故余嘗謂中國無哲學，但不得謂中國人無思想。」文見該書頁21。余英時〈錢穆與新儒家〉一文亦引及錢先生此語，依余先生的說法，錢先生確是排斥哲學的道路。余先生文見《猶記風吹水上鱗》頁31～98。

❷ 唐君毅《中國哲學原論·原教篇》，頁502。

❷ 同上，頁11。

❷ 牟宗三先生《心體與性體》冊一頁6。

第二節　李澤厚的三時期說

前節中我們已提到，李澤厚並非以理學名家，事實上他對宋明各家的詮釋亦乏業績，所有者不過是像〈宋明理學片論〉等小篇什而已，這和張立文等人動輒數十萬言的煌煌巨著，自不能相提並論。然筆者所看重的卻是他自成一家的詮釋系統，而且此系

統確能綜合大陸宋明理學界的業績，復能於問題之觀照有一更全
面的視野；蓋巨匠手筆，貴精不貴多也。

　　李澤厚原則上將理學分成了「奠基時期、成熟時期和瓦解時
期」，並分別以橫渠、朱子和陽明為代表。就奠基時期言，其基
本特徵乃是嘗試以一套宇宙論的觀點來銜接儒家的倫理學。其
中，宇宙論的觀點主要是為了對治佛老的宇宙論，而思奠立世界
的實在性和存在的合理性。於是橫渠乃發展出了唯物式的唯氣一
元論，他說：

> 張載以氣為本體，解說了宇宙萬物的自然形成，萬千變
> 化，動靜聚散，生死存亡……駁斥了從原始迷信到釋道理
> 論的各種唯心主義。……張載以充滿了運動、變化、發
> 展、對立諸辯證觀點的氣一元論，在宇宙觀上廣泛論列了
> 一系列現象和問題，以與主張「萬物幻化」、「有生於
> 無」的釋老唯心論相對立。❶

　　這一判斷當然源自於整個大陸中國哲學界的基調。但是，李
澤厚底下有個比較特殊的講法，他以為宇宙論式的講法只是「為
了開個頭」❷，其重點乃在以此引起一套「以人的倫常秩序為本
體軸心的孔孟之道」❸。他說：

> 張載和整個宋明理學都用宇宙論武裝自己，是為了建立適
> 合後期封建社會倫常秩序的人性論。從而都是要從天而
> 人，使天人相接而合一。……中庸、大學之所以比周易更

是宋明理學的根本經典，人性理論在擱置、淡漠了千年之後，之所以又重新掀起可與先秦相媲美的熾烈討論，都說明人性是聯結、溝通天人的樞紐，是從宇宙論到倫理學的關鍵。❹

這也就是說，宇宙論是從屬於倫理學的，從屬之以便能將倫理提升到理性本體的地位。我以為，李氏之所以如此說，一則是為了綜合大陸學界有關橫渠是唯心論還是唯物論的論辯，另一面則恐怕也是為了避開唯氣一元論和倫理法則之間如何相連繫的哲學問題❺。以此，他乃將氣理解成了某種混雜著物質性的「規律性」❻，換言之，氣在某種意義上也上提到了先驗性的「天理」之層次，他即以此兩層來分別詮釋橫渠對「天地之性」和「氣質之性」的分化，並以為德性之知即表示了倫理學上體悟此一理性本體的某種精神境界。如其所言：

> 「天地之性」是與天地同體共性的普遍必然的永恆秩序、規律，「氣質之性」則是與有限、特殊的感性相關的各種欲求、功能。……「德性所知」的「知」實際上並非對外物、對世界的理智認識，而是一種「其視天下無一物非我」的「天人合一」的屬倫理又超倫理的精神境界，而一切「見聞之知」以至「窮神知化」，都不過是為了「身而體道」、為了使作為主體的人通過倫理學（而不是認識論）與天同一，達到這種屬倫理又超倫理、超道德的本體世界。❼

李澤厚這樣的詮釋當然有一項絕大的好處，那就是他不必再訴之於意識型態史的方式，而可以純哲學地以對理性本體之純化這一方式，輕巧地轉接到二程之學上❽，這就使得他的哲學史詮釋有了更合理的面貌。

李澤厚對成熟期的描述，大抵建立在「應當即是必然」這一公式上，他以為這一公式即是二程乃至朱子的理論核心。作為理性本體的「天理」代表宇宙規律的必然，同時它也就是倫理性的應當，理既是本體論的，也是倫理學的、社會性的，而任何實踐，均代表著對天理這一「絕對命令」的自覺意識，如其所云：

> 「理」在邏輯上先于、高于、超越于萬事萬物的現象世界，是它構成了萬事萬物的本體存在。……這個超越天、地、人、物、事而主宰之「理」（「必然」）也就正是人世倫常的「應當」：兩者既相等同又可以互換。……這個宇宙本體的「理——太極」是社會性的，是倫理學的，「只是個表德」。它對個體來說，也是必須遵循、服從、執行的「絕對命令」。❾

從而，朱子乃完成了一種「倫理學主體性的本體論」❿，這也象徵著宋明理學最成熟的高峰。然而，李澤厚以為這其中也潛隱著一個巨大的基本矛盾，他說「宋明理學把『義務』、『絕對命令』明確建築在某種具有社會情感內容的『仁』或『惻隱之心』上」，這就使得「感性的自然界與理性倫常的本體界不但沒有分

割，反而彼此滲透吻合一致了」**⓫**。可是這一吻合勢必將使感性欲求取得重大的地位，於是天理人欲的分界也將變得模糊而困難，他説：

> 由於本體界與現象界沒有阻隔割裂，本體領域可以滲入情感（如上述的「孔顏樂處」）、經驗，這樣，也就使感性本身取得了重大的地位。再由於對人和世界的感性存在的承認和肯定，在人性論上也就必然承認人的感性欲求和需要。……那麼天理人欲如何分界也就很難。**⓬**

此即如既要説道心不離人心，又要説道心統御人心，即由此心之雙重性所藴涵的矛盾性，遂埋伏了理學體系在理論上走向瓦解的可能。李澤厚即依此一哲學史的判斷，進一步描述了以陽明為代表的「瓦解時期」。

　　這一瓦解時期，依李澤厚的説法，乃始自於明道、象山之將理性與感性合一的説法，尤其象山的心即理之説，以及隨伴之而來的「直覺認識論」**⓭**，直接啟發了陽明從道德意識的純粹自覺上説「知」。於此，李澤厚對朱子和陽明的説法，有如下的簡別：

> 程朱以理為本體，更多地突出了超感性現實的先驗規範，陸王以心為本體，更多地與感性血肉相聯，于是前述的潛伏在朱熹和理學中的困難和矛盾，到王陽明和心學中便成為主要矛盾了。我曾認為，王陽明哲學中，心被區畫為道

心、人心，道心反對人心而又須依賴人心才能存在，這當中即已蘊藏著破裂其整個體系的必然矛盾。⓮

此即是説陽明把朱子由先驗層次説的理性本體，滑向了心理的、感性的和經驗的心靈本體，於是「原來處于主宰、統治、支配地位的邏輯的理，反而成了心、情的引申和派生物」⓯ ，這遂使「心之雙重性」此一矛盾尖鋭化，從而導致理學理論的崩解。而李澤厚原則上即將陽明後學的發展，依此一命題描繪為一種逐步崩解的過程，此即由陽明之「心理的倫理化」，逐漸轉為王學末流如泰州學派等人的「倫理的心理化」，此一過程促成了對欲的解放，從而促進了「明中葉以來的浪漫主義的巨大人文思潮」⓰。

依據如上的綜述，李澤厚的哲學史邏輯自然是清楚的，但筆者以為這一邏輯的背後所依據的詮釋基礎，卻存在著一些根本問題。首先，關於橫渠思想的定位問題，既然氣隱含著某種先驗的規律性，也就是説氣這概念也具有某種本體義，則李澤厚是否還有足夠的理由來説橫渠的思想是所謂的「唯氣一元論」呢？如張岱年在解橫渠「太虛無形，氣之本體」時，總還要將「本體」二字講成「本來狀況」⓱ ，這講法通不通姑且不論，但他欲維持氣之「物質的第一性」則是顯然的，如此也才能説橫渠是唯氣的一元論。但任何主張橫渠是氣一元論之唯物論者的人，也都不免會碰到橫渠系統內部之不一貫的問題，此即如前已引及的，主張這説法最力的張岱年等，也終須承認橫渠在認識論上滑向了「唯物論的唯理論」，復進而走向了「唯心論神秘主義」，並且終得

說橫渠的倫理學說「完全是唯心論」⓲ 。像這種詮釋上無從一
致的尷尬，他們雖然可以用橫渠的思想尚不成熟來搪塞，不過李
澤厚是不是看到了這種詮釋的不忠實呢？橫渠《正蒙》以極大的
篇幅談氣化，這當然是事實，但他以「可象、不可象」來區隔氣
與神，以「本體、客形」來說太虛與氣之聚散之別，而且又如此
鄭重地說「天地之性」⓳ ，能不表示橫渠在說某個理體嗎？這
豈能在詮釋上硬給「分割成幾大塊」呢？李澤厚既在方法上有此
醒覺，則他不容將橫渠硬給拆卸成幾大塊來詮釋，當也是很顯然
的，但他卻又說橫渠的宇宙論只是「開個頭」，而其倫理學是完
成了向二程的過渡，如是說來，他不是又硬生生地將橫渠拆成了
兩大塊了嗎？如此豈能謂為忠實的詮釋？李澤厚說氣含著某種理
性義，這說法是有見地的，但這意思顯然有待於更一貫的詮釋。

　　其次，李澤厚對朱子之等同應當和必然，顯然懷抱著相當的
同情。他認為朱子之高揚天理的絕對權威，是有其社會意義上之
必要性的，依於天理這個本體之必然性底建立，乃能充分突山實
踐理性之主體底莊嚴。於此，李澤厚甚至將朱子這套思想相當程
度地類比到康德（I. Kant）的倫理學上。如他所說：

　　倫理本體，非功利的絕對命令，立法普遍性和意志自律，
　　以朱熹為代表的理學確實在理論類型上有近乎康德處。⓴

然而這種類比無論如何都是不相應的，康德言純善的理性所發的
道德法則，這法則是可以上提到本體的層次上去，但這種上提，
就康德言，它一定要通過一個自由自律的主體才行，朱子所談的

心和外於心之理，顯然不能滿足此義，甚至朱子所說的天理、太極，如何能具有倫理性、立法性，也無疑是個大問題⓬，而康德也明言依任何形式的存有之理所規範的倫理學，都是他律性的⓭，然則如何能說二者的理論類型有近似處呢？李澤厚似乎太快地便將朱子的天理朝向康德所說的道德法則去想，但就詮釋而言，無論如何他都必須先說明太極之理如何能有倫理性，如果唯氣一元論不足以解決此一問題，依倫理本體之路便足以解決此一問題嗎？此一問題若不解決，則會不會根本動搖到他指稱朱子是理學成熟期之代表這一判斷？

最後也是最重要的，李澤厚所說整個宋明理學都存在著「心的雙重性」之矛盾，這一基本判斷到底有沒有道理？理學家中無論那一派，的確都將義務建立在「仁」或「惻隱之心」上，但朱子顯然並沒有雙重性的矛盾，朱子說仁，是就理而言，心情則屬氣，這是不能有異辭的，如朱子〈仁說〉云：

> 程子之所訶（愛情仁性），以愛之發而名仁者也。吾之所論（愛人利物之心），以愛之理而名仁者也。蓋所謂情性者，雖其分域之不同，然其脈絡之通，各有攸屬者，則曷嘗判然離絕而不相管哉！⓮

然則若說是由心的雙重性導致了理學的瓦解，這就似乎不合事實了。這且不言。理學家從明道以後說仁，許多人的確並不排除某種「雙重性」，這若用牟先生的慣常表示，亦即所謂的「既超越又內在」。今且就內在這一面說，能夠說仁心具有經驗的現在

性，便說它是一種「感性的欲求」嗎❷？如李澤厚評論牟先生時所說的「離開了感性、心理，所謂不安不忍、惻然等等，又可能是什麼呢？」此處的確是該問這個問題的，「仁心可能是什麼呢」❹？它真的是某種雙重性嗎？或者它真是某種具有社會情感內容的東西嗎？由仁心的強調，便真會必然地導致「倫理的心理化」嗎？凡此種種，當然都是有待進一步抉擇的。

附　註：

❶　李澤厚《中國古代思想史論·宋明理學片論》頁224。

❷　同上。

❸　同上。

❹　同上。

❺　關於此一問題，請參閱第一節❺。又即使李澤厚避得開此一問題，他也仍必須解決理性本體之理與倫理法則之相連繫的問題，但這一連繫依然存在著類似的難題。

❻　同❶，頁226云「在張載那裡，氣作為物質存在範疇與其中所蘊涵著規律、秩序的另一重含義，在論及自然事物上尚未明顯分化，物質性與規律性渾然一體可以不分。」

❼　同上，頁227～228。

❽　同上，頁229云「由張載到二程，要求確定並直接追求這個倫理本體，成了理論發展中必然出現的另一個環節。」

❾　同上，頁233。

❿　同上，頁236。李澤厚以為這不只是朱子所完成的理論，同時也是整個宋明理學性格的完成。

⓫　　同上，頁237。

⓬　　同上，頁238。

⓭　　李澤厚論象山云「與心即理的宇宙觀並行的是直覺認識論」也就是
　　　以直覺認識論來說象山之先立其大，求諸本心。文見上引書頁
　　　243。

⓮　　同上，頁244～245。

⓯　　同上，頁246。

⓰　　同上，頁247～252。

⓱　　張岱年《中國哲學發微》云「張載所謂本體，不同于西方哲學中所
　　　謂本體，而只是本來狀況的意義。」見該書頁391。

⓲　　同上，頁393～394。

⓳　　張載《正蒙・太和》云「散殊而可象為氣，清通而不可象為神」，
　　　「太虛無形，氣之本體，其聚其散，變化之客形爾」。〈誠明〉云
　　　「形而後有氣質之性，善反之，則天地之性存焉」，這些概念之對
　　　比均甚明確。

⓴　　同❶，頁236。

㉑　　朱子所指的太極之理，原則上只是由經驗之然以逆推其所以然的存
　　　在之理，但朱子實際上卻總將之想成是人倫日用之理，這兩個理如
　　　何可能一致，朱子並無論證，看來也並不容易作成論證。這點牟勞
　　　二先生俱曾提及，說詳下兩節。

㉒　　關於他律性道德原則之由來，康德在《道德底形上學之基礎》一書
　　　中曾有歸類云「我們可能採用的一切原則或為經驗的，或為理性
　　　的。前一種原則出自幸福底原則，建立於自然情感或道德情感之
　　　上。後一種原則出自圓滿性底原則，或建立於圓滿性底理性概念之

上，或建立於一種獨立的圓滿性底概念 —— 即上帝底意志 —— 之
上。」文見該書頁68～69。

㉓ 《晦庵先生朱文公文集》卷六十七〈雜著〉，葉二十二。

㉔ 李澤厚事實上總是將孔子之仁理解為某種具有社會情感內容的感性
之欲求，也就是說原則上他以為仁之內容最本質的一面乃是美學
的。此義通貫於李氏的許多作品中，例如《美的歷程》中，李澤厚
即云「把一種本來沒有多少道理可講的禮儀制度予以實踐理性的心
理學的解釋，從而也就把原來是外在的強制性的規範，改變而為主
動性的內在欲求。」（見該書頁49），劉綱紀等寫《中國美學史》
也仍然沿襲此一說法。

㉕ 李澤厚〈片論〉，頁262。

第三節　勞思光的一系三階段說

　　勞思光先生的《中國哲學史》當然有許多爭議處，但平心而
論，它恐怕仍是迄今為止最具哲學高度的一部中國哲學史。在其
中關於宋明理學的部份，他明白地反對所有的二系、三系說。基
本上說，他乃是依據兩個標準，來建立其所謂的一系說。這兩個
標準一是歷史的，一是哲學的。就歷史的標準言，勞先生以為宋
明儒者皆是自覺地「歸向孔孟之教，而排拒漢儒傳統及印度佛教
之壓力」❶，即此一標準，遂可斷宋明諸家俱為同一根源者。
當然，如勞先生僅以此為一系說之標準的話，則恐怕不少二系、
三系說都不會反對。不過勞先生如此說，其目的可能主要不在歷
史的目的，而仍是為了方便尋找一個哲學判準❷，因為如此一

來，他即可據孔孟之學而判各學說的同異遠近。於是，他遂依此而將宋明開為三階段，此即濂溪橫渠的「宇宙論中心」階段、二程朱子的「形上學」階段，和象山陽明的「心性論中心」階段，這三階段即是逐步向孔孟之「心性論中心哲學」趨近與復歸的過程。進一步而言，勞先生以為此一就歷史標準所說的三階段，同時也符應於就哲學標準而言的理論效力的高低，亦即愈前的階段，其相對於孔孟之學的理論效力愈低，也就是說它理論上的難題也愈多。

關於這點，勞先生認為孔孟和宋明儒者所面對的歷史情境固有不同，但基本的哲學問題——也就是勞先生所謂的「基源問題」——卻並無二致，此即在價值意義上建立一套肯定世界的理論。但肯定世界的方式原有二途，一是採取所謂的「存有論意義之解釋」，一是採取主體創生意義之解釋。勞先生云：

> 如純就哲學問題著眼，則肯定世界時，第一問題即是：所肯定之世界取何種意義？此處又有兩種可能。其一是肯定存有意義之世界——此即落在對於「自然世界」作價值肯定上；其二是肯定創生意義之世界——此即落在對「文化世界」作價值肯定上。此一劃分乃學者了解儒學派別之大線之索之一。亦是本書依理論標準觀察宋明儒學全貌時，立說之基本關鍵。❸

在勞先生看來，周張和程朱之學問進路雖不同，但原則上皆採取第一種解釋模式。在周張，乃是先肯斷一個形上實體性的天

道,復依此天道之生生不息以說明萬有,而天道也同時即是萬有的價值之源。亦即天道既同時承擔萬有在存有意義上的生,也同時承擔萬有在價值意義上的善。唯如此說,勞先生以為實有諸多困難。蓋其一,天道之生生不息與實際世界之有生必有滅間不免有矛盾;其二,前述之背反亦將同時存在於價值之背反上,如是勢將無由解釋價值問題;其三,依價值之背反問題,終或無從建立善惡之二元性,或只會將善惡降落為純相對性的概念,如是終將建立不起道德實踐的命題,主體的意義亦將完全塌落。關於上述的困難,勞先生的論證是這樣的:

> 首先,實際世界中「生」與「生之破壞」常相依而立。某一存有之「生」,常同時依另一存有之「生」之「破壞」為條件。此就人類及動物之生活看,尤為顯然。譬如,人及動物皆須得食而生,而所食者主要仍為有生之物;則食者得生時,即以被食者之生被破壞為條件,如此,則此處顯有一「背反」問題。蓋若「生」與「生之破壞」相依而呈現,則吾人說世界「生生不息」,同時亦可說世界不斷有「生之破壞」也。
>
> 其次,若就立價值標準來說,世界之「生」或「生生不息」被視為一有價值意義之方向,則由上述之背反問題,可推出如此之價值標準下,每一「善」皆與「惡」不離;每一「價值」實現之時,其否定亦實現。
>
> 最後,就道德實踐言,問題尤為嚴重;因在道德生活中,必有排拒反道德之要求。今若由一含「背反」之價值標準

以建立道德生活之基礎，則此種道德生活中，將不見有「善」而「不惡」之行爲成立。而與「惡」相依之「善」，本身亦成爲一種相對性概念。例如，殺魚以養人，倘視爲「善行」，則此「善」即只在全「人」之「生」一意義上成立，亦即僅有相對性之安立。對「魚」而言，乃其「生」之「破壞」，成一「惡」矣。❹

這也就是說，由此一「天道觀」的立場，將很難建立肯定世界的理論。

而在程朱，勞先生以爲他們原則上捨棄了由天道而說的宇宙論進路，而只由先驗的存有之理底建立，以肯定此世界。此理只擔負價值，而不必擔負存在，如是則前述有關宇宙論中心的理論困難可以避免，但勞先生以爲此一進路困難仍是不可免的。這主要是因爲：第一，此理本身不能有實現之動力故，勞先生云：

第一：如將「理」看爲「世界」本來已遵循之規律，則一方面道德文化之努力皆不能獲得意義，另一方面，存有中之違理成分亦無法處理。前一問題要點在於「努力」之意義必依賴一種「未定項」而成立。後一問題要點則在於：若世界萬有本皆由此「理」生出，則「違理」之成分（如「生命界之內在矛盾」）即將亦屬於「理」之本身，如此，即生出「背反問題」。此是持「存有論」或「天道觀」以「肯定世界」時之難題。
第二：倘將「理」與「世界」分開，則即有「理」、

「氣」對分之說出現。如此雖似可避免前一說之困難，但
「理」既與「氣」分立，而又須在「氣」中實現其自身，
則此一「實現」觀念本身即引起理論困難。就「存有」中
之違理成分而言，此種「違理成分」須歸於「氣」，但如
此之「氣」何以能說是「可被理所克服」而又「尚未被克
服」，則不能由「理」、「氣」本身說明。於是：在「理
氣對分」之理論下，「氣」中之「違理成分」似即將成為
一「永恆限制」。倘承認此「永恆限制」，則「未定項」
亦無安頓處，由此，道德文化之努力亦不能獲得真實意
義。❺

如是氣之違理將有可能成為永不可克服者，以此而使一切道德實
踐俱不能真實化。第二，此理本身非事象，而必須是一超越者，
但又不能只是一種形而上空無之形式，它須有內容，然其內容實
不易確定。如是，依勞先生之論斷，凡採存有論意義之解釋者，
於其肯定世界之理論的內部，均不能免於重重困難，於是它最終
遂不得不歸於陸王以心性論為中心的解釋。勞先生云：

倘立一「主體」，涵有「最高自由」及「主宰性」，則理
可視作主體正面活動之規律，而世界可視為主體反面活動
之產物，此正面與反面之可能，即直接由最高自由推
出。……其次，世界中之違理成分，亦成為一當然之事，
蓋世界本依反面活動而有，則世界不是本來合於理，而主
體既可作正面活動，則未合於理者又可由主體之活動變為

合理。於是，道德文化之努力即亦可獲得真實意義。❻

他以為唯有如此始真能定得住道德，肯定得住世界。而這條路向基本上也正是孔孟的進路。於是它乃形成了哲學史意義上向孔孟的回歸。而在此一回歸的途程中，甚或孔孟自己的表述中，亦不免有關於「天道」之命題，但在心性論進路中，勞先生則以為這類命題俱無獨立的意義。他説：

> 天道之基本特性，原在於表存有與價值之合一。但嚴格言之，此種合一原則既不顯現於當前之世界中，亦不表思想上之必然性，所謂合一，即落在「善」在存有中實現説。但此實現既非實然，亦非必然，至多仍只爲一意志之要求，或理想信仰所寄之方向。作爲一方向看，天道之存有地位即只能取主體活動義，換言之，所謂天道只是主體自己自立自定之方向，並無離主體而獨立之實有性。因若不如此安立，則天道之説即處處成爲不可解。然若如此安立，則天道又無心性外之地位可説。❼

如是，勞先生乃排除了天道觀在價值上的優位性，而完成了以心性論為判準的一系三階段説。

依以上的綜述，勞先生的宇宙論、存有論、心性論之三分，原則上是站得住的，濂溪、橫渠的命題基本上乃以宇宙論的命題為核心，朱夫子的太極之理為一存有論的概念，這些都是無可疑的。唯濂溪、橫渠的宇宙論究竟是什麼意義的宇宙論呢？勞先生

並不以為它只是一套唯氣的宇宙論，而以為它是一種形上學與宇宙論混雜不清的系統❽，但它豈真是混雜不清嗎？又這套宇宙論真不容邏輯地涉及主體性嗎？勞先生論橫渠「心能盡性」一語有說云：

> 此處顯觸及一理論界限問題。蓋「人能弘道，非道弘人」乃心性論之斷定，背後有一主體性觀念。而張子之性原即天道在萬殊層面上之顯現，而天道本身應有決定萬有之力量，原與心性論之基本立場不同。今接受人能弘道二語，則在理論上必須肯定主宰力在人而不在道，此即悖於天道觀之立場，蓋已越出界限，走入心性論矣。但張氏不知天道觀與心性論之差別，故匆匆說過。❾

案依勞先生所表示的橫渠的天道觀，若撇開涉及心性論的這一面，則他這樣一套天道觀如何能免於獨斷性？唐君毅先生曾謂：

> 然剋就濂溪橫渠之書言，乃直下說有此一「乾元」或「太極」、「誠」、「太和」為天道，則殊不易講。因離人之心知性理以言天道，初唯有吾人感覺所見之自然界之有形象之萬物可為櫶柄。邵康節即循此而進，以觀萬物中之道，此亦易為。今如不循邵康節之思路，而直下說有此無形象之乾元等為萬物由之始而生者，則難免於此乾元等中畢竟有萬物、無萬物一類之問題。故今當問是否吾人可另

循一思想方向，直由此感覺所見之自然界之有形象之萬
物，以直接觀得其當有無形之乾元等，爲萬物之所自始自
生？如此事不能做到，則濂溪、橫渠由天道論開始，即不
免爲一獨斷論之論法。❿

　　但橫渠的這套宇宙論真是獨斷的嗎？天道觀真不能「越出界
線」，而與心性論有交涉嗎？又這心能盡性的說法真只是「匆匆
說過」而已嗎？如果此一說法為匆匆說過，則其〈大心〉一篇亦
皆是匆匆說過乎？以此一態度來詮釋古典，豈能謂為客觀？再
者，依心性論進路所說的天道論，豈真只能落於第二義上說嗎？
凡此種種，似皆也有待進一步的抉擇。

附　註：

❶　勞思光《中國哲學史》卷三上，頁52。

❷　同上，頁50，勞先生云「二系或三系之說，皆須排斥共同判斷標
　　準，方能確立。反之，若有共同判斷標準，則整個問題即將改變面
　　目。」

❸　同上，頁57。

❹　同上，頁60。

❺　同上，頁96。

❻　同上，頁96～97。

❼　同上，頁76。

❽　勞先生此一判斷詳見前引書第三章對濂溪和橫渠的詮釋。

❾　同上，頁195。

❿　唐君毅《中國哲學原論·原教篇》，頁49～50。

第四節　牟宗三先生的三系説

　　前文中我們曾提到，勞思光先生依「回歸孔孟」這一歷史的標準，建立其哲學史式的一系説。如果説一系説只以歷史地回歸孔孟為準，則牟先生顯然也可以宣稱其説為一系説。唯勞先生之一系，實僅以狹義的孔孟為準，而成一種單線式的哲學史發展論；而牟先生如果也方便説為一系的話，則他的一系乃是綜合地以論孟易庸為準，而成的散殊的、非發展性的三型態。至於論其哲學判準，則牟先生允許三型態中的兩種，俱為先秦儒學調適上遂的發展，唯有伊川、朱子之型態呈現出了逸出原始儒學的新發展，而且這種逸出實係「歧出」式的逸出，換言之，這三型態間並不構成哲學史意義上的發展關係，這也是牟勞二先生的詮釋系統在形式上最大的差異所在。

　　如上所述，牟先生的詮釋進路乃是建立在論孟易庸之一貫性上。這樣的看法當然很難有堅強的文獻依據，但哲學地説，雖然一如勞先生常指陳的，孔孟常只由主體一面立論，但由於孔子常説「天命」，孟子也説「知天」，牟先生乃以為論孟易庸確有可相貫通處。當然如剋實地説，論孟終是偏在踐仁盡心這一面，易庸則偏在天命乾道這一面，而真要找到彼此貫通的銜接點，也並不是那麼容易。其中比較可能扮演銜接角色的，便是中庸之言「誠」。誠在中庸，既有可連繫於天命處，又有可連繫於道德實踐之主體處，尤其它區分「誠者」和「誠之者」，更有和孟子相

連繫之可能❶，這對於牟先生建立其詮釋基點，當然都是有利的。而更重要的是，牟先生認為這一觀點也是主流的宋明理學家之共識，他說：

　　㈠孔子踐仁知天，未說仁與天合一或爲一，但依宋明儒，
　　其共同傾向則認爲仁之內容的意義與天之內容的意義到最
　　後完全合一，或即是一。
　　㈡孟子言盡心知性知天，心性是一，但未顯明地表示心性
　　與天是一。宋明儒的共同傾向則認爲心性天是一。
　　㈢中庸說「天命之謂性」，但未顯明地表示天所命于吾人
　　之性其內容的意義完全同于那「天命不已」之實體，或
　　「天命不已」之實體內在于個體即是個體之性。宋明儒則
　　顯明地如此表示。此所謂天道性命通而爲一也。在此，伊
　　川朱子亦無異辭，惟對于天命實體與性體理解有不同。
　　㈣易傳說「乾道變化，各正性命」，此字面的意思只表示
　　在乾道（天道）變化底過程中各個體皆得正定其性命，未
　　顯明地表示此所正之「性」即是乾道實體或「爲物不貳、
　　生物不測」之天道實體內在于各個體而爲其性，所正之
　　「命」亦即是此實體所定之命。但宋明儒則顯明地如此表
　　示。在此處與在中庸處同。❷

　　這也就是說，就算是將論孟易庸視為一貫的文獻證據不夠堅強，但理學家既皆依此而說，則至少對理學的詮釋言，依此概念以為判準，應該是不成問題的。於是牟先生遂依之而有三系之區

分，一系是由易庸說起，逐步返於論孟，此以濂溪、橫渠、明道
為首，但歷史地說，當此三人之時，理學尚未分系，要待南渡之
後，理學系統始分，故持此系立場以與他系交涉者，則為五峰和
戢山。一系是直接由孟子說起，究其極而可涵蘊易庸之理境，此
以象山、陽明為首。而牟先生也總稱這兩系是一個圓圈的兩迴
環，一從客觀面之天說起，一從主觀面之心說起，最終則是殊途
同歸。換言之，它們只是取徑之不同，而無理境上之本質差異。
第三系原則上是建立在第一系的進路之上，但在關鍵性的「理」
這個概念上，卻發生了本質的轉向，由此遂衍生出整個義理方向
的改換，這改換如用牟先生引海德格的詞彙來說的話，即是從
「方向倫理」一轉而為「本質倫理」 ❸，此以伊川、朱子為首。

現在如果我們撇開上述的角度，而純哲學地立論的話，則牟
先生所謂的第一系，其思路是這樣的：

> 宋明儒之將論孟中庸易傳通而一之，其主要目的是在韶醒
> 先秦儒家之「成德之教」，是要說明吾人之自覺的道德實
> 踐所以可能之超越的根據。此超越根據直接地是吾人之性
> 體，同時即通「於穆不已」之實體而為一，由之以開道德
> 行為之純亦不已，以洞澈宇宙生化之不息。性體無外，宇
> 宙秩序即是道德秩序，道德秩序即是宇宙秩序。故成德之
> 極必是「與天地合其德，與日月合其明，與四時合其序，
> 與鬼神合其吉凶，先天而天弗違，後天而奉天時」，而以
> 聖者仁心無外之「天地氣象」以證實之。 ❹

　　牟先生這段話雖係針對全體理學家說，而實較相應於第一系。此系原則上乃是先依「本體宇宙論」的進路，肯定一個具道德創造意義的天命實體，復以此實體之下貫而為吾人之「性體」，這用橫渠的話，即是所謂的「天所性者通極於道」，於是性體乃具有了天命實體之全部價值內容。但嚴格說，這由本體宇宙論而說的道體、性體之連繫，只是從客觀面先虛擬地說；依牟先生，性體若沒有主觀面的主體以實踐彰顯之，則它也不過是一獨斷性的戲論而已。於是牟先生乃特別著重「心體」義的闡發。他以為此義在濂溪、橫渠始肇階段，固然開發得不夠，但濂溪《通書》論「思」及橫渠《正蒙・大心》之論心，皆已明白地顯示此義；及至明道之言識仁，由定心以言定性，以及依「只心便知天」論所謂的「一本」，乃更充分展露了此義。此後，五峰和蕺山更先由心性分立的立場，詳闡「以心著性」之義，復依「天理人欲同體而異用」之說以歸返於明道之「一本」的圓教義。這樣一個迴環，恰好證成了這套本體宇宙論的說法，也突顯了「心體」在這個系統中的優位性。而這樣的「心體」究竟是什麼意思呢？如其所說：

　　　　心以孟子所言之「道德的本心」為標準，……此本心即是吾人之性。如以性為首出，則此本心即是彰著性之所以為性者。故「盡其心者即知其性」。及其由「萬物皆備于我」以及「盡心知性知天」而滲透至「天道性命通而為一」一面，而與自「於穆不已」之天命實體處所言之性合一，則此本心是道德的，同時亦即是形上的。此心有其絕

對的普遍性，爲一超然之大主，本無局限也。心體充其極，性體亦充其極。心即是體，故曰心體。自其爲「形而上的心」（Metaphysical mind）言，與「於穆不已」之體合一而爲一，則心也而性矣。自其爲「道德的心」而言，則性因此始有真實的道德創造（道德行爲之純亦不已）之可言，是則性也而心矣。是故客觀地言之曰性，主觀地言之曰心。自「在其自己」而言，曰性；自其通過「對其自己」之自覺而有真實而具體的彰顯呈現而言則曰心。心而性，則堯舜性之也。性而心，則湯武反之也。心性爲一而不二。❺

是則心體也者，實先就一超越的主體性而言，而後復層層後返，而與自本體宇宙論上所說之本體的「能動性」爲一，此心體乃形而上學化，遂成爲一套不離由道德主體性決定的「道德的形上學」，而如所週知的，這套道德的形上學也正是牟先生耗其畢生學力所欲證成者，它既是理學之圓滿形態，也是牟先生以爲的所有哲學之圓滿形態。

既然這一圓滿形態的核心部分是在心體的形著性上，則自然應許可一條不必繞經本體宇宙論，而直接由心體這一道德主體性之無限申展而說的進路，此即牟先生展示象山、陽明系的思路。在牟先生看來，象山和陽明純只是孟子學，他們和北宋諸子並無關涉，而只是單提一個超越的本心、良知之呈現，先立其大，復由此心之申展、遍潤，以涵蓋天地，此即象山所謂「滿心而發，充塞宇宙」、「吾心即是宇宙」❻，以及陽明所謂「無聲無臭獨

知時，此是乾坤萬有基」❼。牟先生經常以康德習用的表達方式，而將這一思路表達為由意志的自由、自律，以申展為一種意志的因果性，由是而展示為一套道德的形上學。當然這套道德的形上學和前述由性體、心體所撐架起來的道德形上學，其進路固有不同，而究其實則無別也。牟先生有一長段文字說明此義：

> 象山與陽明既只是一心之朗現，一心之申展，一心之遍潤，故對于客觀地自「於穆不已」之體言道體性體者無甚興趣，對于自客觀面根據「於穆不已」之體而有本體宇宙論的展示者尤無多大興趣。此方面之功力學力皆差。雖其一心之遍潤，充其極，已申展至此境，此亦是一圓滿，但卻是純從主觀面申展之圓滿，客觀面究不甚能挺立，不免使人有虛歉之感。自此而言，似不如明道主客觀面皆飽滿之「一本」義所顯之圓教模型為更為圓滿而無憾。蓋孔子與孟子皆總有一客觀而超越地言之之「天」也。此「天」字如不能被擯除，而又不能被吸納進來，即不能算有真實的飽滿與圓滿。是則中庸易傳之圓滿發展當係必然者，明道之直下通而一之而鑄造圓教之模型亦當是必然者，而由此圓教模型而開出之「以心著性」義（五峰學與蕺山學）亦當是必然者。自象山陽明言，則不須要有此回應，但承明道之圓教模型而言，則應有此回應以明其所以為一為圓，以真實化其「一本」與圓滿。自此而言，象山陽明之一心遍潤，一心申展，始真有客觀的落實處，而客觀地挺立矣。自此而言，五峰蕺山與象山陽明是一圓圈的兩來

往。前者是從客觀面到主觀面，而以主觀面形著而真實化
之；後者是從主觀面到客觀面，而以客觀面挺立而客觀化
之。兩者合而爲宋明儒之大宗。皆是以論孟中庸易傳爲主
導也。若分別言之，則五峰與蕺山是由濂溪、橫渠、而至
於明道所成之圓教模型之嫡系，而象山與陽明則只是孟子
學之深入與擴大也。❽

依這一說明，無疑地，牟先生實際上不只賦予了這兩系以孔
孟儒學嫡系的地位，更認爲它們事實上開創了儒家圓教的兩類基
型。這一判斷當然是很獨特，也很有意義的。

至於伊川、朱子系，牟先生的理解與勞先生的理解，在最粗
略的原則上，倒並不甚相悖——雖則細部詮釋上差別甚大。如果
我們略去細節，單從最基本處來看的話，牟先生以爲伊川、朱子
思路最大的特點，即是將濂溪等人依本體宇宙論而說的具有能動
性之天命實體，抽掉了其宇宙論的成分，而轉成了一個純靜態的
本體。牟先生綜括此義云：

> （朱子）只是對于道體不透，因而影響工夫入路之不同。
> 此所謂一處不透，觸處皆異也。此所不透之一點，說起來
> 亦甚簡單，即在：對於形而上的真體只理解爲存有而不活
> 動者。但在先秦舊義以及濂溪、橫渠、明道之所體悟者，
> 此形而上的實體，乃是「即存有即活動」者。此是差別之
> 所由成，亦是系統之所以分。❾

　　這樣的一種轉化，遂使天命實體僅僅剩下一種類同於充足理由律的，由然而逆推其所以然的「存在之理」，而這負責存在之理——以朱子之言，即是「太極」——究其內容，則實僅為一個如西方形上學所謂的「形而上的空無」。這樣的本體既是依一形而上之逆推而得，遂使其工夫入路轉向為對智識的強調，此所以牟先生將之稱為一種「智的形上學」、「觀解的形上學」❿。依這套形上學所訴求的存有論之圓滿，自亦能開一套道德哲學，但這套道德哲學何以必能如伊川朱子所表示的，即等同於人倫禮教之規範，看來似乎並不容易有圓滿的說明。

　　又當天命實體只成一個靜態的形上之理時，朱子乃將實際的存在交予了經驗的氣化，這遂簡單形成了「理氣二分，不離不雜」「心性情三分，心統性情」之格局，實際生命的存在純粹只是氣化中事，這氣化之心若不循理，此理亦毫無能力驅使此心，於是遂不再能說本心自發而不容已之道德實踐義，氣之是否能轉化而為理亦無必然之保證，這遂形成一種徹底之漸教。牟先生云：

> 此一系統澈底是漸教，亦澈底是唯智主義的他律道德。形構之理之重要即順成此他律道德。形構之理與存在之理皆所以律吾人之心氣者也。涵養上之敬亦唯是在使心氣常常凝聚而清明能完全凝聚于理上而順理。此一系統亦使一切行為活動只要是順理即是道德的，此是唯智論與實在論之泛道德，而道德義亦減殺。此其所以為他律道德，亦曰「本質倫理」也。⓫

　　依此義，伊川、朱子之學就儒學傳統言，固有新義，但這新義卻是依靠揚棄道德主體之自律而建立的，因此牟先生乃判之為「別子為宗」，而在哲學意義上將之剔除於宋明理學的正格之外。

　　依如上對牟先生三系說的簡單綜述，再對比於勞先生的立場，我們當很容易發現兩者的異同。從最基本的一點來說，勞先生以為「心性論中心」和「宇宙論中心」是既無必要，也沒有可能相連繫；但牟先生則恰好要通過某種本體宇宙論的模式，來建構出一套道德的形上學，以徹底連繫起心性論中心與宇宙論中心，而且牟先生以為，若不透至此義，就是對儒教本質的扭曲，他說：

> 　　近人習於西方概念式的局限之思考，必謂道德自道德，宇宙自宇宙，「心即理」只限於道德之應然，不涉及存在域，此種局限非儒教之本質。心外有物，物交待給何處？古人無道德界、存在界、本體論、宇宙論等名言，然而豈不可相應孔孟之教之本質而有以疏通之，而立一儒教式的道德界、存在界、本體論、宇宙論通而為一之圓教乎？此則繫於「心即理」之絕對普遍性之洞悟，何必依西方式的概念之局限單把此「心即理」局限於道德而不准涉及存在乎？⓬

　　牟先生問「物交待給何處」，這在西方，自然是交給上帝，

但中國無上帝之信仰，故有此一問。然雖說如此，是否就表示必容許心性論和宇宙論非相交涉不可呢？這裡需不需要有進一步之抉擇呢？在筆者看來，我們當然有理由依牟先生的立場以質疑勞先生，反過來，我們也應有理由依勞先生之立場以質疑牟先生，至於抉擇之結果如何，則有待下一節處理。

附　註：

❶ 關於這點，主要當然是指〈中庸〉「誠者天之道，誠之者人之道」和《孟子·離婁上》「誠者天之道，思誠者人之道」的一致而言。

❷ 牟宗三先生《心體與性體》冊一，頁17。

❸ 關於「方向倫理」和「本質倫理」兩概念，詳見牟先生前引書頁181～184。

❹ 同上，頁37。

❺ 同上，頁41～42。

❻ 象山語分見〈語錄〉及〈年譜〉。《象山全集》卷卅四〈語錄上〉云「萬物森然於方寸之間，滿心而發，充塞宇宙，無非此理」，卷卅六〈年譜〉紹興廿一年條云「宇宙便是吾心，吾心即是宇宙」。

❼ 《王陽明全集》卷廿，陽明〈詠良知四首示諸生〉之四云「無聲無臭獨知時，此是乾坤萬有基，拋卻自家無盡藏，沿門持缽效貧兒。」見《全集》頁384。

❽ 同❷，頁47～48。

❾ 同上，頁58。

❿ 同上，頁97，牟先生論朱子之系統云「就理說，是本體論的存有之系統：就氣說，是氣化的宇宙論而以只屬于存有之理以定然之；就

工夫説，是認知的靜涵靜攝之系統；就道德説，自亦有道德的函義，但卻是他律道德。是以此形上學如果亦説是道德的，則當是主智主義的道德的形上學（Intellectualistics moral metaphysics），簡言之，亦可直説為智的形上學或「觀解的形上學」（Theoretical meta-physics），此已幾近于柏拉圖、亞里士多德之傳統而與之為同一類型矣。」

⑪　同上，頁111。

⑫　牟先生《從陸象山到劉蕺山》，頁20。

第五節　宋明理學諸詮釋典範之抉擇

前幾節，筆者針對當前理學的幾個詮釋典範作了一些概略的綜述。筆者曾表示過，選擇這些典範乃是依著一種泛説的真理的尺度、學術思想的標準而進行的。基本上説，前述的幾個典範，就其哲學的問題意識言（不包含哲學史的問題意識），是有相當大之交集的。無論它們對真理的界義是否全然一致，它們俱企圖在「真理」──而非僅是意識型態──的角度上，確立理學的最圓滿型態，即此一點，我們即有理由將這幾個典範，擺在同樣的尺度上，來作一個抉擇。比較來説，李澤厚的説法固有進於大陸所流行的意識型態史式的説法，但原則上其説似乎是失敗的。其失敗的根本原因，如我們已指出的，心的雙重性這一判斷顯然並不合於朱子的系統，如此一來，則他的三時期説之邏輯便將無以為繼。其次，誠如勞思光和牟先生均已然指出的，太極之理這一「理性本體」，其概念根本是空無內容的形而上的空無，如此一

來，天理和倫理性的內容如何銜接，便將產生問題，而這問題勢將無法讓李澤厚在既堅持其問題意識之下，又能説朱子代表理學的成熟期。即此兩點，便足以使李澤厚的判斷大體落空。

復次，筆者亦已指出，李澤厚其實並無理由再堅持橫渠是所謂的「唯氣一元論」。看來橫渠這套宇宙論恐怕既不是什麼唯物論，或是客觀唯心論之類的東西❶，也不能説是漢儒的氣化宇宙論。這也就是説李澤厚的詮釋典範，其詮釋效力大致是可以排除的。但牟勞二先生的詮釋效力又如何呢？

如前所述，牟勞二先生對伊川、朱子的判斷，原則上是不相悖的（儘管存在著明道的歸屬問題及其它細節上之諸多差異），而哲學地看，無論朱子之系統有多少新義，其哲學上的缺陷均是顯然的（姑且不論就哲學史意義看，它是否違離了孔孟的教義），關於這點，二先生的系統均能發揮相當的詮釋效力，此尤以牟先生為詳。其次，關於象山、陽明道德哲學的部分，二先生的判斷尤其是相近的；哲學地説，李澤厚雖不能掌握二先生詮釋中，良知本心的超越性這一面，而只對其內在性的一面提出批判，這批判固然未必沒有值得省思處，不過，如果單就詮釋的準確性而言，即使李澤厚也並不見得有理由懷疑。李氏可以懷疑象山、陽明哲學上的缺陷，也可以懷疑如牟勞二先生所給予他們的評價到底適不適切，就這點來説，牟勞二先生對象山、陽明的詮釋效力固然不容作過高的估計，但若相對來説，建築在康德道德哲學論證基礎上的牟勞二先生之詮釋系統，至少在詮釋的準確度上是要更有效力的，因為若按照類似李澤厚等的詮釋，以為陽明等已將良知本心原則上降落為以感性心理為主的概念，這無論如

何,都是不可能具有詮釋準確度的❷。如果説陸王的心是滑動於超越的道德本心與感性欲求的主體能動性之間的話,則他們除了能將之詮釋為「心之雙重性」的矛盾之外,還能如何詮釋呢?但作為一個詮釋者,豈應如此輕易地便將任何成熟的思想家扣上矛盾的帽子呢?以此而言,牟勞二先生關於陸王的詮釋效力仍是應該較受尊重的。

然而牟勞二先生關於陸王的詮釋,事實上也存在著本質的歧異,而且這歧異恰好也延伸到對濂溪、橫渠等詮釋上,它形成為同一組問題,亦即心性論中心和宇宙論中心到底「應不應該」和「可不可能」構成關係?這一組問題無疑將是決定這兩套詮釋系統效力高低的關鍵,因此它也是本節所面臨的最核心問題。

關於這組問題,有兩個角度是值得考慮的,這兩個角度一是詮釋學的,一是哲學的,它們都分別涉及了應當和可能的問題。首先從詮釋學的角度來看,勞先生基本上是從兩點來解決這個問題,第一,他雖然並不否認早期詩書傳統中含有人格天的意味,但他以為這一意味到了孔子身上時,已然褪盡,孔孟純以人事言天,因此既非應當也非必要一定得將孔孟和宇宙論式的命題拉在一起不可❸。第二,他也從文獻考證的角度上説中庸、易傳皆是漢儒依氣化宇宙論所造者,因此亦無必要硬將孔孟和易庸牽合在一起❹。不過這一解決方式在筆者看來,似乎是不太恰當的。依今天的考證來看,易庸之晚出當無問題,晚至何時雖不能確定,但絕對不能因其可能晚至漢代,遂定其基本義理性格,這不只是邏輯上應如此説,即使在考證上,以今天出土的帛書〈五行篇〉來看,它亦是晚出的,但其思想卻無疑是孟子的嫡傳,便可見由

著成時間推斷義理性格之危險❺。此外，筆者亦曾通過對「德」
字的考證，證明了絕對不能忽略「天命觀」在孔子思想中的地位
❻。孔子儘可不說性與天道，但這一存而不論的立場，卻不應被
解釋成孔子只純從道德哲學心性論的角度立論，相反的，若真以
詮釋學「前理解」的角度來看，不只孔子，甚至包括整個先秦儒
學（荀子是少數例外，但他的例外實亦別有緣故）都不應該拋開
一般所謂的「天人合一」這個形上學的命題，而且天的地位也不
容壓縮成為人的附庸。因此，勞先生想從詮釋學的角度，以否決
心性論中心與宇宙論中心之關涉的努力，看來是並不成功的，反
而牟先生的處理方式，倒比較符合考證上的結果。

　　其次，我們前已述及勞先生所認為的，由宇宙論中心以肯定
世界、肯定價值的哲學難題，也就是說勞先生已從哲學上，原則
性地否定了濂溪、橫渠等通過宇宙論以說明道德，或是涉及道德
主體性之可能性，而他所給天道觀留下的唯一一條路，乃是將存
有問題視為由主體自由意志而發之理想、信仰方向，但如此一
來，存有問題乃不能有獨立地位。但勞先生這說法是否妥當？反
過來說，牟先生則是依本體宇宙論及以心著性說來構建一套道德
的形上學，這套形上學一方面恰好是要建立在道德主體性上，另
一方面則以為道德所依本的主體自由，這自由終必要伸入存有的
領域乃能完備，此一說法又是否妥當？

　　關於上述問題，筆者以為有一個說法是值得注意的，那就是
由朱子之師李延平承繼明道學脈而提出的「默坐澄心，體認天
理」這一工夫指訣，延平即以此一工夫來綜括由明道而下，歷龜
山、豫章所傳之理路。此處值得注意的是，這種依一實踐工夫來

完全消化某一理路的方式，表現了什麼意義呢？要想瞭解此一意
義，我們便得先解明延平所謂天理和默坐澄心的意旨。朱子〈延
平行狀〉云：

> 先生（延平）既從之（豫章）學，講論之餘，危坐終日，
> 以驗夫喜怒哀樂未發之前氣象為何如，而求所謂中者。若
> 是者，蓋久之而知天下之大本真有在乎是也。……故其言
> 曰「學問之道不在多言，但默坐澄心，體認天理。若見，
> 雖一毫私欲之發亦退聽矣。久久用力于此，庶幾漸明，講
> 學始有得力耳。」又嘗曰「學者之病，在于未有洒然冰解
> 凍釋處。縱有力持守，不過苟免顯然尤悔而已。若此者，
> 恐未足道也。」❼

依這段文字所示，天理的直接意思當然是指未發之中，這中
也就是天下之大本所在。但作為天下大本之中理，它真實的意思
是什麼呢？於此延平並未有明白之表示，可能也就因此，朱子乃
可依其一套思理來套。但延平語雖籠統，又豈無一定之語脈嗎？
且看延平壬午答朱子書云：

> 仁字難說。論語一部只是說與門弟子求仁之方，知所以用
> 心，庶幾私欲沉、天理見，則知仁矣。如顏子仲弓之問，
> 聖人所以答之之語，皆其要切用力處也。孟子曰：仁，人
> 心也。心體通有無，貫幽明，無不包括。與人指示，于發
> 用處求之也。又曰：仁者人也。人之一體便是天理，無所

不備具。若合而言之，人與仁之名亡，則渾是道理也。**❽**

　　此書無疑只是明道〈識仁〉之另一表示而已。然則延平之語脈，豈不應定在明道乎？依明道，他經常只以天地之「生意」、「春意」這種圖像式的說法，或者以「天地之大德曰生」這種易傳的宇宙論式說法，來表示天理之自在顯示相，而絕少有對其內容的理論、概念式的說明**❾**。而一旦要說，他也總是只以「反身而誠」之類的實踐式語句來說。這也就是說，在明道，天理仍保有著充分的宇宙論性格，但從明道開始，他便完全不以分解的方式說天理，而只強調以實踐的方式去體認它。換言之，從濂溪、橫渠而來的宇宙論式之命題，原來皆可以收攝為一種實踐的體認，延平所說天理之真實意義，原本也是得在這一實踐的體認中悟得，此即是說，所謂的未發之中，天下大本之中理，俱須著落在「默坐澄心」這一類實踐工夫上求。然則默坐澄心是種什麼樣的工夫呢？

　　依一般的想法，默坐澄心當然是一種「存養」工夫，但存養什麼呢？是存養一個如朱子所謂的認知意義的心，以備察識之用呢？還是涵養一個如邵康節所謂的冷汰一切的觀物之心呢？抑或尚有他義？在前引壬午延平答朱子的同一封信中，延平曾說明了這一工夫之實際內容：

　　　　謝上蔡語錄云：「不仁便是死漢，不識痛癢了」。仁字只是有知覺了了之體段。若于此不下工夫、令透澈，即何緣見得本源毫髮之分殊哉？若于此不了了，即體用不能兼舉

矣。此正是本源體用兼舉處。人道之立正在于此。仁之一字正如四德之元。而仁義二字正如立天道之陰陽，立地道之柔剛，皆包攝在此二字爾。大抵學者多為私欲所分，故用力不精，不見其效。若欲於此進步，須把斷諸路頭，靜坐默識，使之泥滓漸漸消去方可。不然，亦只是說也。**⑩**

是則延平所謂的靜坐默識，所涵養的心只是如上蔡所謂的識得痛癢之仁心，這無疑是順著明道惻然有所覺所說的「識仁」之工夫而來。這一工夫既是從不麻木之覺上說，它便毫無疑問是一道德主體的實踐工夫，而不能有其它理解途徑。換句話說，延平正是體認到必須以一種道德主體之踐履來把握天理之實義。我們必須注意的是，延平這一工夫入路絕不是他個人的儻來一悟，而是有其深厚之學脈淵源的，此即是說，這一工夫入路相當普遍地表示了必須依一條道德實踐的進路，來理解存有的意義。這一種理解，當然有些曲折，它固是由道德實踐出發，但整個體悟並不停在具體道德行為上，而是把這一切道德行為，以及由此行為牽連而及的一切物事，皆視之為根源於天理停停當當之呈現，以此而完成一種對存有之超越性體悟，此體悟如用牟先生的詞語來表示的話，即是所謂的「超越的逆覺體證」，牟先生云：「此步工夫函有一種本體論的體證，但卻是隔離的、超越的體證，即暫時隔離一下（默坐、危坐）去做超越的體證。」**⑪** 當然這種隔離式的體證無疑是清苦的、不透徹的，理論上說，此一體證亦未必定要以隔離方式為之，以此，延平乃經常要對「洒然冰解凍釋」之境界致其讚嘆。

按照如上的說明，至少表示了由濂溪、橫渠而來的宇宙論命
題，原可依一種「超越的體證」之方式，來呈顯其意義，而不必
成一獨斷論式的說法。而且若依此方式而說，則勞先生對它的一
些負面的批判，也將告落空。比如說依這方式而論的話，則當說
天地之生意時，其意乃是指我體會這天地間一切皆停停當當，而
為道德之善的展示，我之此一體認事實上並不因經驗上有罪惡之
存在，便顯得毫無意義，或是形成矛盾。因此勞先生拿生滅之對
舉，以批判宇宙論中心之說法，其實是可以解消的。

　　然而，勞先生當然亦可辯說，若依上述，則超越的、本體論
的體證也很可以只是像康德所說的「目的論的判斷」 ⓬ ，若是
如此的話，則勞先生依然可以說它只是依道德主體實踐所投射出
的某種信仰方向而已，並不真能具有存有論的客觀意義，以此，
勞先生便也依然可以堅持其系統的詮釋效力。但勞先生的堅持有
道理嗎？關於這個問題，若真要做詳細申論，勢必會涉及極繁雜
的哲學論證，這也將遠遠越出本文的主旨，因此筆者此處只擬以
最簡略概括的方式，針對一個問題，略作申述。

　　筆者以為，這裡一個最關鍵、最需要追問勞先生的問題，即
是「作為一個道德的主體，它可能只面對其行為的格準，只考慮
其人格的尊嚴，而絲毫不必涉及他的存在嗎？」。牟先生曾準確
地指出了勞先生思路的出處，而認為他們的歧見乃是出在對康德
的不同理解上 ⓭ 。康德曾有一書名曰《道德底形上學之基
礎》，其中提到「道德底形上學」（metaphysics of morals）一
概念，但此一概念的重點，其實只是在對道德之純粹而先驗的形
式格律進行分析，而並非真的奠基在道德上以說一套形上學，也

就是說康德僅是通過這方式以對道德進行一種形而上的解釋，而並不能如牟先生一般，發展出一套道德的形上學 ❶ （moral metaphysics）。然而我們容或可以先對「道德的形上學」之構想暫時存疑，但事實上康德在《道德底形上學之基礎》一書中，早已明白指出，意志自律的關鍵乃在「自由底概念」之上，但這一自由底概念卻不能僅停留在道德之上，而不涉及存在。這就表示說，我們如何進入形上學是一回事，該不該進入形上學又是另一回事。以此而言，勞先生對形上學採取一種攔斷的處理方式，這固然可能是受時代風氣影響所致，但卻未必有道理，至少勞先生也該效法維根斯坦，採取某種存而不論的態度，也許會好些吧！在此，牟先生根據康德的立場而說：

> 事實上，康德本人講「道德底形上學」固然是講道德而不涉及存在，可是他並不是只限於道德這個觀念。康德的三個設準其中「自由」一設準是屬於道德範圍之內。可是他還有其他兩個設準，就是靈魂不滅、上帝存在。這就不光是道德問題。而且依據康德的講法，這三個設準是有關聯的。康德也承認實踐理性有一個必然的對象，就是最高善。最高善是屬於實踐理性、屬於道德範圍之內。但是康德從最高善一定要追溯到靈魂不滅、上帝存在。從最高善過渡到靈魂不滅、上帝存在，這就接觸到存在問題。從自由過渡到靈魂不滅、上帝存在，這在康德就不叫做 meta-physics，而是叫道德的神學。康德非有道德的神學不可，你不能把它割掉。你可以不喜歡神學，可是存在問題

你總要有個交待呀，這存在問題你交待給誰呢？在西方，
存在是交待給上帝。你如果又不贊成自由往上帝那裡伸
展，那麼存在不就落空了嗎？❶

　　的確，存在的問題是不能落空的，海德格（M. Heidegger）
說這個問題是一個如笛卡爾（R. Descartes）所說的「自明性」
的問題，存在是個「超越者」，它是一切問題的最終根源❶，
這樣的一種黑格爾式的講法，確是有其慧識的。

　　總之，筆者之意旨在表明，由超越的體證如何進入形上學是
一個問題，而應不應該試圖由超越的體證以進入存有的世界又是
一個問題，而後者的答案顯然應該是肯定的。以此而言，勞先生
系統的詮釋效力乃在這一點上遭遇到最根本的難題。而迄今為
止，在現有的理學詮釋典範中，唯有牟先生的系統足以突破這一
難關，因此，也使它具有了最高的合理性與詮釋效力。此亦所以
眾所公認牟先生之系統代表著某種里程碑之故。

　　當然，如我們上述對幾個典範性詮釋系統效力的抉擇，純只
是相對性的，因此即使筆者認可牟先生的典範，是迄今為止最具
籠罩性的詮釋方式，也並不代表筆者認為我們只應跟隨著牟先生
「照著講」。原則上說，牟先生一套「道德的形上學」之詮釋模
式，基本上必須建立在一個「既超越又內在」的道德主體性之肯
認，和一套康德批判哲學的論證之上，但這兩個基點是否無可指
摘？這恐怕仍是值得考慮的。比如說筆者以為，李澤厚的系統，
其詮釋效度固然很低，他把牟先生的本心覺情理解為感性的欲
求，也是個絕大的誤解，他系統背後預設的以異化論為核心的馬

克斯主義立場，合理性恐怕也不高，但他所指出「心的雙重性之矛盾」這一批判，若抽離來看，有沒有值得深思之處呢❶？以下，本文即擬奠基在牟先生這一「典範中的典範」之詮釋基礎上，通過一些合理的批判，尋求更進一步的詮釋可能，以期使日趨成熟的理學詮釋，能夠百尺竿頭，更進一步。

附 註：

❶ 劉述先對所謂套用唯物論、唯心論之類的說法，曾有嚴厲的批評云「這種說法最大的缺點在亂套西方的術語，根本不明白宋明儒學是以內聖之學為首要的關懷的學問，周張、程朱、陸王是同一個家族的分支。最明顯的例是，張載雖然講氣，但決不是主張什麼唯物論的思想，因為他同時也講虛，講神，而且與二程兄弟一樣，有很強的道統的擔負。而這類東西根本套不進唯物論的公式，就說是張載思想中唯心論的殘餘。這個樣子講傳統中國哲學，根本不能入乎其內，沒有任何意趣。」這觀點筆者基本上完全同意。劉先生文見〈有關理學的幾個重要問題的再反思〉頁5～6。

❷ 象山、陽明之論良知本心，完全由先立其大上說，也就是說他們皆本於孟子「大體、小體」之辨而來，在這嚴格的區分下，良知本心不可能有感性心理之義是很顯然的。不唯如此，劉述先亦曾駁斥將陽明等同於任何主觀唯心論或唯我主義之不當，可參看。劉先生之說見《朱子哲學思想的發展與完成》第九章〈王學與朱學：陽明心學之再闡釋〉。

❸ 勞先生基本上認為天的意義轉至孔子，僅剩下某種不得不承認之限制義，人生終是有命限，但「義命」之區分一定得清楚，唯依此，

乃能「就主宰性以立價值標準與文化理念，只將一切客觀限制視為質料條件。既不須崇拜一虛立之超越主宰，亦不須以事實代價值，或以自然代自覺，而此一自覺主宰亦不須求超離。」此段引文見《中國哲學史》卷一頁71。

❹　勞先生《中國哲學史》卷二，頁64云「中庸思想就內容而言，乃漢儒型之理論──即以天與人為基本觀念，又以天為價值根源之混合學說。……其方向則是欲通過天人之說以重新解釋心性及價值，實與孔孟之學有異。」

❺　關於帛書〈五行篇〉之著成時代及其義理性格之討論，可參閱龐樸《帛書五行篇研究》，楊儒賓〈帛書五行篇、德聖篇論道德、心性與形體的關聯〉，及汪義麗《帛書五行篇思想研究》等文，依這些說法，大體可以確認五行篇乃為孟子後學所作，其著成時代也斷不會早於戰國末，而且其「經說」式的體裁，和中庸、大學等文也是一致的。汪文且提供了一條由五行篇跨向中庸的義理脈絡，因此說中庸乃是孟子後學所作，其可能性是很高的。我們決不能只因中庸之晚出，遂推斷其義理性格必和孔孟不相銜接。

❻　詳細考證請參閱拙作〈儒學的基源問題──德的哲學史意涵〉，此文見《鵝湖學誌》，第十六期，此文正出版中，頁碼待考。

❼　《晦庵先生朱文公文集》卷九十七〈延平李先生行狀〉，葉二十九至三十。

❽　《李延平集》卷二，朱子編〈延平答問〉，頁27。

❾　如《河南程氏遺書》卷二，呂與叔錄二先生語云「生生之謂易，是天之所以為道也。天只是以生為道，繼此生理者，即是善也。善便有一箇元底意思。元者善之長，萬物皆有春意，便是繼之者善

也。」此段文牟先生以為乃是明道語，甚是。文見《二程集》頁29。又卷十一，劉質夫錄明道語云「天地之大德曰生；天地絪縕，萬物化醇；生之謂性。萬物之生意最可觀，此元者善之長也，斯所謂仁也。」文見《二程集》頁120。

⑩　同❽，頁27～28。

⑪　牟先生《心體與性體》冊三，頁4。

⑫　康德將判斷力之批判特別區分為「美學的判斷力之批判」和「目的論的判斷力之批判」，而他說所謂「目的論的判斷」乃是「那目的論地被使用的判斷力它指定出這樣的一些決定的條件，即在這些決定的條件下，某物是依照一自然之目的之理念而被評估的。」此意確近於此處所謂的「超越的體證」。上引文見《判斷力之批判》〈引論〉頁150。

⑬　詳見牟先生《中國哲學十九講》第四講，頁71～73。牟先生於此段文中雖未明指勞先生，但事實上是針對勞先生而說的。

⑭　關於「道德底形上學」、「道德的形上學」乃至康德所謂「道德的神學」之區分，可參閱牟先生《心體與性體》綜論部第三章第三節，及頁135～136之附識。

⑮　同⑬，頁73～74。

⑯　海德格在《存有與時間》一書開頭第一節中，即以一種負面的方式，描述了一般人對存在問題的三種成見。但必須注意的是，海氏其實是贊成這三種看法的，他所反對的只是一般人依這三種看法所導致的輕忽存在問題底態度。其中第三點即說「存在是自明的概念」，海氏於此點下云「我們向來已生活在一種存在（案：即筆者行文中之「存有」，下同）之領悟中，而同時，存在的意義卻隱藏

在晦暗中，這就證明了重提存在的意義問題是完全必要的」，這即表示了存在的問題乃是一切問題之根源。海氏引文～見該書頁。案：此書中譯本書名作《存在與時間》，但Sein（Being）一概念在台灣學界一向譯為「存有」，故筆者在行文中俱改為「存有」，僅在抄錄譯文時，仍從譯者之用語，其它有類此情形者，俱做之，惟均以括弧註明。

⑰　此處筆者的意思，乃是指李澤厚所指出的「心的雙重性之矛盾」點出了一個值得注目的面向，也就是在道德命題中，有沒有「欲」的地位？筆者完全不贊同李澤厚處理此一問題的思路，但卻認為這一點有值得進一步考量處。至於筆者的解決方式，則請詳參後文。

第二章　牟宗三先生對儒家圓教的表述

　　在上章中，筆者通過對現有理學詮釋進路的檢討，認為在尋找理學最圓滿義理型態的問題意識下，牟宗三先生的詮釋系統實可作為現有各系統之典範。而事實上，牟先生以為理學中最圓滿的義理型態，也就代表了儒家之「圓教」型態。由於筆者底下的反省，基本上乃是奠基於牟先生這一詮釋系統，因此筆者也有必要先針對這一系統作較完整的重述，以為反省的憑藉。而有鑑於圓教這一概念正是牟先生建立系統的核心思想，也是筆者所擬反省的主要對象，是以筆者的重述也只以牟先生對儒家圓教兩種型態的表述為限，其它如對伊川、朱子之討論等等，與圓教概念較無關涉的論題，就不旁及了。因此本章主要包含兩個論題，一是對牟先生系統中，顯密兩種圓教型範的重述，另一個論題則是牟先生對這兩種型範的哲學論證。

第一節　儒家圓教之第一種型範 ── 顯教的型範

　　牟先生對儒家圓教，有顯密兩種說法，顯教乃指依孟子學所開出的教路，對宋明言，當然即是指象山、陽明這一系。關於這一系圓教教路的表述，牟先生通常是將重點擺在對陽明「四句教」以迄龍溪「四無句」的發展之上。為方便計，本文的重述也依然採取同樣的模式。

　　此一表述，大略說來，約可分為三個主要層次，第一層乃是

由道德主體性所開發的道德哲學層，第二層則是將第一層純就道德實踐考量的心物關係，予以形上學化，而成一套特別的「無執的存有論」❶。這兩層的說法大抵是分析式的，第三層則是立基於第二層之上，對無執的存有論之體用分立式的說法，再予以開決，以進入一種體用一如的綜合式的境界說法。這三個層次，在牟先生說來，是緊密地相扣的，而它基本的出發點，即是孟子的「本心」概念，以及這概念所內蘊的「仁義內在」、「本心即是理」的思想。

毫無疑問的，陽明的學問須由良知說起，而良知正是從孟子本心轉手而來的概念。《傳習錄》云「良知只是個是非之心」❷，也就是一切善惡是非的準則，皆是由這人人本具的內在的良知而發，這良知即是「大體」，一切道德行為都需要依本於對它的先行肯認。當然人可質疑這一肯認是一種什麼意義的肯認，依孟子，這肯認理論上說並非通過某種經驗的現象學式的證實，但他實亦不離經驗，它是通過經驗的怵惕惻隱之心，也就是所謂「四端之心」，逆反地直覺地肯認之。換言之，這肯認理論上預設著一種超越的分解，實踐上則訴之於「逆覺體證」❸。以其是超越的，非經驗的心覺故，所以陽明也總說「心無體，以天地萬物感應之是非為體」❹，但它實非無體，只是說它無經驗之「心體相」而已。依本於這樣一個超越的道德主體性，再套上大學八目的規模，陽明遂有了四句教的說法，由是而原則性地展開了一套完整的道德哲學。

如所週知，四句教即是所謂「無善無惡心之體，有善有惡意之動，知善知惡是良知，為善去惡是格物」❺。此中說心體是無

善無惡的，乃是直承上說良知心體之超越的肯認言，此一心體既是一切是非善惡之根源，則它自必須是粹然至善的，故陽明即以無善無惡說之。依此心體之發動，而為知體之自我呈現，以實際於行為中決定善惡是非，此即是所謂「良知」——亦即由良知心體之發用處而說的良知，故曰知善知惡是良知。此一良知之發用，意在對治由經驗之意念發動所起的種種相對而言有善有惡之私見蔽障，而此一逐一對治，為善去惡的「致良知」工夫，即名曰格物。格者正也，物依一般訓解，乃指事而言，但由事亦必牽涉及相關之經驗存在物，於是一切物乃皆可因事而被帶上來，與意發生連繫，以此而成為有善有惡者，亦即所謂「意之所用為物」❻，從而我們乃可以致良知以誠意、格物，使一切物皆歸於善。依這一層意思來看，四句教當只是道德哲學超越地立體的說法，由此而說的心物關係，也純只是道德哲學的，而尚無存有論的意義。牟先生《現象與物自身》綜述此義云：

> 良知在具體道德生活中的裁決知是知非，它能給吾人的現實生活決定一方向。有是有非（有善有惡）者是吾人意念底活動，而良知是判斷之之標準。良知本身自有準則，而其本身亦是絕對的善，絕對的是。絕對的善無惡與之相對，絕對的是無非與之相對。因此，它本身只是一個天理底如如呈現，在其明覺中的如如呈現，不，其全部明覺就是一天理，其為天理（準則）就是其明覺之自身。這樣的一個良知（知體明覺），對意念之動而言，自是超越的。意念之動所以有善有惡，有是有非，是因為吾人有感性

故，此王陽明所謂隨軀殼起念也。因此，意念之動顯然是
落在感性的經驗層上的。意念在感性的經驗層上的活動，
因涉及外物，必有其內容。此內容即是陽明所謂「意之所
在或所用爲物」也。……它既是行爲物，則吾人所直接而
本質地關心的乃是它的道德上的對或不對，以及如何使之
爲對，如若不對，又如何能轉化之而使之爲對。這樣，乃
直接由認知意義的格物回轉到行爲底實踐上，而求如何使
此行爲合理或正當。使之爲合理或正當即是求有以正之，
或正其不正以歸於正也。因此，陽明必訓「格」爲正，此
則便無認知的意義。正之之標準與能力不在外物，亦不在
此行爲物之本身，乃在那超越的「知體明覺」。因此，只
要把吾人的知體明覺呈露出來，便能使此行爲物爲正，即
意念之發動無不正當。此即所謂致知以正物。……致知以
正物，則意念之發動亦無不善矣。此即爲「誠意」，即，
意皆真實無妄，而無自欺處也。良知自有此力量來誠意，
來正物。在此，正物即函是「成物」，即成就或實現一正
當之行爲物。良知是實現一正當之行爲物之最根源的動
力，亦即道德實踐之最根源的動力。致知正物不間斷，便
是德性之「純亦不已」。❼

　　如其所論，這一層的問題當然還是很單純易懂的，它涉及的
只是實踐的主體和實踐格律的問題，比較麻煩的則是下一層哲學
問題的翻轉。

　　這翻轉可以說是發生在一點上。陽明云「良知只是一個天理

自然明覺發見處，只是一個真誠惻怛，便是他本體。」❽「良知是天理之昭明靈覺處，故良知即是天理」❾。像這樣一種說法，其實已啟將良知問題從主體轉向客觀存有問題之機。當然人亦可說，陽明這說法仍是一種類似李延平「超越的體證」之類的說法，但陽明之意顯然不止於此，如其〈答羅整菴少宰書〉所云：

> 理一而已……以其凝聚之主宰而言，則謂之心；以其主宰之發動而言，則謂之意；以其發動之明覺而言，則謂之知；以其明覺之感應而言，則謂之物。❿

這也是一種心意知物的說法，但很顯然地，它和四句教的說法已有顯著不同。基本上，四句教是從主體說起，但此處則是從「理一」所指示的天理處說起，而良知心體則是從天理之凝聚而可為主宰處說，這當然是前面「良知是天理之昭明靈覺處」的同一說法。依這一義的良知心體的發用而謂之知，則此知即是前述之「真誠惻怛」無疑。當然，這兩種「心知」的表述，其出發點固然不同，但究其內容實質，實在還看不出和前一層之說有多大的不同。可是關於「意物」，其不同就很顯明了。在四句教中，意物皆是待對治的經驗對象，其意義是很顯明、很常識性的；但此處卻從心體之發動的動相上說意，從良知之感應上說物，這意物如何了解呢？心體當然是至善的，則它的發動相自然也應是至善無惡的，但我們在經驗上何曾見到至善之意呢？也就是說，一方面此意不能是經驗的，另一方面它既為心體所收攝而為其動相，則此意自也應是超越的，但何謂超越的意？又物既是從良知

之感應上說，而不從經驗性的「意之所在為物」之對象義說，則此物當也是收在一個超越的主體上說，則此物到底還能不能維持其對象義？若不行，則此物又當如何說？牟先生云：

> 就字義而言，「感應」本身並不是物，這只是知體明覺之具體的活動。「以其明覺之感應而言，則謂之物」，實即於明覺之感應中，就其所感應者或感應處而言，則謂之物。感應是能所合一者，故如此渾淪說之。無知之知的知體明覺並不是空懸的，它乃是寂寂朗朗具體地不容已地在流行。說流行，更渾淪，故實之以感應。說感應仍渾淪，故分疏之以能所，即就其所感應處而言物也。此「所」無對象義，故分疏之以能所是方便之權言；因此仍須合之，而言一體呈現也。在渾淪的感應中，明覺與物不分而分，分而不分，一體朗現也。⓫

很顯然地，陽明這一極難明白的說法，在牟先生的詮釋下，皆轉成了一種特定的存有論說法。關於這個存有論，茲亦不憚辭費，再引述牟先生之說明如下：

> 中庸言「誠者物之終始，不誠無物」，此物字亦可事物兩賅，一切事與物皆是誠體之所貫而使之成始而成終。此明是「本體宇宙論」的縱貫語句。中庸又言「誠者非成己而已也，所以成物也。成己仁也，成物智也，性之德也，合外內之道也」。誠體既成己，亦成物。成己是就事言，成

物則是就物言。成己是內，成物是外，就此內外而言，則有仁智分屬之權說，然仁與智皆是性之德，亦即皆是誠體之內容，故此成己成物之誠體便是合內外而為一之道。中庸言誠，至明道而由仁說，至陽明而由良知明覺說，其實皆是說的這同一本體。是故就成己與成物之分而有事與物之不同，然而其根據則是一本而無二。就成己而言，是道德實踐；就成物而言，是自我實踐之功化。即在此功化中含有一道德的形上學，即無執的存有論。**⑫**

　　此即是說由良知明覺之感應上說物，這物只能由道德的形上學良知之成己成物，成之即實現之之「意義的創造」上來理解，此時，良知即不再只是分殊說的道德主體性，而也隨伴轉移成了存有論的身分，這身分用牟先生標準的辭彙來說的話，即是「無限智心」，而物則是此無限智心「直覺即創造」下，存有論意義的「物之在其自己」。於是，這乃完成了顯教型範第二層 —— 由道德哲學到道德的形上學 —— 之翻轉。

　　然而如依上說「明覺之感應為物」，則物與良知心體實不能有對，此時物不是一個有待對治的經驗性之事物，而只是良知的遍潤，由這心體之遍潤於一切而說其為物，因此它和由心知與意物對分的說法是不同的。也正是由於這一差別，遂啟王龍溪四無句說法之機，而牟先生對顯教型態下最究竟教義的分判，正是以四無句為準，依此我們乃可以進入到第三層的表述，是以我們乃有必要更詳細地看一下龍溪的四無句。茲先依《王龍溪語錄》所載的「天泉證道記」錄四無句本文如下：

夫子立教隨時，謂之權法，未可執定。體用顯微只是一機，心意知物只是一事。若悟得心是無善無惡之心，意即是無善無惡之意，知即是無善無惡之知，物即是無善無惡之物。蓋無心之心則藏密，無意之意則應圓，無知之知則體寂，無物之物則用神。天命之性粹然至善，神感神應，其機自不容已，無善可名，惡固本無，善亦不可得而有也，是謂無善無惡。若有善有惡，則意動于物，非自然之流行，著于有矣。自性流行者，動而無動；著于有者，動而動也。意是心之所發，若是有善有惡之意，則知與物一齊皆有，心亦不可謂之無也。⑱

這是一段不甚好講的文字。王龍溪和錢緒山爭論四有和四無，緒山大抵謹守師說，屬於「照著講」一型，龍溪則希望接著四句教講，但問題是龍溪到底是怎麼接法的？依陽明的印可，龍溪之說自無違背師說之虞，但陽明只簡單說這是接引上根人的辦法，這籠統的說法到底如何理解呢？龍溪說「體用顯微只是一機，心意知物只是一事」，這意思當然是接著四句教而說的，但它和四句教究竟有何差別？如照上述第一層的說法，心知當皆是指體而言，此體之發用而為良知之知善知惡，於此似亦可說是即用顯體，體用一如，但這一如實只是實踐地說之一如，此所以陽明說它是「即工夫便是本體」，它並無礙於分解上之分體用，意物也始終是待對治之對象。在這情況下，意物當然恆是有善有惡的，它恆須一超越的知體冒之以決定其善惡，於是心知和意物之

相對相乃無法泯除，這也就是龍溪批評意之「著於有」，並由意著於有而同時說心知物亦皆著於有之故⓮。於此當也多少顯示出了龍溪的一些意思，亦即他顧慮的是就道德哲學而說的四句教，不免因心知和意物的對待相，而影響到對良知之「自然流行」的體悟。但陽明也另有一重良知之自然流行的說法，此即上述第二層之所說，而在這層的說法中，陽明也仍然將心意知物分開說，而並不說「心意知物只是一事」，然則這說法和龍溪之說又當如何簡別？在陽明之說良知的順天理流行，此時的意物之待對治相已泯，意只從心之發動說，物也只從明覺之感應說，以此意物皆同時收攝於心，此時似亦可說心意知物只是一事，說體用一元，顯微無間，但陽明於此仍總是要不分而分地說「以其主宰之凝聚而言，謂之心」，這當然為的是存有論的立體，唯有立此體以與意知物區隔一下，其所說之存有論乃真能穩得住之故。但龍溪的說法中並無此一「不分而分」的曲折，他的說法只在一點，即他說「悟得心是無善無惡之心」，這惟得是從遮撥善惡之相對相而顯，故云「天命之性粹然至善，神感神應，其機自不容已，無善可名，惡固本無，善亦不可得而有也」。心是遮撥了善惡相的粹然至善之心，意也是遮撥了善惡相，純由心體而流之意，知則是遮撥了知相的良知自然流行⓯，物也是與心無對的物的自在相。這一切都只是一往的遮撥精神，但假如龍溪缺乏了一種存有論式之體的說明，會不會形成其理論上的困難呢？陽明說龍溪四無之說是「即本體便是工夫」，這話如果順上述第二層的說法來看，自然是允當的，但是否適合用在龍溪呢？

　　我們當然不好懷疑龍溪，說他對陽明超越地、存有論地立體

之説尚不透徹，事實上，四無句仍原則性地表示了對心體的肯定，然則又如何處理上述的難題呢？於此，牟先生採取了一種詮釋方式，即將龍溪視為預設著陽明兩層次超越的分解，而以一種「遮撥式的綜合」方式，所作之實踐上泯除一切對待底「境界的點示」。牟先生云：

> 在四無之境中，「體用顯微只是一機，心意知物只是一事。」。此方是真正的圓實教。心、知是體是微，意、物是用是顯。然這「體用顯微只是一機，心意知物只是一事」並非是分別地説者，乃是非分別地説的四無化境中之事。俄而心意知物矣，而未知心意知物之果孰心孰意孰知孰物耶？此即是聖人之冥，亦即是聖人之跡本圓。心知是本，意物是跡。全本是跡，全跡是本，而未知跡本之果孰跡孰本耶？此時作爲跡之意與物是無意之意與無物之物，而作爲本之心與知是無心之心與無知之知。此時亦不説「意之所在爲物」，而直説「明覺之感應爲物」，蓋無意之意即是心知明覺之圓應也。亦不説良知知意之善或惡，知物之正或不正，而只説良知明覺之感應爲物，而物無不正且亦爲無物之物也。明覺之感應爲神感神應，就此神感神應可説無心之心，無知之知，同時亦可説無意之意，無物之物。蓋體用顯微只是一機，心意知物渾是一事，而亦未知體用顯微之果孰體孰用孰顯孰微，心意知物之果孰心孰意孰知孰物也。⓰

　　依這段意思來看，牟先生以為龍溪先天之學所說的境界，的確足以顯示「直悟本體，一悟全悟，良知本體一時頓現，其所感應之事與物亦一時全現」，而此時之悟，實不同於由修養之漸進過程中所說的了悟，它根本是良知心體存有論地如理如量地自然頓現，蓋此中全無工夫可說之故。良知教說至此，乃成圓滿地全幅頓現，於是牟先生即由此而說「此即所謂圓頓之教」。換言之，牟先生以為顯教之型範必待說至四無句，始真正完成一種「圓教」的規模。

　　話雖如此，但亦應知，龍溪四無之說畢竟只是一種境界之點示，因此牟先生依這一詮釋，也明白指出龍溪先天之學嚴格而言，並不能視為獨立的「教法」❶，真正的教法仍必須建立在依第一、二兩層所說的陽明之四句教，故陽明謂其四句教乃是「徹上徹下」之說❶，是完全正確的。後來龍溪卒以其說當一教法來用，就如泰州王氏父子卒以「樂」字之境界作為教法來用，遂啟王學「蕩越」之機，這是龍溪所不能辭其咎的。這也就是說，在牟先生詮釋中的儒家圓教之顯教型態，必須併同上述三個層次來看，依第一、二層以超越地、存有論地立體，復依第三層以顯一種遮撥式的綜合，始能完成。以此，筆者乃完成了對此一圓教型態的重述。

附　註

❶　關於「無執的存有論」，這當然是牟先生依「一心開二門」之模式，所嘗試建構的一套存有論模式，對於這一模式的最詳細說明，請見《現象與物自身》第七章。

❷　王陽明〈傳習錄〉卷三，《王陽明全集》，頁72。

❸　「逆覺體證」一詞實為牟先生所創，此詞貫通於牟先生所有著作之中。所謂逆覺蓋對順取而言，順取者，蓋在主客之對待中，心之向外撲著於一對象也。對反於順取之路，返而覺察一超越而恆自作主宰之心體，此覺察即主體之自我照見，自我恢復也。如是名曰逆覺體證。

❹　同❷，頁70。

❺　同上，頁76。

❻　同上卷二，頁31，陽明〈答顧東橋書〉云「意之所用，必有其物，物即事也。如意用於事親，即事親為一物，……凡意之所用，無有無物者，有是意，即有是物。」又卷一頁4云「意之所在便是物」，其意亦同。

❼　牟先生《現象與物自身》，頁437〜438。

❽　同上引〈傳習錄〉卷二，頁55，陽明〈答聶文蔚第二書〉。

❾　同上，頁47，陽明〈答歐陽崇一書〉。

❿　同上，頁50。

⓫　牟先生《現象與物自身》，頁440。

⓬　同上，頁443。

⓭　王畿《王龍溪語錄》卷一，葉一。

⓮　《從陸象山到劉蕺山》頁269〜270，牟先生云「蓋對有善有惡的意而言，欲想作道德實踐以化其不善以歸于善，則必須有一超越的標準與一能化除之之內在的動力，此即是心之體與良知之肯定。這一肯定是超越地分解地對應意而建立。意是依實然的分解觀點而被表示（邏輯地說亦可以說被建立，但道德地說則不能說被建立，只能

說被表示），物亦然。這四者皆是各別地正面說，這是「是什麼」
底問題。凡是「是什麼」的問題都是屬于「有」的：意是這樣地
有，物是那樣地有，而心之體與良知又是另樣地有。此「有」是存
有之有，與有善有惡之有不同。意與物是經驗上的感性的有，而心
之體與良知則是超越層上的睿智的有。有之層次不同，然皆是有
也。」

⑮　牟先生《圓善論》頁 318，曾特別論及知之遮知相云「知是無知之
知亦然，即知亦是無知相之知也。何謂『知』相？有意之善惡與物
之正不正為其所對而顯『良知知之』之作用即謂為有『知』相。
『無知之知』不能與『無心之心無意之意』一律解。無論有知相無
知相，良知之表現總是自然的，不是有意造作的。無知相之知，在
吾人未至渾化之境時，亦不礙其有自然地知善知惡之用。在渾化之
境中，『知亦是無善無惡之知 —- 惡固本無，善亦不可得而有』，
此語不是對遮『良知之知有善有惡』者，因為良知之知根本不能有
善有惡。無知之知之遮知相與無善無惡之遮善惡相不是同義語，故
不能與『無心之心無意之意』一律解。嚴格言之，『無善無惡，惡
固本無，善亦不可得而有』之語用于良知之知無甚意義，因良知之
知本不曾有善惡，說良知之知有善有惡是不通的。是故說良知之知
有知相無知相有意義，說其有善有惡或無善無惡則無意義。是以在
渾化之境中，『知是無知之知』只表示良知無經驗層上之意與物為
其所對，而只是無知相之知之如如流行」，此義甚重要。

⑯　同上，頁322～323。

⑰　《從陸象山到劉蕺山》頁 281，牟先生云「（四有、四無）對上下
根而言，似乎可說是兩種教法，然自法而言，則只是四句教一教

法，四無並不能獨自成一教法。」

❸　同❺，陽明云「只依我這話頭（案：即四句教），隨人指點，自沒
　　病痛，此原是徹上徹下功夫。」

第二節　儒家圓教之第二種型範 —— 密教的型範

　　牟先生把儒家圓教的第二種型態名之為密教的型態，這顯密
的對分當然只是借用，它和佛教的顯密之分是無關的。前節依良
知教說其為顯，只是說良知呈現之簡易直截，坦然明白，而又泛
應曲當；但一如前述，良知教之簡易，也易使其教法滑轉為某種
境界之點示，而啟蕩越之機，並因之而致種種流弊。於是為了堵
截此一流弊，乃必須更端別起，牟先生亦即依此一問題意識來詮
釋劉蕺山，所謂「此更端別起，重開一新學路者，即是歸顯於
密，即，將心學之顯教歸於慎獨之密教是也。」❶以此而說為儒
家之密教。但照牟先生之說，蕺山以慎獨之教為主的新學路，其
義理型態和濂溪、橫渠、明道原屬一路，尤其接近於胡五峰的表
述方式。因此，我們即順此而將濂溪以迄五峰、蕺山這一系的義
理型態，統稱之為密教的型態。

　　一般而言，牟先生關於此一圓教型範的表述，亦可分為三個
層次，首先是以「性體」這一客觀面的概念為主，構成的一套道
德式的「本體宇宙論」的說法，由此以突出存有之源頭，存有之
創生及價值意義之創造。第二層則是以「心體」這一「主觀性原
則」，通過「形著」的方式，在存有論的層次彰顯 —— 也即是證
實 —— 性體，也就是主體雖不如顯教之由一心之伸展直接承擔存

有，但在存有之顯示其自己的過程中，主體仍然扮演著關鍵性的地位，而且這個主體依然是就著道德主體性而言。第三層則同樣是奠基在前兩層的基礎上，依明道之「一本論」所作的「圓頓化境」之境界的點示，就著此一點示，而在道德實踐上將前兩層之分解的理境，實踐地通化為一。關於這三個層次，我們且詳為展示如后。

就第一層次而言，我們主要可以用牟先生對濂溪、橫渠的詮釋來作說明。這一詮釋的前提乃是建立在對「性體」之肯定上，肯定之以作為吾人存有乃至價值實踐之客觀的超越根據。但為要肯定性體，牟先生於是引進了一套本體宇宙論的說明，這說明乃是直接順著原典的疏解而展示的。如濂溪《通書》首章「大哉乾元，萬物資始，誠之源也。乾道變化，各正性命，誠斯立焉。純粹至善者也。」❷下，牟先生即論之云：

> 所謂「乾道變化不過只是一誠體流行者」，誠之形著明動變化即是誠體之流行，「為物不二，生物不測」亦是誠體之流行。總起來，中庸言：「誠者物之終始，不誠無物」。一切事物皆由誠成始而成終。由誠成始而成終，即是誠體貫澈于其中而成全之。在此成始成終之過程中，物得以成其為物，成其為一具體而真實之存在。設將此誠體撤銷，則物即不成其為物，不成其為存在，而歸于虛無。此即所謂「不誠無物」。無物即無終始也。自實體言，為誠體流行；自軌跡言，為終始過程；自成果言，為事事物物。吾人可規定物為一特殊的終始過程，亦可規定為在一

特殊軌跡中表現的誠體流行之特殊滿足（完成）。此種規
定名曰直貫型的宇宙論規定，因「物之終始」一語即是一
宇宙論的陳述。此種規定非是方法學的邏輯規定，亦非是
認識論的認知規定，而乃是自實體成就上之實現的規定。
❸

　　這說法當然有些奇怪。人可問，既是為要說明性體，何以不
直接就性體以說之，而偏要有此曲折？但在牟先生看來，這一方
面是對濂溪等所取進路之事實陳述，另一方面它也不是曲折，因
為性體作為一個超越的根據，它原本就是一個形上學的問題。既
然如此，則性體自然有待於某種宇宙論的說明，而牟先生只是依
原典之脈絡將之規範在一種「直貫型的宇宙論的規定」之上而
已。牟先生復順這一規定的內在要求，而將「誠」這概念突出成
為存有論意義上的宇宙創造的根源實體，並即名此實體為「純粹
至善」者。於是一個本體宇宙論的格局乃於焉形成，此一格局以
誠體為核心，它通過某種形式的「動用義」，而在一個「宇宙論
的行程」中，下貫而為吾人之性體，於是性體乃能有內容之規
定，從而完成「天道性命相貫通」的過程。而事實上，這一思路
正是牟先生疏解此系諸家相關表述的基本思路，如濂溪之說「寂
感」、「幾」，橫渠之說「太和」、「太虛」，明道之說「天
道」、「天理」，牟先生即一律以誠體這一宇宙創造的實體說
之；濂溪、橫渠、明道之說「神」，牟先生也一律將之理解為誠
體的動用，這動用即含著一種宇宙論之直貫義；而橫渠之說「太
虛即氣」，明道之說「生之謂性」，牟先生則是將之理解為誠體

神用在下貫的行程中，必定揹帶著經驗性的氣化行程以展現，此一展現終而結穴於性體，此即橫渠所說「天所性者通極於道」，五峰所說「性也者天地鬼神之奧也」之意。換言之，牟先生乃是將「誠」這個一般用在道德實踐的概念，予以存有論化，並將之突出而為宇宙之根源實體，以此乃可以宇宙論地說明吾人之性體如何而有，並如何決定地使吾人成為一個有價值的存在，同時也決定地使吾人應成為一個價值的擔負者和創造者。是以牟先生云：

> 故凡儒者之思參造化，言天道、言太極、言誠體、言太和、太虛、乃至寂感之神，皆不過是通澈宇宙之本源，清澈吾人之性體，以明道德創造潤身踐形所以可能之超越根據，而其實義皆落于「性」中見，亦由性體之主宰義、創生義而貞定之，決不是空頭擬議之詞，亦不是自然主義、唯氣論之由氣蒸發也。❹

然而牟先生這樣一套說明，如其所言，純只是一種宇宙論之「規定」，而且這一規定，若論其理論實質，的確頗像是由性體出發，套套邏輯地逆推成一套形上學結構（雖然就表述言，它是順天道而宇宙論地說下來），只是此一逆推並不推成如伊川、朱子一般，形成一種「靜態的」、「只存有而不活動」的所以然之理而已❺。然則像這種缺乏「推證」的說法，如何能免於「獨斷論」的批評呢？

當然，如果我們單看如上的表述，則牟先生這套特定的本體

宇宙論式之表述，的確很可以被看成是一套獨斷論❻。不過，牟先生的詮釋並不如此簡單，因為他賦予了這套說法一種很特殊的證成方式。此一證成方式大致包含了兩個部分，一是仍依本體宇宙論的模式，由性以說心，將心亦收至宇宙論的模型中，而成為一個存有論式的概念。但如此而說的心，亦不喪失其作為主體性之身分，於是它可暫時和性體拉開，繼而通過心之道德實踐，並存有論地彰顯性體之意義，從而證成性體；此即其所謂「心性對揚」、「心之形著」之義。茲亦順其詮釋說明如下。

就第一義而言，橫渠《正蒙·神化》云「虛明照鑑，神之明也。無遠近幽深，利用出入，神之充塞無間也。」❼照牟先生的理解，這個「神」的意思，最直接的當然是就誠體之神用而言，此即牟先生喜言本體宇宙論「即存有即活動」之活動義，有時宋儒亦類比而說為「天心」，天自然無心，但就本體之能同時顯活動義，遂可類比地如是說。但如前述，誠體通過宇宙論的行程，下貫而為吾人之性體，以是性體遂取得與誠體相同的內容，於是神的意義乃可轉於性體上用，在這意義上，我們乃可以於本體宇宙論的脈絡下說心，也就是說心表示的是性體之神用，是性體的「虛明照鑑」。因此，牟先生乃批評橫渠「合性與知覺有心之名」❽的說法為不善巧，而以為「乃是就性體寂感之神之靈知明覺或虛明照鑑說即是心」❾。當然，如此說心尚不是對本體宇宙論之表述的證成，它充其量只是將心收歸於此一詮釋模式內，以預備底下之證成而已。

至於牟先生是如何證成性體之本體宇宙論的表述呢？在此，牟先生一方面依橫渠《正蒙·誠明》所謂「心能盡性，人能宏道

也。性不知檢其心，非道宏人也。」 ⑩ ，表示性體事實上並無
自我證成的能力，唯有心才有此一能力。另一方面，他直接即以
孟子「本心」這個主體性的概念，來詮釋「心能盡性」之心。牟
先生這樣的詮釋，事實上從濂溪即已開始。如濂溪引洪範「思曰
睿，睿作聖」而說「無思，本也。思通，用也。幾動于此，誠動
於彼。無思而無不通為聖人」，「思者聖功之本」 ⑪ 這一工夫
指訣，牟先生即以孟子「心之官則思」、「思誠者，人之道」之
思來說。而橫渠《正蒙・大心》於論「大其心」時，更直接引到
孟子之說盡心知性知天 ⑫ ，這當然益加堅定了牟先生對此一詮
釋的信心。但假如說，心只是這麼一個道德主體性而已，則它亦
未必真能存有論地彰顯、證成性體；不過，這個問題事實上從來
不構成牟先生的困擾，因為順本心之伸展、遍潤，牟先生本來就
已為它開闢了一個存有的世界，現在只是要將良知遍潤下的「明
覺之感應」，與性體一概念作成連繫，在牟先生看來，一切問題
便能迎刃而解，而本體宇宙論之表述乃於焉證成。這一證成，一
方面在心性對揚的狀況下，心顯一主動之姿態以「形著」性，另
一方面也可以將心套回性體之本體宇宙論的表示之下，而說心是
性之虛明照鑑，或者亦可進一步說體用之分而無分，於是心性為
一。像這樣的說法當然都是合法的。

　　關於如上的「形著」之義，牟先生認為雖從濂溪即已發端肇
始，但直到五峰才有顯著而精微的表述，而且即以此擅場。五峰
相應於如上證成方式的兩個側面，分別有兩種表示，一曰「性定
則心宰，心宰則物隨」 ⑬ ，照牟先生看，這當然是將心套入性
體的宇宙論模式中，而說心是隨性體之確認而來的虛明照鑑。五

峰的另一種表示則曰「性之流行，心為之主」 ❹ ，此語説性之
「流行」，固是對顯於「氣之流行」而説，但性體實無流行之可
言，其流行之義實因心而顯。牟先生云：「於性説流行，是客觀
地虛説，亦是形式地説，其落實處是心之自覺之形著之用。無心
之形著之用，則性體流行亦只潛隱自存而已耳。」 ❺ 由此而直
接突顯出形著義。當然，此一形著義之突出，其關鍵的論證基
點，仍是建立在本心這一道德主體性之存有論底伸展之上的。不
過，如五峰所云「心也者，知天地宰萬物以成性者也」 ❻ ，照
牟先生之説，成性之「成」，乃是「形著之成」，而非「本無今
有」之成。所謂本無今有之成，當指某種神性意志之創造而言。
這也就是説，同樣一個本心之義，套在顯教的系統中，可以是絕
對唯心的講法；但若套在密教的系統中，則心最終仍須攝歸由性
體而説的宇宙論模型之下，以為彰顯性體之憑藉。

　　五峰這樣的義理格局，在牟先生看來，更具體地表現於蕺山
的系統中（雖然牟先生亦以為蕺山未必意識到形著義的獨特
性）。蕺山之分別心宗、性宗，即是劈頭便拉出了心性對揚的格
局，如其《易衍》云「至哉獨乎，隱乎微乎，穆穆乎不已者乎」
❼ ，獨者即慎獨之獨，它當然是指心而言，心於此乃收於「於
穆不已」之天命上了解，也就是在宇宙論模式上，由性以説心，
此所謂「性宗之慎獨」。《易衍》又云「夫性本天者也，心本人
者也。天非人不盡，性非心不體也」 ❽ ，這又是由心以顯性，
由此而説「心宗之慎獨」。他如〈原性〉一文，一方面説不可以
「尊心而賤性」，一方面也説不可以「外心言性」，所謂「自其
分者而觀之，燦然四端，物物一太極；又將自其合者而觀之，渾

然一理，統體一太極。此性之所以為上，而心其形之者與！即形
而觀，無不上也，離心而觀，上在何所？懸想而已」 ⑲ 。這來
回於性心兩面的說法，牟先生即以為正是證成密教這套本體宇宙
論的典範說法，他也即以此綜述蕺山之學云：

> 蕺山之學大體是由嚴分意與念，攝良知于意根（知藏于
> 意），而言心體，由於穆不已而言性體；以心著性，性不
> 能離心而見；融心于性，心有定體有定向而不漫蕩，不但
> 良知可不流于「虛玄而蕩」，即「意根最微」，亦得以成
> 其為「淵然有定向」之獨體；攝性于心，性體成其為具體
> 而真實的性體，不只是本體宇宙論地言之、客觀地言之之
> 形式意義的性體，而性體可存，即在眼前：如是，則心宗
> 性宗合而為一，而性體不失其超越性與奧密性，而心體向
> 裡收緊，向上浸透，見其甚深復甚深之根源，亦總不失其
> 形著之用。故工夫唯在誠意慎獨以斷妄根，以澈此性體之
> 源也。⑳

依此綜述，我們當可看出牟先生論證此一思路的大體旨趣。
由此而言，我們當也很難再說這套特定的本體宇宙論是什麼獨斷
論之「懸想」了。於是牟先生乃準此說法，以性體為主，而立出
了此一圓教型範的「客觀性原則」，復以心體為主，而立出了
「主觀性原則」，由這兩個原則，乃共同組成了密教的全部理
境，並由此而得憑藉，以發展出一套有別於顯教的工夫入路。牟
先生云：

依此，性體之全幅具體內容（真實意義）即是心，性體之全體呈現謂心。心體之全幅客觀內容（形式意義）即是性，心體之全體挺立謂性。首先性具有性體、性能、性分之三義，自心言，心亦必類比相應地具有此三義：心體義，心即是體；心能義，心能創生，心能形著；心宰義，心主于身，其所自律而命于吾人者皆是本分之素定，「大行不加，窮居不損，分定故也」。依此而言，心性完全合一，不，完全是一。若以性爲準而言之，則除上三義外，尚可加兩義而爲五義。一是性分所據以成之性理義，性體自具普遍法則即是理。此外，則是性覺義，性體之「神之明」即是覺。如是，性體、性能、性理、性分、性覺、五義備而性之全體明，心之全體亦明矣。此爲心性是一之宇宙論的模型。

但此宇宙論的模型必須經由道德實踐以證實而貞定之。心性是一之宇宙論的模型以性爲主，道德實踐之證實而貞定此模型，則須以心爲主。由宇宙論的模型建立客觀原則，即建立天地萬物之自性，雖有性覺義，亦是客觀地說，亦是客觀性原則。由道德實踐之證實而貞定之，建立主觀性原則——形著原則，具體化原則。六

　　只要能掌握此一原則，便能掌握牟先生詮釋此一圓教型態之驪珠矣。

　　然而由上述「以心著性」這一主觀性原則來看，心的證成性

體，顯然必須預設著一條依道德主體性而說的實踐進路。照如上的分析，我們固然很容易在理境上理解心性是一，這容或也是一種「圓滿」的表示，但其為圓，無論如何，總只是理上分析出來的圓，它尚不是真實地依實踐的進路而說的圓。這就如同良知教說至明覺之感應為物時，其理境上已圓，但牟先生總還要說它猶待實踐上境界之點示，否則即非真圓滿一般；這依密教型態所說的心性是一，牟先生也同樣認為它需要一種直接從實踐上說的境界之點示，他亦即依這方式詮釋了明道所盛發的「一本」義。

　　原來明道之說一本，所謂「若不一本，則安得先天而天弗違，後天而奉天時」❷，「言體天地之化，已膁一體字，只此便是天地之化，不可對此個別有天地」❸等等，就字面上看，只是要泯除一切分析式的表達，而回歸到一個「此」上。依明道的習慣，這個此當然是指心，所謂「只心便是天，盡之便知性，知性便知天，當處便認取，更不可外求」❹是也。而且不只是一般說的心，更是特指實踐意義下的心，如云「居處恭，執事敬，與人忠，此是澈上澈下語，聖人原無二語」❺，「至誠可以贊天地之化育，則可以與天地參贊者，參贊之義，先天而天弗違，後天而奉天時之謂也。非謂贊助；只有一個誠，何助之有」❻，明道類似話頭所在多有，細究其意，其實皆只是要人老實在心上實踐，而不必繞出去增添任何話語。這意思一直通貫到他說「識仁」等一切工夫，皆是如此。但在牟先生看來，這意思的背後當然必須預設著前述兩個層次的分析，唯有在超越地分立性體、心體的狀況下，始能真正說一本。如其云：

綜此覺潤與創生兩義，仁固是「仁道」，亦是「仁心」。
此仁心即是吾人不安、不忍、憤悱、不容已之本心，觸之
即動、動之即覺、活潑潑地之本心，亦即吾人之真實生
命。此仁心是遍潤遍攝一切、而與物無對、且有絕對普遍
性之本體，亦是道德創造之真幾，故亦曰「仁體」。言至
此，仁心、仁體即與「維天之命於穆不已」之天命流行之
體合而爲一。天命於穆不已是客觀而超越地言之；仁心仁
體則由當下不安、不忍、憤悱、不容已而啟悟，是主觀而
內在地言之。主客觀合一，是之謂「一本」。⑰

　　然則這所謂的一本，其底子終究也只是理境上心性天是一之
表示，只是依識仁的原文，它是轉從實踐的意義上說而已。但實
踐上地突出主體性，是否意味著也能實踐地通澈性體之全幅意蘊
呢？這裡似乎不能沒有一些限制。因為人之實踐總是在經驗的過
程中，既是過程，它即無完滿的可能。不過，牟先生也總以為既
然理境上許可心性是一，則只要這個心可以實踐地「頓現」，那
麼原則上無論過程如何曲折，總意味著它能普遍地通澈性體。而
在儒家，牟先生以為儒者基本上並不懷疑此心頓現之可能，但無
論如何，本心之頓現與過程之無限，這中間總是呈現著一定的緊
張關係，若這緊張關係不能解消，則明道所謂的一本，便終不免
有虛歉，換言之，此處面臨的問題，不是心能否頓現以普遍地通
澈性體的問題，而根本是「心」是否可以實踐地「圓現」這一問
題了。而以牟先生的意思，最究竟的一本實在還有必要解決此一
問題，同時，這也是密教型態之圓教所以成其為圓的最後關鍵所

在。

　　牟先生是怎麼說這點的呢？在此，他注意到了明道〈定性書〉的一個說法❷。明道此書旨在答橫渠有關工夫上如何定性的問題，但性實無所謂定不定，因此明道的答法事實上皆是在說「定心」，而且明道所定之心，原非有待防檢窮索，由消極義而說的實然感性之心，而是「動亦定，靜亦定，無將迎，無內外」這一本而說，心性為一之心，這意思和前文所述，自然是一貫的，牟先生也一貫地依本心義而說之。但明道復云「夫天地之常，以其心普萬物而無心；聖人之常，以其情順萬物而無情。故君子之學，莫若廓然而大公，物來而順應」，其中「以其心普萬物而無心，以其情順萬物而無情」這話如何說呢？如順前文的意思，明道所說之心若是指一超越的心體，則我們可以很容易了解「心普萬物」的意思，這意思其實和陽明所說「意之所在為物」乃至「明覺之感應為物」是一致的，但明道何以又說「無心」？

　　對於這個無心，牟先生採取了和「四無句」同樣的理解模式，也就是說，若明道只說心普萬物，則心體與物終是有對，凡有對即屬分析，亦即非「一本」，因此它仍有待於一種「作用上的撥除」，以遮撥心體與物之相對相，使其化歸為一，然後心體始真能頓然且圓滿無對地通澈性體的全幅意蘊。牟先生解此兩句云：

　　　　「以其心」是表示存有層上肯定有心，「普萬物而無心」
　　　是說其普遍于萬物而為其體不是有意造作如此也，意即是
　　　以「無心」之方式而普也。「聖人之常以其情順萬事而無

情」亦同此解。「以其情」是有情,「而無情」是無意于情。「無有作好,無有作惡」亦同此解。好惡是有的,然不要有意造作地去好,亦不要有意造作地去惡。此亦如禪家所謂「即心是佛,無心爲道」也。「即心是佛」肯定有心有佛,「無心爲道」是以「無意于心與佛」之方式,即以般若智之妙用之方式,而體現此心以成佛也(此即所謂「非心非佛」也)。王陽明亦説「有心俱是實,無心俱是幻」,此是存有層上的有無。在存有層上,良知之心是有的。有良知爲之體處一切皆實,否則皆幻,此亦中庸所謂「誠者物之終始,不誠無物」也。但同時陽明亦説「無心俱是實,有心俱是幻」。此是「體現良知」之作用層上的有無。在體現良知本心這體現之之作用上卻須以「無心」之方式體現之,如此,則一切皆渾然天成,不但工夫是實,即本體亦如如呈現;若非然者,則一切皆幻,不但工夫不實,即本體亦扭曲而成意象。⑩

像這樣一種作用式的遮撥,當然也只是工夫實踐上的境界之點示,由此,牟先生乃轉由「實踐優位」的立場,將此一密教型態的思路推向了「圓頓的化境」,明道也因此而成了此一圓教思路的代表性人物。

當然,筆者仍須重複指出,如上所説的三個層次,彼此也依然是環環相扣,缺一不可的,從超越的立體 —— 只是所立之體和顯教型態有些不同 —— 到實踐境界的點示,這依然還是牟先生表述儒家圓教的標準模式。如是,我們也完成了對儒家圓教之密教

型範的重述。

附　註

❶　牟先生《從陸象山到劉蕺山》，頁453。

❷　《周濂溪先生全集》卷五，頁74。

❸　牟先生《心體與性體》冊一，頁325。

❹　同上，頁445。

❺　關於這些形容伊川、朱子義理系統之詞彙，詳參第一章第四節，❾
　　之正文中所引原文。牟先生《心體與性體》冊二伊川部，冊三則有
　　詳論。

❻　詳見第一章第三節⑩。

❼　張載，《張橫渠集》卷二，頁26。

❽　同上，〈太和〉，頁12。

❾　同❸，頁531。

⑩　同❼卷三，頁38。

⑪　同❷，頁94。

⑫　同❼卷三，頁42，橫渠云「大其心，則能體天下之物；物有未體，
　　則心為有外。世人之心，止於聞見之狹；聖人盡性，不以見聞梏其
　　心，其視天下，無一物非我。孟子謂盡心則知性知天，以此。」

⑬　胡宏《知言》卷四，《叢書集成新編》冊廿二，頁34。

⑭　同上卷三，頁32。

⑮　牟先生《心體與性體》冊二，頁438。

⑯　同⑬，頁41所附〈知言疑義〉。

⑰　劉宗周《劉子全書》卷二，頁216。

⑱　同上，頁217。

⑲　同上，頁446～447。

⑳　同⑮　，頁512～513。

㉑　同❸，頁531～532。

㉒　《二程集》，《河南程氏遺書》卷二上，頁43。

㉓　同上，頁18。

㉔　同上，頁15。

㉕　同上，頁13。

㉖　同上，頁133。

㉗　同⑮　，頁224。

㉘　此書見於《二程集》，《河南程氏文集》卷二，頁460～461。

㉙　牟先生《圓善論》，頁317。

第三節　　兩種儒家圓教型範之哲學論證

　　前兩節，筆者以提要的方式，概略地重述了牟先生對儒家圓教顯密兩種型範的詮釋。其中，在顯教的型範裡，主要是依道德主體性這一心的伸展，由道德哲學的領域進而跨向存有論的領域，復由實踐上對此一心遍潤的作用遮撥，而完成圓教之表述。至於密教的型範，則主要是依直貫的本體宇宙論之規定，由一超越的創造性實體，以超越地建立性體，並為吾人從事價值實踐之形而上的根據。其次則將道德主體性一方面依本體宇宙論，存有論地收歸為價值實踐的主觀性原則，以與性體這一超越的客觀根據相對顯；另一方面則依此心體存有論地彰著性體，從而證成本

體宇宙論之表述。最後則也依對心體形著作用的實踐上之遮撥，
而完成圓教的表述。

　　在如上對這兩種型範的綜述中，我們可以發現它們儘管進路
上有明顯的不同，但在哲學上卻必須建立在共同的基礎上。對顯
教的型範而言，它面臨的是如何由道德主體性以開出道德行為，
以及可不可能由之以伸展到存有論上去的問題；而對密教型範
言，它同樣面臨了如何由道德主體性以存有論地形著性體的問
題。這兩者共同的問題，如用牟先生的話來說的話，即是如何由
「道德的無限境界」跨越到「存在界之客觀而普遍的自性原則」
的問題❶。由於這兩種進路實質上只成同一哲學問題的兩種表述
模式，因此牟先生也總說：

> 純依孟子學而前進之象山陽明既總須在超自覺之境界中轉
> 出並肯認心體之客觀的意義，即為存在界之實體之意義，
> 為自性原則之意義，則五峰蕺山先客觀地言一性體，再回
> 到本心上言形著義，亦無過，而且更能彰著心之所以為
> 心、性之所以為性、以及心性之所以為一之實也。故此兩
> 系實為一個圈圈之兩來往也。❷

　　既然如此，則在哲學上很可以只把它們當成一個系統。而牟
先生若真要證成其詮釋的合理性，便顯然有必要針對前述問題提
供充分的論證。

　　如所週知，牟先生基本上乃是借助於康德的系統，為其詮釋
作出了詳盡的論證。此一論證主要包含了兩個層面，一是道德法

則的先驗性，及其與意志之自律的關係，這是純然道德哲學的層面。一是通過自由這一設準，以為「道德法則底存在根據」，並進而觸及到本體界的「物自身」（Thing in itself）。這兩個論證層面中，牟先生以為前者準確而相應地證明了良知本心之知是知非，並即以康德自律道德的說法，轉而用之於儒家。而後者則作為將道德主體性伸展到存有論去的媒介。當然，牟先生在借助此一論證的同時，他也並非一成不變地套用，而是通過了一定程度的批判。為要提供下文討論的基礎，筆者有必要對如上兩層次的論證，及牟先生的批判，作一簡要的概述。

就第一個層面而言，康德在《道德底形上學之基礎》一書開頭，即已指出一切絕對善的實踐只能決定於「善的存心」❸，而一切道德行為均視此存心是否能將道德法則引為無條件之義務，其中，道德法則必須被視為純善的理性所自發地給予於行為之形式的普遍格準❹。於此，康德以幾個等價的「定言令式」（categorical imperative）形式地規範了道德法則，同時他也否決了一切從經驗、範例、人類的特殊性向，乃至上帝的意志、存有論的圓滿等地方所建立的道德法則，它的道德性❺。在這樣的思路下，道德法則乃具有了理性上的先驗性，而行為的道德性也決定於意志之是否自願地服從此一法則，也就是說道德之善和「意志的自律」構成了分析上的必然關係。

以康德所提供的論證，對顯於孔孟乃至象山、陽明所指點的道德實踐，其切近性幾乎是無可疑的❻，而且這個切近性並不是指某些具體法則的切近，而是整體思路的切近。孔孟陸王等皆由存心為善來說道德，而道德之是非善惡標準，是由此心自發，這

都是有堅強的文獻證據為證的；因此，我們沒有什麼理由懷疑儒家倫理學乃是一套「存心倫理學」。就這點而言，牟先生引康德以補足儒家道德哲學所缺乏的論證性，確是大有貢獻的。

　　然而牟先生在引述此一論證的同時，也意識到康德和儒家的距離。這距離實出於一點，即純善的理性與吾人之意志是否能為一？康德在此一論證之批判的考察中，以為自律的原則必須奠基於「自由」這一理念上，但自由的理念卻只能是一個無法證實的設準（postulate）❼。牟先生對康德這一講法提出了強烈的質疑，因為若真是如此的話，則行為之道德性豈非永遠只能是一種理性上之戲論嗎？然則孔子如何能說「我欲仁，斯仁至矣」呢？孔子說仁是可欲的，孟子亦說「可欲之謂善」，這豈非是說人可「感興趣於道德法則」嗎？但康德早已表明這問題和「自由如何可能」原是同一個問題。如此一來，若完全順康德的論證，則儒家的一些關鍵性說法將如何證立？

　　於此，牟先生以為康德的論證其實存在著一個關鍵性的滑轉，因為自由的問題在這一脈絡中，原本只涉及它在道德實踐中如何呈現於意志的問題，而這一問題和能否認知地理解它，根本是不相干的。牟先生云：

　　　「自由本身之客觀存在上的絕對必然性如何可能」之問題就是「它的絕對必然性如何能真實地必然地呈現」之問題，這是不可以經驗知識底尺度來衡量的，這是一個實踐問題，不是一個知識問題。因此，它的絕對必然性如能在實踐中真實地呈現，則我們的理性即能與它覿面相當而理

解之。這種理解是不要通過「感性」的，因自主自律自由
的意志是一實體，不是一對象一事件故。因此，這種理解
只是與它「覿面相當」的親證，是實踐的親證；理解之即
是證實之，即是呈現之；這不是知「特定經驗內容」的普
通知識，而單是實踐地知這「實體」之知。❽

　　這意思也就是說，我們如真要論證自由，便必須依實踐的方
式證實它，此一證實即是呈現。我們不可能以「見聞之知」的方
式來思量「德性之知」的境界。以此，牟先生認為通過這樣的修
正，便足以彌縫康德和儒家的距離，同時也可以保住前述的所有
論證。
　　其實牟先生作如此修正的目的，尚不只是在為道德法則確立
更堅實的存在根據，而是進一步在為進入存有論的問題鋪路。在
康德，由於自由的理念只是一個設準，因此我們對它實不能有知
識。如其所云：

　　如今我固然能游蕩於尚留給我的智思世界（即智性體底世
　　界）中；然而，儘管我對智思世界有一個基礎穩固的理
　　念，但我對它並無絲毫知識，而且憑我的自然世界的理性
　　能力之一切努力，也絕無法得到這種知識。智思世界僅表
　　示：在我從我的意志底決定根據排除了一切屬於感性世界
　　的東西之後，所剩下來的某個東西；這只是為了限制來自
　　感性世界底領域的動機之原則——為此，我限定感性世界
　　底領域，並且指出：這個領域並未把所有的一切包含在

內，而是在它之外還有其餘的東西；但是我對於這「其餘
的東西」並無進一步的認識。❾

　　這基本上指明了我們無法確定地認知自由。然而康德對此卻
留下這麼一句話，也就是通過自由可以讓我仍游蕩於睿智界，這
話又應如何說？大凡稍識康德哲學者，都會知道他關於現象和物
自身，感觸界和智思界所作的超越區分，在其第一批判中只是消
極性、軌約性的。由於如此，是以此一說法甚至可以令人質疑區
分之必要性❿。但康德顯然十分確定此一區分的必要性，否則
他即無法克服休謨（Hume）的懷疑論。由於這一確定，他乃必
須尋求更積極的表述，而自由正是「想去發現這所說的因果概念
（即由自由而說之意志的因果性）之應用於智思物之條件」，於
是「我們不以其應用於經驗底對象為滿足，且亦願望去把它應用
於物自身」⓫，這也就是說他必須更積極地面對由自由以進入
存有論的途徑。
　　然而自由的理念又是怎樣和物自身關聯起來的呢？這就自由
的當身義而言，似乎是不容易理解的。但康德在《實踐理性底批
判》之序言中特別作了一個說明：

　　　批判哲學之謎，即：「如何我們在思辨中否決範疇之超感
　　觸的使用之客觀實在性，而在關涉於純粹實踐理性底對象
　　中我們又承認這種實在性」，這個謎，在這裡，是首先被
　　解明了的。只要當這實踐的使用只是空名地被知道，則這
　　個謎必初看似乎是不一致的。但是，當一個人因著對於此

謎語之徹底分析而知道了這所說及的「實在性」並不函著
「諸範疇之任何理論的（知解的）決定」，亦不函著「我
們的知識之擴及於超感觸者」，但只是其所意謂者是如
此，即：在此方面，一個對象可歸屬於這些範疇，其所以
可歸屬之，或是因為這些範疇先驗地含在意志底必然決定
中，或是因為這些範疇不可分離地與此意志底對象（最高
善）相連繫，當一個人如此知道時，則這不一致便消滅而
不見，因為我們對於這些概念所作的使用是不同於思辨理
性所需要者。另一方面，在這裡，對於思辨的批判哲學
（思辨理性之批判）底一致性現在倒顯現出一料想不到的
而且是十分令人滿意的證明。因為當思辨理性之批判已堅
持經驗底對象，包括我們自己的主體，皆不過只有現象之
價值（皆被說明為只是現象）時，而同時物自身復又必須
被設想為是這些現象之基礎，是故並非每一超感觸的東西
皆須被視為是一虛構，其概念亦皆必須被視為是空洞的；
既如此，現在實踐理性自身，用不著與思辨理性協力合
作，即可保證給因果範疇之一超感觸的對象（即自由）一
實在性，雖然（由於此因果範疇此時已變成一實踐的概念
故）只是為實踐的使用而給其超感觸的對象一實在性；而
這種保證依一事實之明據把那在思辨理性中只能被思議的
東西建立起來。依乎此，「思辨的批判哲學」之奇怪的然
而卻是確定的一種主張，即：「思維主體在內部直覺中對
於其自己只是一現象」，這一主張，在實踐理性之批判的
考察中，得到其充分的穩固性，而且其所得之穩固性是如

此之通貫徹底以至於我們被迫著不得不去採用此主張，縱
使前一批判未曾早已證明之。⑫

依康德這一長段的說明，我們一方面可以看到他之所以要對
自由進行如此之批判考察的目的，另一方面也可以顯然感受到他
處理此一問題的矜愼。他始終要扣緊一點，即這樣地為自由和物
自身勾聯上關係，純然只是基於「實踐的目的」，由於我們仍然
缺乏一種對智思物的直覺，因此作如是的勾聯，並不意味著我們
即可由此而對物自身獲得何種知識，我們只是可以如此思議它們
而已。

康德如是的態度，其實一直通貫在他的第二批判中，他總是
無時無刻不在嘗試將道德的觸角伸展至存有，但一當他觸及存有
時，便又立刻將之攔斷，以歸回批判本身。這也就是說，一方面
自由只是個理念，或說它只能歸屬給一個純善的意志，它恆不能
是個真實的意志主體。另一方面，存有的問題也恆只具有「超越
的觀念性」⑬。以此，康德固然已給存有論問題的解決，開闢
了一條更積極的途徑，但這解決也終於只在思維上踏出了一步，
而並不能真正落實下來；自由和自然的懸隔，看來仍是一條無以
跨越的鴻溝。為此，康德也確實苦心孤詣地構思了兩條解決問題
的途徑，一條是通過判斷力所自發的合目的性原則以勾聯兩界，
如《判斷力之批判》引論云：

依照自由之概念而來的結果是「終極目的」，此終極目的
是應當實際存在著的，而說到這一點，我們須於自然中預

設該目的底可能性之條件。此條件之如此被預設是先驗地
而且用不著顧及實踐之事而即爲判斷力所預設。判斷力這
一機能，以其所有的「自然之一合目的性之概念」，它把
那「自然概念」與「自由概念」間的媒介概念供給我
們——這一媒介使「從純粹知解的知性之立法轉到純粹實
踐的理性之立法」爲可能，並使「從依照自然之概念而有
的合法則性轉到依照自由之概念而有的終極目的」爲可
能。⓮

康德這樣的想法，原則上倒頗神似於前文所曾提及的李延平
之「超越的體證」⓯，這樣的體證固然頗能涉及一些對存有問
題的意趣，但它真足以由自然通向自由的世界嗎？⓰ 另一條則
是由自然之幸福概念與由自由而說的道德概念，兩者之間恆有不
相配稱的關係所引發。康德云：

在世界中一純然的自然行程裡，幸福與道德價值間的準確
相應是不能被期望的，而且必須被視爲是不可能的，因
此，圓善底可能性從這一方面說不能被承認，除基於一道
德的「世界創造者」之設定上。⓱

這是把解決的可能性寄託在一種「理性的信仰」上，但康德
也說這個世界創造者之存在，也只是一個可以如是思議，卻不能
如是證實的設準，然則它真有希望解決問題嗎？我們固然可以相
信康德確有解決存有問題的願望與誠意，但他終於並不能提供一

套論證來完全解決此一問題。

於此，我們乃看到了牟先生依實踐方式證成自由的深刻用意。康德在自由和物自身之相連繫上，始終表現得極其遲疑，牟先生則自始便想突破這點，如套用《現象與物自身》的話，其企圖即是「想集中而實化地展露一唯一的本體界的實體，即無限心，以證成物之在其自己」⑱。當然，牟先生真要證成這點，他首先便得突破康德的論證。關於這點，在論康德關於自然法則作為自由法則之符徵（typic）時，牟先生云：

> 首先，行動決定於意志，未有可有，已有可無；當作感觸界的現象看，它固可劃於「自然」，因而亦遵守自然之法則，就此而言自然之法則爲自由法則之符徵，這自是可以的。但是一草一木並不是我們的行動，此處自然之法則如何可說爲自由之法則之符徵？顯然行動之外延比知識對象之外延爲狹。我們只能說行動處之自然法則爲自由之法則之符徵，而不能無限制地說全部自然法則之範圍是自由之法則之符徵。但康德說符徵義並無限制。今欲極成此無限制的說法，這將如何可能？其次，作爲知識對象的自然有現象與物自身之分，如一草一木作爲知識底對象，它們是現象，但它們亦有物自身的身分，此則不是知識的對象。但行動卻只有現象的身分，而並無物自身的身分。我們不能說自由意志是行動這個現象底物自身。因爲現象與物自身是就同一物說，非就異物而言。因此，若無限制地說符徵義，則一草一木處之自然法則如何可說爲自由之法則之

> 符徵？又其物自身之身分如何交代？若有限制地說符徵
> 義，則行動處之自然法則自可說自由之法則之符徵；但行
> 動是現象，可是一說現象便亦應有其物自身之身分，否則
> 「現象」之詞亦無意義；但這裡又無「物自身」義。這都
> 是康德系統中的剌謬。這些剌謬逼著我們需有進一步的調
> 整與消化。⑲

　　此處，牟先生指出了康德一個很關鍵性的跨越。依康德，意
志的因果性是一種特殊的因果性，因為它的原因在睿智界，而結
果卻在感觸界，以此康德必須有關於「符徵」的種種論證。今茲
以一個例證來看，如陽明說意之所在為物時，以孝親為例，陽明
說意在孝親，則孝親為一物。這孝親當然是指一行動，也只有這
行動直接連繫於意，因此，嚴格言之，只有孝親這一單純行動之
自然法則可為自由法則之符徵。但問題是孝親這一行動從來不能
與許多自然之事物相切斷，如捧茶、添飯之類，於是符徵義便不
得不跨越到全部自然法則的範圍，這乃出現了種種的剌謬，現在
的問題是，這個剌謬可能化解否？

　　其實關於上述的剌謬，康德自己早已提出了解決之道，他說
「事實上，如果我們對於這同一主體真能有一進一步的瞥見，即
是說，真能有一智的直覺（intellectural intuition），則我們一
定可以覺察到：在涉及一切那有關於道德法則的東西中，這全部
的現象鍊鎖是依靠於當作一物自身看的主體之自發性上的，而關
於此作為物自身的主體之決定是沒有物理的解明可被給予的。」
⑳ 這也就是說，前述的跨越唯是在智的直覺之上始真能成立，

而這時全部的現象鍊鎖和智的直覺之關係是不能通過物理以解明的，也就是它們唯是依智的直覺以決定的，因此牟先生乃將康德如上的說法改為「如果我們對于這同一主體真能有一智的直覺，則我們一定可以覺察到全部的現象鍊鎖是直覺地依靠於物自身的主體之自發性，因而這兩者是直覺地通而為一的」⑳。此時，全部的現象鍊鎖自然不能以現象身分出現，而必須唯是以物自身身分出現。從而前述刺謬，得以依智的直覺這一「深奧的洞見」而解決。

然而康德卻在上述說法之下，立刻補上說吾人實不能有此直覺，如此一來，則上說的解決之道便也頓告落空。但牟先生以為這其實只是康德的太過矜慎所致，因為在牟先生看來，若自由可由實踐的體悟證成，則此一體悟便應即是智的直覺之呈現，若然者，則我們當然有理由突破康德論證上的自我設限，從而將意志自由從理念的地位，提升到唯一的一個實體之地位，並依之而與一切存有勾聯上關係，而成功套本體宇宙論·道德的形上學之說法。牟先生說：

> 因為如果自由本身因實踐的體證而呈現，意志之因果性亦因這體證而呈現，不只是一個隔絕的預定，如是，則意志之目的論的判斷本是可以直貫下來的。如其如此，則它自然而然地即與自然系統之自然因果性相接合，這是一個結論，不是一個問題。⑫

據此，牟先生乃認為他已完成了儒家圓教最核心部分的哲學

論證，而這一論證也可說是「以自由為拱心石」，只是這自由是
已然實體化而為吾人之道德主體性，甚至是本體宇宙論意義下之
心體的「知體明覺」，而不再只是一個理念而已。

　　不過，牟先生的論證並不至此而止。依前述論證，這整個系
統的核心，既是在實踐體悟下所呈現之超越的知體明覺，如是則
必有一實踐工夫之問題隨伴而生。之所以有此問題產生之原因無
它，蓋因現實上不能無感性之心介入的原故，如果用比較形而上
的說法，也就是現實總是個「氣化」的問題，自然法則在實踐上
不可免地會對自由法則有所抵阻的原故。由於有這樣的問題存
在，它雖在理上並無法影響到知體明覺之淳淨性，但在實踐上的
抵阻，卻也足以使此淳淨的知體停留在掛空而不顯的狀態下。因
此此處所謂的工夫，倒不是如何實踐地體悟心體的問題，亦即不
是牟先生所謂依一頓的根據以「頓悟」的問題，而是實踐上如何
掃除抵阻的問題，唯待一切抵阻的掃除，心體的「頓現」才成為
「圓滿」的頓現。關於這點，牟先生於論龍溪四無句時曾云：

　　　心意知物，分解地說，是那樣的有，則就心之體與良知
　　說，我們在實踐上即須如其本性而朗現之。既如其本性而
　　朗現之，即不能著于其有而有此有之「有」相。有此有之
　　「有」相，即是有「相」，有「相」即不能如其無相之有
　　而朗現之。體現此有之工夫上的心既有相，那無相的實體
　　性的有便等于潛隱而未顯，而吾人工夫上的心即等于是識
　　心。必工夫上的心全如那無相的實體性的心之無相，那實
　　體性的無相心始全部朗現，此時工夫的心與實體性的心全

合而為一，而只是那事先分解地肯認的無相心之如如朗現
而無一毫沾滯。如是，此所謂「無」乃是工夫上作用地無
執無著無相之無，與那存有上的實體性的無相之有不同層
次也。㉜

　　此種工夫上的掃落一切執相，即是心體在實踐之通化中，得
與一切無所對待，此時，「工夫之心」一概退藏，而唯是心體而
無心體相之實踐地遍潤而已，這也就是前文所謂圓教之極，恆必
收歸於境界之點示也。

　　然而問題是我們如何而可能有這樣一種掃落執著的工夫？這
問題在牟先生看來，其實就像康德之追問如何而可在自然的感性
世界中，呈現出目的世界的境界，它究竟須依憑著什麼樣的主體
能力和超越的法則一般。這是因為此種掃落恆著落在主體意志之
自身上，它反省的恆只是意志自身是否能順意志自由所決定之方
向而已，因此它從來都是主體自身上的事，而其反省也須有一法
則以冒之，且此一法則一方面不是經驗的，一方面也以其恆作用
於自身，而並不實際決定什麼，故此法則只應是一個超越的原則
㉝。關於此一主體能力和超越原則，牟先生曾順康德對審美判
斷的考察而重作反省，以為此一主體能力實必須建立在「妙慧」
這一概念上，它亦可類比地名之為某種反省判斷，但此一判斷並
不引生任何概念，它只是一純然的「靜觀默會」之「無向判斷」
㉞。相應於此一主體之超越原則，即是由靜觀之無向所透示之
「無相原則」㉟。牟先生特別強調，此一無相原則固可以當身
地用之於審美判斷，亦可以越乎此而往他處用，如其所云：

此無相原則既反身地形成審美品鑒之無向性，復超離地超
化一切有獨立意義的事物之自相，如超化道德的善之善
相，超化知識底真之真相，甚至亦超化審美品鑒中的美之
美相。此無相原則之爲超越的原則既由其「反身地內成」
而顯，復由其「超離地自化化他」而顯。❼

　　而無相原則之往何處用，則端視妙慧是隨伴著主體之何種其
它能力之使用而定，如它是隨著道德主體性而用，則它便會在心
體之遍潤中掃落一切沾滯，而顯道德之圓頓的化境，此即牟先生
所謂：

> 孟子必説「大而化之之謂聖」。聖即化境。此至不易。人
> 需要「大」，既大巳，而又能化除此「大」，而歸於平
> 平，吉凶與民同患，「以其情應萬事而無情」，不特耀自
> 己，望之儼然，即之也溫，和藹可親，此非「冰解凍釋，
> 純亦不巳」者不能也。到此境便是無相原則之體現。此爲
> 第三關，即「無相」關。（佛家所謂無相禪）。到此無相
> 關時，人便顯得輕鬆自在，一輕鬆自在一切皆輕鬆自在。
> 此即「聖心」即函有妙慧心，函有無相之原則，故聖人必
> 曰「游於藝」。在「游於藝」中即函有妙慧別才之自由翱
> 翔與無向中之直感排蕩，而一是皆歸於實理之平平，而實
> 理亦無相，此即「灑脱之美」之境也。故聖心之無相即是
> 美，此即「即善即美」也。❷

　　甚至，由於無相原則之通化最後亦須反而通化主體自己，於是相應於不同主體能力而生的真善美之價值，最後亦須反而通化為一，這即成牟先生所云：「在此無相之境中，審美之品鑒力與創造藝術之天才力固皆溶化於至善之流行與如相之真中而轉成合道心之妙慧心，含藏妙慧心之道心，而一是皆無相，而無論自然之美或藝術之美亦皆轉成『天地之美，神明之容』而亦歸於無相，㉙ 而成心體這一「智的直覺」之完全地自我朗現、自我圓成而已。根據如上的論證，牟先生乃告完成了他對儒家圓教的全部哲學建構。

　　以上，筆者以簡短的篇幅，儘可能地重述了牟先生建構儒家圓教，他所依憑的哲學論證。這一重述對論證而言自然是很不充分的，其準確度恐也有不少值得商榷處，但無論如何，應已可略為勾勒出牟先生的嚴謹和苦心孤詣。平心而論，筆者雖然以為牟先生對妙慧及無相原則的說法，在論證上頗有問題㉚，但在由道德主體性以開道德哲學及道德的形上學之論證上，筆者以為的確是很難指摘的。當然純就論證言，不同的哲學立場，恐怕任誰都可以對牟先生的說法提出商榷的意見，但如果可能放下個人的立場，而又想對牟先生作一些入室操戈之舉，恐怕是會有些吃力不討好的。尤其，牟先生有一個極難超越的好處，即是他在論證和原典詮釋之扣合上，實在極為精準，這一點恐怕會是所有有心翻牟先生之案的人，所面臨的最大障礙。不過，對於並不想照著牟先生講，而只想接著講的筆者而言，我只能將這些障礙視為最寶貴的資源，同時，我必須無所畏懼地撞進牟先生的天羅地網

中，去尋覓那很難出現的缺口。下一章，便會是奠基在本章之重述上，一段尋覓缺口的歷程。

附　註

❶　詳見牟先生《心體與性體》冊二，頁528，這一問題牟先生亦常表述為「道德秩序與宇宙秩序之同一」。

❷　同上，頁529。

❸　康德云「在世界之內，甚至根本在它之外，除了一個善的意志之外，我們不可能設想任何事物，它能無限制地被視為善的。」文見《道德底形上學之基礎》頁9，其中「善的意志」即筆者所說之「善的存心」。

❹　關於如此說的道德法則，即是康德對「自律」一概念之基本規定。有關定言令式和自律的概念，詳見康德前引書頁32～67。

❺　詳參第一章第二節❷之引文。康德以為依這些方式所建立的道德法則，俱是他律性的，也就是它只能使一「假言令式」成為可能，於是這一法則只能成為達成另一目的之手段，因而它只能成為「虛假的」道德原則。

❻　當然今天台灣的學術界恰好有不少人要在這無可疑處置疑，如黃進興〈所謂「道德自主性」：以西方觀念解釋中國思想之限制的例證〉、傅佩榮〈人性向善論──對古典儒家的一種理解〉等等皆是，關於此一問題，李明輝在《儒家與康德》一書中，已有十分精詳的論辯，可參閱。在筆者看來，李先生的論辯實可作定論來看，質疑者恐怕是很難翻案的。

❼　關於道德法則必須奠基於自由的理念之上，請參閱康德《道德底形

上學之基礎》頁75～78的論證。但康德亦隨之云「我們其實只在自由底理念中預設道德法則,而無法就這個理念本身證明其實在性和客觀必然性。」此段引文見於頁79。

⑧ 牟先生《心體與性體》冊一,頁168。

⑨ 康德《道德底形上學之基礎》,頁94。

⑩ 康德在《實踐理性底批判》之「序言」中,即曾謂「我亦能了解我所仍碰見的對於第一『批判』的最可重視的(最有分量的)反對為何復轉而為對於以下兩點的反對,即:一方面,應用於智思物的範疇之客觀實在性,此在知解的(理論的)知識中是被否決了的,而在實踐的知識中卻是被肯定了的;另一方面,一種奇詭的要求,即要求去把一個人自己就其為『自由底主體』之身分視作一智思物,而同時又從物理自然底觀點把他視為一感觸物(一個人之自己的經驗意識中的現象),這一種奇詭的要求:即轉而為對此兩點之反對。因為只要當一人對於道德與自由不能形成一確定的概念,則一方面,他即不能猜想那要意想為智思物,作為『確實現象』之基礎者,是什麼,而另一方面,由於看到我們以前曾把純粹知性之在其理論的(知解的)使用中底一切概念專指派給現象,所以甚至對於這智思物去形成任何概念,這畢竟是否可能,這似乎亦是可疑的」,可見康德亦不諱言這點。詳見《康德的道德哲學》頁132。

⑪ 這兩句話同見於上引書頁201。

⑫ 同上,頁130～131。又康德於此有註云「當作自由看的因果性與當作合理的機械性看的因果性,前者為道德法則所建立,後者為同一主體中的自然之法則所建立,此兩者之諧一是不可能的,除非我們就前者思議此人為一存有之在其自身,而就後者思議其為一現

象——前者是在純粹的意識中，後者是在經驗的意識中。若非然者，理性不可避免地要自相矛盾。」這段底註十分重要。

⑬　關於「超越的觀念性」，在康德乃意謂物自身純是理性所構思的一個「理念」，或說是個空概念，它根本就沒有實在性。牟先生《現象與物自身》第六章之後的附錄，曾詳解此詞，可參閱該書頁321～367。

⑭　康德《判斷力之批判》，頁154。

⑮　這是因為李延平之超越的體證，乃指在默坐澄心之工夫中，去體會一個天理，但如此所體會出來的天理，如果不去考量延平語脈之所本，而孤立起來看的話，也很可以只是表示某種「自然之目的」，如是當然有和康德相近似處。

⑯　康德此一構思，原則上是希望通過審美判斷以勾聯自然和自由，但牟先生在〈以合目的性之原則為審美判斷力之超越的原則之疑竇與商榷〉一文中，直指康德此一構想存在著一個根本的混漫與滑轉。他說康德「未察覺到由其說自然之合目的性原則之入路之只適合於目的論的判斷者泛概括美學判斷而為言，這其中有一種混漫與滑轉：混漫是混漫兩種判斷之分際而言一相同的超越的原則，滑轉是由目的論的判斷中之合目的性之原則滑轉到美學判斷中的主觀而形式的合目的性，而不知於美學判斷處說此主觀而形式的合目的性之難索解，不但難索解，且根本失其意指。」這質疑是十分深刻的。引文見《判斷力之批判》頁26。

⑰　同⑩，頁409。

⑱　牟先生《現象與物自身》，頁44。

⑲　同⑩，牟先生對符徵義所作疏釋，頁240～241。

⑳ 同上，頁310。

㉑ 這段文字見於上註該段引文之後，牟先生所作之案語。該案語對康德前述之文字有詳辨，可參看。

㉒ 牟先生《心體與性體》冊一，頁174～175。

㉓ 牟先生《從陸象山到劉蕺山》，頁271。

㉔ 關於「超越的原則」，康德在《判斷力之批判》中曾有一基本規定，一是它不能由經驗借得，一是此法則只能給予於主體自身，而並不實際決定任何對象。此義詳見該書引論第四節頁124～126。

㉕ 同⑯所引牟先生〈商榷〉一文頁72云「審美判斷即是妙感妙慧之品鑒，品鑒即是靜觀默會。故反照判斷亦曰無向判斷。」

㉖ 同上註，牟先生繼之云「審美品鑒之超越原則即由其本身之靜觀無向而透示，此所透示之原則即相應審美本身之無向的那無相原則」。

㉗ 同上，頁72～73。

㉘ 同上，頁84。

㉙ 同上，頁86～87。

㉚ 詳見拙作〈中國的美感境界及其存有論的意涵〉第二節，《文學與美學》第五集，頁334～336。

第三章　牟宗三先生儒家圓教詮釋之難題

　　通過上章對牟先生儒家圓教表述及哲學論證之重述，吾人當已可概略地理解此一系統的嚴謹性及詮釋之周延性。筆者涉獵牟先生之學，於今十年已來，雖云僅只粗識門徑，然亦因此而深知入乎其內又欲出乎其外者之難。不過近兩年來，筆者反覆忖量牟先生關於圓教之總體表述，在由儒家圓教通貫到佛教圓教之對比中，尤其在與天台圓教之比觀中，發現似乎頗有枘鑿之處。事實上，凡略識牟先生思路者，都會知道天台關於圓教的想法，對牟先生影響之巨，而今若真在天台和儒家間出現扞格的話，則它對牟先生系統之效度所產生的影響，自然是很難估量的。關於筆者所發現的問題，實有必要以一章的篇幅來詳為展示。因此，本章將包含如下幾個部分，其一，筆者打算先將牟先生對儒家圓教之詮釋，拿來和依如來藏系統所說的圓教作一類比，以看出其義理型態之近似性。其二，筆者打算指出，牟先生正是依上述之近似性，構擬出有關圓教的一般性表述。其三，牟先生原則上亦以為天台圓教同樣亦適用於此一一般性表述，但筆者將指出其間所出現的問題。其四，筆者將依如是發現的問題，返而檢討牟先生對儒家圓教之表述所出現的問題，以為底下筆者構思重新表述儒家圓教之憑藉。

第一節　儒家圓教與華嚴圓教

　　照上章所述，牟先生對儒家圓教的表述，雖有顯密兩種型範，但哲學地說，這兩種型範之歧異，實只是表述姿態上之歧異，一由客觀面說起以回返於主觀面，一由主觀面一心之伸展，以涵容遍潤客觀面，而最終仍指歸於心性為一，仍是同一系統也。換言之，這兩種型範照牟先生所述，它們在邏輯意義上實為等價的。而即使實踐地說，這兩種型範頗有相互補足、相互救濟的功效，但若真較論其工夫上之差異，則牟先生也總是只說一個「逆覺體證」；這也就是說兩型範之工夫進路，亦無本質之不同。這大概也是為什麼當牟先生在綜述儒家圓教的場合，如《智的直覺與中國哲學》、《現象與物自身》、《圓善論》等等，大抵均以顯教為代表的原故吧！但牟先生在《圓善論》中亦曾於綜論四無句之圓教境後，看似不經意地說了一段話：

　　然若依天台圓教之方式而判，此種從「無」處立根之說法猶是於四有之外立四無，乃對四有而顯者。此如華嚴圓教唯是就佛法身所示現之法界緣起而說十玄之圓融者然，猶是高山頂上之別教一乘圓教也。若真依天台「一念三千，不斷斷，三道即三德」之方式而判，則四有句為別教，四無句為別教一乘圓教，而真正圓教則似當依胡五峰「天理人欲同體而異用，同行而異情」之模式而立。❶

　　這段話其實是很奇特而突兀的。筆者上面說這段話似是牟先生不經意而說者，這主要是因為他自己也從不曾正視過這段話。

在牟先生所有的著作中，我們從未發現他依天台、華嚴之別，以判釋顯密二教的證據，而且即使在他晚年最後的定論——真善美的合一說——中，事實上也依然還是以龍溪的義理型態為究竟了義❷，這就不禁會令人覺得上引這段話，是不是只是他隨口說說而已。但姑且不論牟先生是否曾正視過這段話，我們要問的是它是不是事實？也就是顯教是不是真相當於華嚴別教一乘圓教？至於其它問題，當然都得依靠此一事實的認定才有意義。因此，本節我們的核心問題，主要是希望簡別一下，依牟先生所詮釋的儒家圓教，其義理型態究竟是否真有近於華嚴別教一乘圓教處。

關於此一問題，我們首先當然有必要交待華嚴圓教的義理型態。不過為免支蔓，筆者此處將儘量刪去論證，而只以重點陳述為主的方式交待筆者的理解，其旨僅以足夠用資比較為足。

華嚴圓教原是本於《華嚴經》而開出者，華嚴經旨無非在說毘盧遮那佛於其證顯後，在海印三昧中具現其種種果地的勝妙境界——華藏莊嚴世界海，以及承佛威神作意起現而倒映於因地的種種緣起相。總之，無論是果地的莊嚴世界或是因地的緣起相，它們一是都為光明遍照佛法身之自體相，既是法身之自體相，自然全是清淨自在的無量無漏功德。華嚴宗即本此境界而說一特殊的緣起——法界緣起，蓋即由佛法界通過各種方式所起現之一切功德也。但華嚴宗（主要即是賢首大師）在說這重重無盡、無礙自在的緣起時，實亦有一奠基於「如來藏恆沙佛法佛性」上的外加說明❸，亦即憑藉從《勝鬘夫人經》等如來藏系經典即已說出的「如來藏自性清淨心」❹，以此來說明、承擔這法界緣起的一切法。換言之，這是從一種近似主體性的立場而作的說明，以此

說明而回歸於佛教「萬法唯心」的基本綱領。關於這點，牟先生
有一說明云：

> 依華嚴經之旨趣，就佛法身而說的法界緣起之圓教系統，
> 其基本前提有三：(1)緣起性空，(2)毘盧遮那佛法身，(3)海
> 印三昧。此是系統內的展示前提，展示法界緣起之相而為
> 一圓滿無盡圓融無礙的系統之前提。就此展示成的系統之
> 「所因」說，則有二基本觀念：(1)唯一真心迴轉（空不空
> 但中之理），(2)隨緣起現，隨緣還滅。此是系統外的「所
> 因」前提。由此所因前提始有那展示前題以成那法界緣起
> 之圓教系統。❺

　　這也就是說華嚴別教一乘圓教應區分為兩個部分，一即十玄
緣起的種種玄談，另一部分則是這個系統真正的骨幹所在，亦即
從真心上說的一套存有論。
　　既然說華嚴圓教的骨幹是在由真心所立的存有論上，則真心
是個什麼樣的概念呢？它又如何構成一套存有論呢？照賢首許多
論典的說法，他所謂的真心即同於《勝鬘經》的「自性清淨如來
藏」和《起信論》的「真如心」❻，這是毫無問題的。真心的建
立，如依《勝鬘經》的說法，它實是由佛所證的滅諦收攝而說
者，如云：

> 世尊，非壞法故，名為苦滅。所言苦滅者，名無始無作，
> 無起無盡，離盡常住，自性清淨，離一切煩惱藏。世尊，

過於恆沙不離不脫不異不思議佛法成就，說如來法身。世
尊，如是如來法身，不離煩惱藏，名如來藏。❼

　　這是說滅諦的一切內容也就是如來法身，而法身也同時即是
就因地所說的如來藏，換言之，這也即是將成佛證滅諦的可能依
據交給了如來藏。從這意思上看，如來藏心自然不可能是經驗義
的，它無疑必須依超越分解的方式來建立才行，建立之以為成佛
的超越根據。

　　進一步說，這樣的真心如何構成一套存有論呢？在此，華嚴
的說法和《起信論》乃至《勝鬘經》都有一些不同，這是值得注
意的。在《起信論》，它說由這真心可以開出兩種門，即真如門
和生滅門❽，也就是說由真心即可同時說明清淨法和妄染法。就
真心之說明清淨法而言，既然真心只是因地上說的滅諦，則由於
兩者內容上的一致，因此這說明自然也是直截了當的。此如《起
信論》云：

一切諸法唯依妄念而有差別，若離心念，則無一切境界之
相。是故一切法從本已來，離言說相，離名字相，離心緣
相，畢竟平等，無有變異，不可破壞，唯是一心，故名真
如。❾

　　是心真如即是諸法平等實相也。但是若要由真心以說明染污
法，則不得不有曲折。《勝鬘經》在說「生死者依如來藏」時，
曾謂「自性清淨心而有染者，難可了知」❿，這的確是難可了

知，此所以《起信論》必須以一種曲折的方式說。

　　依《起信論》，它是通過阿賴耶識的插入來說明的，這主要是因為由清淨的真心實在無法直接說明染污法之生起的緣故。但《起信論》也並不在清淨和染污之間做成一種二元的說明，它說：「心生滅者，依如來藏，故有生滅心，所謂不生不滅與生滅和合，非一非異，名為阿黎耶識。」 ⓫ 此即是說生滅心並非憑空而起，它仍依止於真心，但它與真心是在和合非一非異的狀況下，由此而依生滅心直接由無明說一切染污法的緣起，復因真心和生滅心依止的關係，而間接地說染污法憑依於真心。但在生滅門中，這作為染污法的憑依因之真心究竟處在什麼地位呢？在《起信論》的思路中，就生滅門言，真心一則處在無明的「隱覆」之下，雖然這隱覆並不會影響到它本性的清淨；再則，真心固在隱覆中，並不代表它沒有一種自我躍動的能力，而亦由於這隱覆的真心之自我湧現，乃使生滅門的諸法有跨向真如門的可能，此所以《起信論》乃有「本覺」「不覺」和「始覺」等諸概念，並由始覺處而說有「真如自體相熏習」之故。論云：

> 自體相熏習者，從無始世來，具無漏法，備有不思議業作境界之性，依此二義，恆常熏習。以有力故，能令眾生厭生死苦，樂求涅槃，自信己身有真如法，發心修行。⓬

　　依此真如自體的熏習力，遂令迷染的諸法在不覺中起現始覺，並進而由始覺還歸本覺，由此乃完成了《起信論》式的一套依本於真心的存有論。

　　如以上所説的《起信論》式的存有論，華嚴宗毋寧都是承認的，但它的説法卻尚不只此，如賢首順唯識三性之説而推進一步，論云：

> 且如圓成，雖復隨緣成于染淨，而恆不失自性清淨；祇由不失自性清淨，故能隨緣成染淨也。猶如明鏡現于染淨，雖現染淨，而恆不失鏡之明淨；祇由不失鏡明淨故，方能現染淨之相。以現染淨，知鏡明淨；以鏡明淨，知現染淨。是故二義唯是一性，雖現淨法，不增鏡明；雖現染法，不汙鏡淨。非直不汙，亦乃由此，反顯鏡之明淨。當知真如道理亦爾，非直不動性淨成于染淨，亦乃由成染淨方顯性淨；非直不壞染淨明于性淨，亦乃由性淨故，方成染淨。是故二義全體相收，一性無二，豈相違耶？ ⓭

　　所謂二義即是不變和隨緣，不變者真心也。真心在染淨緣中恆不失其自性清淨，此義和《起信論》是一致的，依《起信論》，真心無論在纏或是出纏，其自性恆不改。然而當説「二義唯是一性」時，即須有所簡別了。如依《起信論》，當真心隨緣起現染法時，其中實有曲折跌宕，若無無明的介入，則很難想像真心和染法可以構成聯繫，於是二義也很難「唯是圓成的一性」。但華嚴的説法，卻是將它聯成一氣，而説「由性淨故，方成染淨」，此義若就染淨對分，真如在迷言，其實是不通的。不過如果我們知道華嚴境界原是就佛身而言，則前述之義也就會有了另一種視野。以佛法身言，法身只是一個出纏的真心，而隨緣

若只就這一境界言，則真心之隨淨緣，所起現者乃是種種華藏世界；而所謂隨染緣，則指的是「隨眾生根欲之所樂見」而倒映於因地上所說的諸法。於是就前者言，真心之隨緣實只是真心出纏後，其作為功德聚之無量無漏功德意義的全幅朗現；就後者言，則是依佛的神通作意所示現者，它之為染，只是就因地而說其為染，其實亦並無染之可言，如是乃能說「二義全體相收，一性無二」。

以此而言，華嚴從「不變隨緣，隨緣不變」這一原則上所說的一套存有論，乃是就真心出纏的佛境界而說，於是真心之起現一切染淨法，皆是直接而起，其間並無任何曲折。進一步說，這起實亦無起相，也就是說真心和其所起的染淨法之間並無分解的隸屬關係，它們之間實只是一種「詭譎的相即」，真心即是莊嚴世界，也即是隨眾生心之所樂之一切示現。也正是在這一基礎上，華嚴乃可以有十玄緣起重重無盡的種種甚深妙談，如是而成就其所謂的「別教一乘圓教」。唯須注意的是，華嚴的說法既只是單就真心出纏的佛境界而言，則它就不只是並不和《起信論》的說法相矛盾，相反地，它更須以《起信論》為其預設。其原因不只是由於這兩說中真心意義的一致性，它真正重要的是華嚴的圓教實只是一種「稱法本教」的境界展示，其本身並不能成為一種獨立的教法❶；由於眾生畢竟在迷中，它唯有通過還滅的過程始能企及華嚴圓教境，至於還滅的過程終須如《起信論》所說，故《起信論》的分解教法才真正是立教所在也。

根據如上對華嚴圓教的綜述，如果我們略去緣起性空的命題不看的話，則其義理的表現型態和龍溪的類似性已是無可懷疑的

了。華嚴圓教立基於超越的真心，這真心復依流轉還滅二路各可針對染淨二法類作出存有論的說明，並亦可進而唯就佛法界而詭譎融即地說色心不二；龍溪的四無同樣立基於超越的良知心體，而作為四無句預設的四有句，從心和意的離合即可各發展出一套執與無執的存有論（案：儘管陽明及其弟子並未正視到由四有句下開一套執的存有論之問題，但牟先生的兩重存有論則確係立基於此而開出。⓯　）四無句也即奠基在這基礎上，以詭譎地開出心知與意物不二的境界。就這樣一個義理規模的展示，說四有句相當於《起信論》，四無句則相當於華嚴圓教的地位，的確是相當恰當的判斷，而陽明心學必以類乎華嚴圓教的形式為指歸，亦屬無可置疑的事實。關於這點，我們只要注意一下羅近溪的思想，便可顯見。

近溪之學即使置諸整個心學傳統中，亦是別顯特色的，黃梨洲謂其「一洗理學膚淺套括之氣」⓰　，即在說其不屑屑於講學，卻讓其學成為陽明學精神之渾然一體的表現。其實綜括近溪之學，實只是良知教之稱體而現，如《盱壇直詮》云：「問今時譚學，皆有宗旨，而先生獨無，何也？師曰：此時我問子答，是知能之良否？曰：是知能之良也。曰：此個問答要學慮否？曰：不要慮不要學也。曰：如此以為宗旨，儘是的確，而君以為獨無，何也？」⓱　此段問答足顯近溪宗旨，一言以蔽之，即是讓良知教在不學不慮中展現，所謂「捧茶童子是道，抬頭舉目，渾全只是知體著見，啟口容聲，纖悉盡是知體發揮，更無幫湊，更無假借」⓲　是也。此所以近溪多不從分解處立言，他有一段話論其為學取徑，其言甚美，所謂：

收拾一片真正精神，揀擇一條直截路徑，安頓一處寬舒地
步，共好朋友涵泳優游，忘年忘世，俾吾心體段，與天地
爲徒，吾心意況，共鳶魚活潑。⑲

　　這真正精神、直截路徑，其實只是一個掃落言詮，不從心思
意念上繞出去，去作種種的執持的工夫而已。近溪畢生功力俱在
此一義上作，即其疾篤之時，猶云「此道炳然宇宙，不待言說，
古今自直達也。後來見之不到，往往執諸言詮。善求者一切放
下，放下胸中更有何物可有耶？」⑳ 這所謂的放下，當然並不
是禪宗的言語道斷，心行處滅，而是指的放下一切「馳求聞見，
好爲苟難」㉑，以「不見之見」㉒ 來「復」其知體之本真也，
這也是牟先生總說其學只是在拆穿良知因種種見識所生的虛妄光
景之故。牟先生云：

　　道體平常實即道體之既超越而又內在，此本是儒家之通
義，何以他人不于此重視破除光景之義，而唯近溪特重視
之？此非他人不重視，亦非他人不知光景之須破除，只因
在展現此學之過程上，他人多重義理之分解以立綱維，故
心思遂爲此分解所吸住，而無暇正視光景問題矣。但自北
宋開始，發展而至陽明，分解已到盡頭。依陽明，天也，
道也，理也，性也，皆是虛說，唯一本心才是實說。即使
本心亦是虛說，唯良知才是實說。問題到此，只收縮成一
知體，只是一知體之流行，知體之無所不在。……故順王

學下來者，問題只剩一光景之問題：如何破除光景而使知
體天明亦即天常能具體而真實地流行于日用之間耶？此蓋
是歷史發展之必然，而近溪即承當了此必然，故其學問之
風格即專以此爲勝場。㉓

　　實則良知學說至四無，確已無可再進，所剩者唯是以「不説
之説」來如實地展現此一理境而已，近溪之學確即承當了此義，
故牟先生乃謂近溪之工夫爲一種「弔詭之工夫」，這弔詭的工夫
實即相當於四無之詭譎所開出者也。《盱壇直詮》載近溪答詹養
貞問云：

　　本體何如？子曰：無體之體，其真體乎？問功夫何如？
　　曰：無功之功，其真功乎？㉔

　　無體之體當然是從四無的境界而來的，而無功之功即是相應
於此境界所開出之弔詭的工夫，亦可顯見也。不過，我們實亦可
由立教的立場上質疑這究竟算不算一種工夫，這就像近溪自己已
察覺的「近時同志先達，其論良知學脈，固為的確，而敬畏小心
處，未加緊切，故學者往往無所持循」㉕。其實依近溪自道的
工夫，本無須防檢敬畏處，它只是個自然不須湊泊，純任知體流
行而已，這如要說工夫，也只是個掃落的工夫，坦白說，這實在
不是一般人的工夫，甚至一般黏牙嚼舌之人，若無近溪式之生命
底子，卻一上手即依此而作工夫，則鮮有不漫蕩者，此所以它必
只成就一個孤高夐絕的圓教境界也。

總之，近溪不只是以其學，更根本是以其生命實踐，證明了陽明心學的究極境界，只是知體的渾然流行，其潤澤所至，無處不有道德之莊嚴，這豈不正是我看五濁惡世亦皆成滿街聖人之華藏世界嗎？但近溪之學終有待陽明為其立一超越之知體，亦猶華嚴唯一真心迴轉所起的法界緣起，仍待《起信論》為其立體一般，這表示牟先生所說之儒家圓教，其義理型態的確相當於華嚴圓教。換言之，牟先生在不經意之中，的確指出了一個重要的事實，而由此一事實所可能衍生的問題，當然是值得關注的。以下筆者即將逐步鋪展出此一問題。

附　註

❶　牟先生《圓善論》頁323～324。事實上陳榮灼於〈圓善與圓教〉一文中，也早已注意到了牟先生這段話中所埋伏的困難，可參看。陳文請見《當代新儒學論文集——內聖篇》頁39～53。

❷　見牟先生〈以合目的性之原則為審美判斷力之超越的原則之疑寶與商榷〉；《判斷力之批判》頁82～87。

❸　佛性觀念的真正出現，恐怕必須溯源於《涅槃經》，它的出現表示了佛學上很重要的一項義理轉折。表面上看，從原始佛教起即在說自性問題，但從原始佛教以迄小乘乃至龍樹，處理自性問題，大抵皆是現象學式的辦法，由自性之義的破除以顯空性，這些說法中俱不含存有論的問題。由自性義跨入佛性義，佛學乃真正開出了存有論的命題。牟先生云「佛性觀念之提出是在說明兩問題：一是成佛之

所以可能之問題，一是成佛依何形態而成佛方是究竟之問
題。」這觀察是極深刻的。也正由此一概念而促使唯識以
下的大乘各系統，均進入了存有問題的討論，華嚴宗自不
例外。牟先生語見《佛性與般若》上冊，頁180。

❹　如來藏一詞其實由來甚早，在《增一阿含經·序品》中即
有此名，但其義仍很單純。直到如來藏系之經典，如《勝
鬘夫人經》、《如來藏經》、《楞伽經》等出，此詞始具
有了類似「主體性」之義，它也和佛性之義開始有了交
涉。這是必須清楚區分的。

❺　牟先生《佛性與般若》上冊，頁556。

❻　其實不只是賢首，早在智儼承杜順所撰之《華嚴一乘十玄
門》中，「唯心迴轉善成門」下，智儼即云「此約心說，
所言唯心迴轉者，前諸義教門等，並是如來藏性清淨真心
之所建立，若善若惡，隨心所轉。」由此可見如來藏心乃
是華嚴宗一貫之義理基礎。智儼文見《華嚴義海》頁32。

❼　詳《勝鬘師子吼一乘大方便方廣經》，《大正藏》冊十
三，頁221。

❽　《起信論》云「依一心法有二種門，云何為二？一者心真
如門，二者心生滅門。」，文見《大正藏》冊三十二，頁
576。

❾　同上。

❿　同❼，頁222。

⓫　同❽，頁576。

⓬　同上，頁578。

⑬　見《華嚴義海》,賢首〈華嚴一乘教義分齊章〉卷四,
　頁2～3。

⑭　一般總說華嚴有一套「法界緣起」的教法,但仔細分析
　其「即入攝」、「六相圓融」之類的說法,又只是緣起性
　空之引申而已,而一旦由此教法而起觀,則又恆須有真心
　之介入,以此而言,法界緣起本身實不足以承擔一獨立之
　教法也。

⑮　牟先生《現象與物自身》頁123云「知體明覺之自覺地自
　我坎陷即是其自覺地從無執轉為執」,由此遂開兩重存有
　論——即執與無執之存有論。

⑯　黃宗羲《明儒學案》卷卅四,頁3。

⑰　羅近溪《盱壇直詮》下卷,頁204。

⑱　同上,頁198。

⑲　同上,頁165。

⑳　同上上卷,頁40。

㉑　同上,頁151。

㉒　同上,頁176。

㉓　牟先生《從陸象山到劉蕺山》,頁290～291。

㉔　同⑰,頁176。

㉕　同上,頁178。

第二節　牟宗三先生對圓教基本模型之建構

　前節中,筆者已證實了牟先生所說之儒家圓教,其基本哲學

架構與華嚴圓教是一致的。此一事實無疑地將會為牟先生構建的
系統掀起波瀾。這主要是因為在關於佛教判教的討論中，牟先生
明白指出了華嚴別教一乘圓教只是隔絕之圓，而非真圓，唯有天
台圓教始能真正為無諍之圓教，然則儒家圓教豈非因此而只是隔
絕之圓乎？那麼真正不隔的儒家圓教又該如何說？牟先生說真正
不隔者，該依五峰所說之境界講，但他不又說五峰之系統和陽明
心學實為等價的系統嗎？如今何以又要在這兩系統間分別圓呢？
看來這些問題牟先生並不好答，因為任何回答似乎都會迫使他的
系統進入某種夾逼狀態。當然，我們也許可以說，假如儒家圓教
和佛教圓教在實質上根本就不能類比的話，則即使形式上出現了
上述的矛盾，也並不一定就會引生難題。然而，在牟先生的系統
中，這卻一定是個可相類比的狀況，因為依他的想法，所有的圓
教系統都該有個共同的哲學命題，而且只要是真圓教，它就必定
要符合一定的義理模型，因為唯有此一義理模型，足以窮盡而圓
滿地展示這個共同的哲學命題。然則牟先生這樣的想法到底有沒
有道理？

　　首先，就圓教是不是該有個共同的哲學命題來看。於此，牟
先生引進了康德「最高善」（The Highest Good）這個概念。
依康德，所謂的最高善之實現，乃意味著我們能讓「德行」和
「幸福」構成一種現實的必然配稱關係❶，也就是我既活得圓
滿，又活得有尊嚴。這講法是很有意義，也很有創造性的。如果
我們用一個鬆一些的說法，不一定指謂著德行，而是指謂著某種
超越價值的話，則世間各大教乃至許多形上系統，不多是針對此
一問題而說的嗎？如中庸「有德者必受命」之類的說法，即涵著

此一意思。由此看來，形式地說所有圓教均可以用這個命題來作為共同命題，是很可以說得通的。不過光是這樣說是不夠的，因為這一命題也很可以只是個假問題，或者說只是個可以如是思維，卻並不真實的命題而已，若真如此，則牟先生的想法依然沒有意義，但康德云：

在最高善（圓善）中（此最高善對我們而言是實踐的，即是說，是因我們的意志而成為真實的），德性與幸福被認為是必然地相結合的，因此，這一個設無其他一個附隨之，它便不能為純粹實踐理性所認定。現在，這個結合（亦如每一其他結合一樣）或是分析的，或是綜合的。它不能是分析的，這是已經表明了的；因此，它必須是綜合的，更特殊地言之，它必須被思議為是原因與結果之連繫，因為它有關於一實踐的善，即那「因著行動而可能」的一個善，因此，結果，或者幸福底欲望必須是德行底格言之動力，或者德行底格言必須是幸福底有效因。第一種情形，是絕對不可能的，因為如在分析部所已證明的，格言，即把意志底決定原則置於私人幸福之欲望中的那些格言，畢竟不是道德的，亦沒有德行能夠基於它們之上。但是，第二種情形亦是不可能的，因為在世界中原因與結果底實踐連繫，作為意志底決定之成果看，並不依於意志底道德意向，但只依於自然法則之知識以及「為一個人的目的而去使用這些法則」的物理力量；結果，我們不能因著對於道德法則之小心翼翼的遵守（最拘謹的遵守），便在

世界中期望那「適合於最高善（圓善）」的幸福與德行間底任何必然的連繫。現在，因爲最高善之促進（此最高善之概念含有這種連繫，即幸福與德行間之必然連繫）是我們的意志之一先驗地必然的對象（目的），而且是不可分離地附隨於道德法則，所以前者（最高善）底不可能必證明後者（道德法則）之假。因此，如果最高善不是因著實踐規律而爲可能的，則「命令著我們去促進最高善」的那道德法則必亦被引至徒然無益的空想的目的，因而結果亦必須是假的。❷

此即是說一般而言，有福者不必也有德，有德者亦不必有福，這當然和常識相符。進一步說，依福以說德，這是絕對不可能的，但依德以說福，固然也常和常識相違，即使就必然之綜合關係言，亦屬不可能，但卻非絕對不可能，它亦有偶然出現之可能。不過雖說如此，康德卻進一步說，只要道德法則並不虛假，則「最高善之促進」便必須是可能的。換言之，最高善並不只是偶然出現之可能，其可能性必須提升而爲只要道德法則不虛幻，則最高善便是可能的，而且這可能不只是思維上的可能——雖則康德亦不說它必爲真實的，此即是說這一命題至少不假。

但「最高善是可能的」這話怎麼說呢？關於這點，康德的論證重重複複，只在指明一點，即最高善之可能必須建立在「上帝存在」和「靈魂不滅」這兩個設準之上❸。康德此一說法當然是很消極的，他只能訴之兩個理性的設準來作爲最高善所以可能的條件，而這條件皆非人力所能及，這說法在牟先生看來，便要說

「因為人之德與有關于其存在的福既不能相諧一，何以與人絕異的神智神意就能超越而外在地使之相諧一，這是很難索解的」❹，他把這一難以索解歸之於康德所承宗教傳統底情識決定，並以為依儒佛之傳統，聖人與佛既皆可由人成，則前述問題實可徹頭徹尾由更理性的方式以決定。牟先生云：

> 道德法則之確立是理性的，意志之自律亦是理性的，要求圓善亦是理性的，要求一絕對而無限的智心之體證與確立亦是理性的。惟對于絕對而無限的智心人格化之而爲一絕對而無限的個體存有則是非理性的，是情識決定，非理性決定。在此，中國儒釋道三敎之傳統有其圓熟處。我們依此傳統可期望有一「徹頭徹尾是理性決定」的說明模式。❺

現在，姑且不論究竟康德和牟先生的說法孰是孰非，我們至少已經說明了牟先生一個想法——即所有圓教系統均應有一共同的哲學命題——的合理性，這就足夠讓整個反省工作進行下去了❻。

然後隨著上述問題而來的，則是牟先生所認為的，所有真正的圓教系統，均必須滿足基本的義理模型。牟先生這樣的說法是不是站得住腳？又即使站得住，則這一基本模型是不是就是牟先生所規畫的一套模型呢？當然，在解決此一問題之前，我們仍必須重述一下牟先生對此一模型底建構。這也是本節的主眼所在。

關於牟先生對建構圓教基型所依據的背景，他有一長段的說

明，值得引述如下：

> 那被判爲圓教者，我們如何能判之爲圓教？現在，我們先
> 就所說「教」之定義立一大體之網格以明在什麼關節上才
> 可達至「教」之極致。「依理性通過實踐以純潔化一己之
> 生命」，這是教中的一主要部分。這一部分，籠統地言
> 之，就是成德的一部分，不管這所成之「德」是什麼意義
> 的德，是儒家的，道家的，抑或是佛家的。我們先獨立地
> 把這德訓爲「德者得也」。將某種東西通過實踐而實有諸
> 己謂之「得」。如此得之而純潔化人之感性生命便是
> 「德」。如此，實踐是一種戰鬥，當然需要努力，這表示
> 它是生命底一種超昇。但是這樣的努力真能有結果嗎？這
> 須分別說。若就實踐以成德是我自己所能掌握者而言，則
> 可說必然有結果，成德即是其結果。「成德而純潔化人之
> 感性生命」是一分析命題，即成一分德必然函著純潔化一
> 分感性生命。這也是其結果。但是「成德而期改善人之實
> 際存在」這卻不是一個分析命題，因爲儘有成了德而且亦
> 純潔化了其感性生命（消化了其感性雜念）者，其實際存
> 在的之狀況仍不見佳。是以此一命題是一綜和命題。但是
> 吾人有實際之存在，吾人之實踐以成德不能不顧及此實際
> 之存在。若置此不理，光只看成德一面，則是偏枯之教，
> 或至多可說這是在扭轉一階段上爲然，非人生實踐之極
> 致。因爲吾人之實踐並非欲抹去此存在者，實踐而不肯定
> 此存在等于自殺。自殺非可云實踐。是以在實踐中必然函

著肯定存在，因而亦必然函著「改善存在」之期望。但是
這期望在實踐以成德中不可必，即不能由成德分析而得。
是故這兩者之關係爲綜和的。在成德以外而有獨立意義的
「改善存在」之期望即是「幸福」之期望。這是教中的第
二部分，這一部分必涉及「存在」。因此，期望「德福一
致」便是教之極致，即「自然存在與德間之相應和而諧
一」是教之極致。但是「存在」不是我所能掌握的，依基
督教說，是上帝創造的。但是上帝是一個體性的人格化的
無限存有，這不是東方宗教所取的途徑，因爲其中有虛幻
故。因此，儒釋道三教捨上帝而言無限智心。此一無限智
心有所事事于「存在」，但這不是依上帝創造之之途徑而
說。因此，要想達至德福一致，必須確立無限智心。但光
只一無限智心，雖可開德福一致之門，然尚不能真至德福
一致。必須由無限智心而至圓教始可真能使德福一致朗然
在目。因此，德福一致是教之極致之關節，而圓教就是使
德福一致真實可能之究極圓滿之教。德福一致是圓善，圓
教成就圓善。就哲學言，其系統至此而止。❼

依此說明可知，牟先生認爲所有圓教皆須包含著兩個層面，
一是須先肯定無限智心，以說明德及存在的部分，二是須找出圓
教所以爲圓之依據，由之以說明德福一致。這兩個層面事實上就
成爲了牟先生所建構的圓教之哲學基型，我們可依他慣用的詞
語，將此一基型描述爲「由無限智心底證立到此心之詭譎地圓
成」。

在上說基型中，所謂的無限智心，依牟先生的理解，乃是一個抹去了人格性的上帝之性能，是擔負存在的主要依據，牟先生云：

> 說福涉及存在，這是對的。存在是既成的，不是我所能掌握的，人不能創造存在，這也是對的。必須肯定一「無限存有」來負責存在，這也未嘗不對；但是這無限存有若人格化而爲一無限性的個體存有，這卻有問題。上帝所以能創造自然是因爲祂的無限的智心，因此，本是無限的智心擔負存在。說到存在，必須涉及無限的智心；但是無限的智心並非必是人格化的無限性的個體存有，是故將此無限的智心人格化而爲一個體性存有，這是人的情識作用，是有虛幻性的。因此，欲說圓善所以可能，只須說一無限的智心即可。❽

但這樣一個能力若不歸給一個人格神，又當歸給誰呢？牟先生說它只能歸給人之良知、如來藏心。關於良知和存在的關係，此一論證前文已約略觸及，茲不贅述。現在筆者所關心的是這樣一個無限智心應該是個超越性的概念，它必須是通過某種超越的肯認而建立起來的一個主體性，因此無論這無限智心是不是在詭譎地圓成上說，依牟先生，它顯然都必須預設著「超越的分解」以爲其內容。所謂超越的分解，這當然是個康德式的概念；在康德，超越的分解對純粹思辨理性而言，它不同於邏輯的分解，它主要是對於「一切我們的先驗知識之剖解，剖解成純粹知性自身

所產生的成素」❾，亦即一些範疇是。然而這一分解實不必只限於思辨理性，它亦可擴展到純粹的實踐理性上，去先驗地找出道德法則之條件，如意志自由者是❿；同時，儘管我們並不能真以知解的方式對這些先驗條件形成知識，但不代表我們不能承認其實在性，這些先驗範疇的實在性其實可奠基在「現象與物自身的超越區分」下，就著它做為物自身的身分而被建立並肯認下來。對牟先生而言，無限智心必須預設著超越的分解，其意義當然是指後者而言。於是我們乃清楚地看到了一個事實，亦即牟先生逐步發展而得的圓教之哲學格架，實際上也恰好又回返到了它早年即已建立的哲學方法論的模型──「超越的分解」與「辯證的綜合」⓫。當然，這一「恰好」究竟是理上的必然，抑或是牟先生早已預懸在心中的「前理解」，確是值得追究的。這且不言。此處對我們比較切要的，則是得更進一步來了解一下，「超越的分解」和「辯證的綜合」這一組概念在牟先生系統中的意義，因為它們才真正代表了牟先生思攷圓教基型的人方向。

所謂「超越的分解」和「辯證的綜合」，在牟先生，這是一組結合著康德和黑格爾的概念。牟先生常區分康德使用辯證和黑格爾的不同⓬，在康德使用此詞，是為了拆穿理性在使用上的一些幻相，這些幻相的形式主要是以一些「二律背反」（Antinomy）的命題來呈現，這些背反或是矛盾的，或是不同層次的，而均可以分析地予以拆穿。但黑格爾卻以另一種方式來面對背反，他把背反的矛盾視為絕對精神向更高境界發展的「動態的進程」，此即黑格爾的辯證義，而黑格爾的哲學亦即以此義獨擅勝場。然而牟先生總是在這裡極力地批判黑格爾的哲學，他以為

辯證的綜合根本不能獨立地講，它恆須預設著超越的分解以為其
體。牟先生於〈黑格爾與王船山〉一文中說：

> 黑格爾的學問，一言以蔽之，曰「辯證的綜合」。辯證表
> 示在精神表現過程中義理的滋生與發展。藉此動態的發
> 展，將一切連貫於一起，而成一無所不及之大系統，故曰
> 綜合。然辯證的綜合必有分解作底子。分解，或爲經驗的
> 分解，或爲邏輯的分解，或如康德之超越的分解。此則必
> 須層層具備者。分解所以標舉事實，彰顯原理，釐清分
> 際，界劃眉目。故哲學的思攷活動常以此爲主要工作。⑬

　　這是原則性地說明辯證的綜合須建立在分解的底子上，換言
之，它是某種意義上的體用關係，但真正的體則恆須奠基在超越
的分解上。牟先生在〈論黑格爾的辯證法〉文中云：

> 消融正反對立的矛盾，就叫作「否定的否定」，這表示一
> 種「合」。這合就是再度諧和的圓融絕對。這個合就表示
> 對於破裂而成的正反對立再加以否定。而此否定之形成是
> 由於把反的對立性，障礙性，加以消除或克服。你所以能
> 消除或克服它，就是因爲你保持住那個正。此古人之所以
> 念茲在茲，要截斷眾流，建體立極之故。截斷眾流而反顯
> 那個「道德主體」，爲的是立大本，立大本爲的是成大
> 用。⑭

是則通過辯證之合，所恢復起來的正，必須是一個精神性的大本之體，一個建體立極的主體，這當然是由超越的分解，經實踐理性所肯認下來的超越主體無疑。

立基在這樣的基礎上，則「超越的分解」和「辯證的綜合」便清楚地轉成了中國哲學上「本體」和「工夫」的關係。牟先生總說辯證是實踐上的事，也就是說它只能由工夫上去契接，或去作「具體的解悟」⑮。一說工夫，它即拉在一個具體的行程中，在行程中，由超越的分解所立之體不一定可突出來做為主宰，於是生命不得不有破裂、掙扎與奮鬥，在奮鬥中，生命復返而向體趨近，以化解一切對待相，遂成最後的辯證的綜合。因此，牟先生云：

> 儒釋道三教之實踐哲學，在工夫過程中，當然也可以講黑格爾義的「辯證的綜合」，所謂，「工夫不可以已」，但也隨時可以講圓頓之教，辯證馬上解除，當下證得本體，呈現一「如如自在」、「逍遙無待」、「天理流行」之最高境界。「工夫不已」和「當下具足」兩句話同時存在，不相衝突，這才是精神辯證的本義。⑯

從奠基在超越分解上的辯證綜合來說圓頓之教，這實在是牟先生數十年來一貫的講法，從其中，我們乃可明確地掌握到牟先生所建構的圓教基型。

現在值得注意的是，依前面我們對儒家圓教和華嚴圓教的說明，無疑且無庸贅述地，它們都完全符合牟先生所建構的圓教基

型，然則理論上說，這兩套系統皆應是究竟的了，可是牟先生卻又說華嚴和天台比起來，又以天台為圓，這到底是怎麼回事呢？關於這點，我們有必要進入到天台思想的討論，以簡別牟先生上述建構的合理性。

附　註

❶　《康德的道德哲學》頁351，康德云「因為德性與幸福合起來構成一個人中最高善之所有物，而幸福之分配之『準確的比例於道德』又構成一可能世界底最高善，是故這最高善即表示這整全的善，這圓滿的善。」

❷　同上，頁354～355。

❸　關於此一論證，請詳上引書卷二，第二章四、五兩節，頁368～384。

❹　牟先生《圓善論》，頁239～240。

❺　同上，頁241。

❻　陳榮灼在前節之引文中，曾謂「把圓善問題看作實踐哲學的首要問題，只是古典政治哲學之殘留而已」，他因此而否認將圓善問題視為圓教系統之共同命題。但就算康德甚至牟先生理解圓善的方式，不足以涉及社會哲學的層面，這是否就代表圓善的問題失效了呢？看來陳先生並無很好的理由來證明這點，相反的，社會哲學中依然有人在尋求道德與幸福之配稱關係便可證。

❼　同上，頁269～271。

❽　同上，頁243～244。

❾　康德《純粹理性批判》，頁191。

❿　同❶，頁128，康德云「自由是思辨理性底一切理念中唯一的一個我們先驗地知其可能性的理念，因為它是我們所知的道德法則之條件。」

⓫　牟先生早在民國四十年寫〈論黑格爾的辯證法〉一文時，即已說「辯證的綜合系統，必以超越的分解系統為根據」，「吾本文所言，以辯證的綜合為主，而實有一超越的分解作背景」，可見此一架構早已確立。文見《生命的學問》頁227。

⓬　牟先生在題為〈超越的分解與辯證的綜合〉之演講辭中云：「康德所說的辯證，是古典義的辯證，從希臘開始直至康德本身，都同用此義。到黑格爾哲學的出現，辯證一詞，才另有獨特的新義，而大不同於古典通用之義。古典義的辯證，以邏輯為標準，所以其所謂辯證之過程，是可以施以邏輯的檢查的。結果雖然表面上有背反的情形，卻不是真正的矛盾，或者兩者皆假，或者兩者並存。但在黑格爾所說的辯證法中，卻是要通過矛盾而達到一更高的境界。」牟先生此文為民國八十三年文化大學中西比較哲學會議之講稿，筆者所有者為王財貴先生整理之手稿本，此稿本並經牟先生親自修改。

⓭　同❿引書，頁172～173。

⓮　同上，頁223。

⓯　同上，頁176，牟先生即以此詞來描述黑格爾通過辯證，以掌握歷史文化的特殊解悟力。

⑯ 同⑫。

第三節 天台圓教與牟先生建構之圓教基本模型 底衝突

順上節的問題而來，筆者承認牟先生所說，所有圓教均有一個共同的哲學命題，但這命題是否該有唯一一套表述模式？這套模式為何？則尚屬未知。我們只知道牟先生將之表述成了一套由「超越的分解」到「辯證的綜合」的模式。然而由牟先生此一表述，又引發了天台華嚴「別圓」之爭的問題。然則我們當如何看待此一問題呢？想要解決此一問題，我們當然得先綜述一下天台圓教的說法。

關於天台圓教的客觀詮釋，筆者以為迄今為止，牟先生的說法仍是最具效力的。儘管筆者不見得同意牟先生對天台所補作的哲學論證（下文常有詳述），但純就客觀的理解言，筆者原則上並無異辭。因此底下的綜述，基本上仍是依牟先生的說法為脈絡的。

依牟先生在其系列著作中的詮釋，天台圓教的規模無疑是依循「一念無明法性心」這一概念而展開的。他在《佛性與般若》中有一段綱領式的話謂：

> 然則此一圓教系統所依以成的義理之實是什麼呢？曰：即「一念心」是。此「一念心」亦曰「一念無明法性心」，亦曰「無住本」，亦曰「如來藏理」（六即中「理即」的

如來藏，不是經過觀行後的如來藏），此是相應那原初的
洞見（不斷斷中的即）而來的存有論的圓具之「一念
心」。它不是通過經驗的分解而建立的持種的阿賴耶識，
雖然它與阿賴耶識同是無明妄心；它亦不是分解地說的八
識中的第六意識，雖然統此八識皆可名曰一念心，亦可說
開決了此八識而成為一念心。分為八識是阿賴耶系統，此
是別教說，而此「一念心」則是圓教說，故它既不可以被
視為第八識，亦不可以被視為第六識。它是開決了八識，
相應圓教融而為一說的。（圓教是就次第而不次第；開權
顯實，非四味外別有醍醐，非三乘外別有一乘。）復次，
它亦不是通過超越的分解而來的真常心。真常心之隨緣不
變不變隨緣是如來藏真心系統，此亦是別教，而非圓教。
它是消化了這真心之「但中」，就「不斷斷」之實踐中的
存有論的圓具而說的煩惱心，故不偏指清淨真如理心以為
「一念心」也，此不是一念靈知，「知之一字眾妙之
門」，這靈知心也。是故若就此「一念心」而言如來藏，
這如來藏即是無明陰妄心，是就迷就事而論，此即是「理
即」之如來藏。「理即」者，意味此「一念無明法性
心」，就法理說，它原則上即是佛也。❶

　　這段話已很清楚地勾勒出他所理解底天台系統的特色。就一
般的了解而言，佛教的所有系統相，尤其是大乘佛教，的確都是
圍繞著「心」這一概念而展開的，因此，說天台系統乃以一念心
為拱心石，應該是很可以理解的。然而問題是這個「一念心」的

性格卻比較奇怪，依牟先生的詮釋，它必須在存有論上承擔著一切法，但是它既不是如唯識所說，以阿賴耶種現的方式承擔法的存有論說明；也不是如來藏系統，以真常心隨緣的方式承擔法的存有論的說明；甚至它根本不是在一般意義的「因果」概念下來承擔一切法，這就很特別了。知禮《十不二門指要鈔》論「總在一念，別分色心」之總別云：

> 前約諸法不失自體爲別，今明諸法同趣刹那爲總。終日不失，終日同趣，性具諸法，總別相收，緣起諸法，總別亦爾。非謂約事論別，以理爲總。又復應知：若事若理，皆以事中「一念」爲總。以衆生在事，未悟理故，以依陰心，顯妙理故。❷

知禮這說法原是駁山外由一念靈知說總別者。山外之說易明，所謂「約事論別，以理爲總」，理即真常心，真心隨緣乃能變造諸事；理之爲總，是爲定總，事之爲別，是爲定別。雖然華嚴亦可有六相圓融的種種玄談，但這只不過是收在法界緣起上的圓說，而當它落下來就隨緣起現染淨諸法時，則因果相總是顯然的，理之爲總定能爲因，事之爲別定在果地，此即知禮引山外所謂「約能造諸法，故判爲因；佛定在果者，乃由緣修覺了，究盡爲果」之意❸。然而天台說總別，卻是就著理事而各說一套，理上說一套總別，即是「性具諸法，總別相收」，事上亦可說一套總別，即是「緣起諸法，總別亦爾」。理上說的總別，總是法性，別則是尚未通過觀行的「迷中之實相」，亦即所謂的「理具

三千」。事上說的總別，總是一念陰妄之心，別則是由此陰心緣起造作的諸事，亦即所謂的「事用三千」。依此總別之意，是很難具體地說因果的。雖然知禮云「若事若理，皆以事中一念為總」，但就理上說，並不能說由一念陰妄之心生起三千法之迷中實相，迷中實相只能歸屬給法性，但法性之總和理具三千之別，並不構成我們一般所了解的因果關係。而就事上說，一念陰心緣起造作諸事，看來是比較接近一種因果原則的，但在天台之說，它亦不是要把一念心突出來，如說阿賴耶持種一般，說一種決定性的因果；相反地，它卻是想要隨時鬆動這層緣起的因果相，事用三千和理具三千之間，並不存在任何懸隔，此即荊溪在《止觀輔行傳弘決》中所謂的「並由理具，方有事用」❹，無論迷染的事用還是悟淨的事用，均依本於理具，如此方能「依陰心以顯妙理」。所以說，即使就事而言，一念之總和事用三千之別之間，也不構成我們平常所說的因果關係。據此，牟先生乃進一步申說云：

法華玄義判「心法定在因，佛法定在果，眾生法一往通因果，二往局在因」，是則天台宗師並不以理具事造之二造，心佛與眾生所皆具者說因也。說「心法定在因」，此「因」義很不同。他們說因是就理具說因，而理具三千之一念心既非靈知真性之理心，故是迷中之煩惱心，陰識心，剎那心，因而三千亦是迷中之三千。彼等即以此迷中之一念三千為底據，通過修顯後為佛果，望此佛果，說彼底據為因。是則因者，在理在迷之謂也，不是就其能造事

用而說也。心法定在因，即心法決定只在理地、迷地，因
此即說定在因地也。佛法定在果，即理具三千通過修顯而
爲佛果，始得稱爲佛法也。即荊溪所謂「悟則果中勝用」
也。「衆生法一往通因果，二往局在因」，此是說衆生
法，初步看，通因通果，通因是迷中理具三千，通果是悟
中事用三千，以佛亦是衆生故。但進一步終局地看，則衆
生畢竟只是衆生，佛畢竟是佛。故現實地看衆生，則衆生
只是迷，故唯局限於因地也。此即荊溪所謂「迷則三道流
轉」，即衆生也。衆生法是理具事造，佛法亦是理具事
造，心法亦是理具事造，故三無差別。❺

　　根據如上的理解，我們當可確知一念心之承擔一切法，並不
是以一般說的因果方式來承擔的，然則天台又是以什麼方式來構
成一套存有論的系統呢？它如何能賦予這套系統以圓教的地位
呢？

　　關於這個問題，依牟先生的詮釋，其依據實是「從無住本立
一切法」這一概念，牟先生云：「表面上是一念心，而底子卻是
『法性無住，法性即無明』，『從無住本立一切法』等於說由
『法性無住，法性即無明』而成爲一念無明法性心，以此爲本而
立一切法也。」❻也就是說他以爲由一念心所成的一套存有論系
統，其義理之真正根據乃建立在「從無住本立一切法」這概念所
指引到的「無明無住」和「法性無住」兩個概念上。於是我們有
必要轉而注意由無住本所帶出的一組概念。

　　「從無住本立一切法」的說法，原本來自《維摩詰經》❼，

其原意如依鳩摩羅什等人的解釋，也只是如《中論》說八不緣起般，純為指示一切法之空無自性而已❽。但是這意思到了天台，卻有了一層創造性的擴大，它將無住的意思從類乎「不生不滅、不常不斷、不一不異、不來不去」的遮詮方式，轉成了「無明無住、法性無住」這種正面表意的形式。荊溪《法華玄義釋籤》云：

> 初理事中云：「從無住本立一切法」者，無明爲一切法作本。無明即法性，無明復以法性爲本，當知諸法亦以法性爲本。法性即無明，法性復以無明爲本。法性即無明，法性無住處；無明即法性，無明無住處。無明法性雖皆無住，而與一切諸法爲本，故云：「從無住本立一切法」。❾

這是一段需要詳解的文字。荊溪說「無明為一切法作本」，這是順五住煩惱之層層後返而得者，荊溪《維摩經略疏》云：「無住即是無始無明，為顛倒有愛無色界之本，所以然者，若斷顛倒想有愛無色界盡，猶有無明住地，二乘、教道菩薩所不能斷。」❿「無始無明住地」的講法，其實早已在如《勝鬘夫人經》之類的方等經中出現⓫，而從智者以下，便以一種增益的方式，將無住解為無始無明住地，並援引無明住地的說法，而說無明為一切法作本，當然這一切法指的是一切煩惱染污之法。然而無明住地本身實不能有自性，也就是這個根本的住地煩惱當體本空，因此即從這本空處而說無明住地即於法性也。如果只說到

此，也還很難說有存有論的意涵，但從這個意思上，天台思想突然有了一層跳躍。原本《淨名》只說「無住則無本」，但荊溪卻說「無明復以法性為本」，這也就是說他把虛說的「無本」實化，而且暫且把它突出來作為依本；依這思路，荊溪首先將法性暫且框起來，以之為無始無明之本、之依止，從而亦可說一切法皆依止於法性，於是法性乃似乎成了一個存有論的實體。但是很顯然地，法性作為「空」的意義，它是框不住的，它或可暫時被突出來說為某種依止義，但這依止相是會立刻被拆掉的。於是我們乃可問，法性作為某種暫且說的依止，它的依止相拆掉後，又將落於何處？於此，荊溪的答法是法性不能離於無明——也就是一切法——而為法性，然後遂又將這無明住地暫且框起來，以之為法性之本、之依止。由這裡，我們乃可知道，天台所謂的本，其意義是很特別的，表面上看，它似乎在指示著某個存有論的實體，但法性和無明卻無一站得住自己，故說法性、無明兩無「住處」，於是它們的實體相也告解消。然而雖說如此，它仍然從法性無明更互相即的立場上，提出了對一切法的存有論說明，此即所謂的「從無住本立一切法」，當然，這無住本已不再只是無明住地而已，它更指示著無明無住，無明即於法性而為一切法之本，法性無住，法性即於無明而為一切法之本了。這樣的一種存有論說明，在天台即名之曰「圓談法性」，它作為一套存有論系統，的確是很特殊的，關於這個系統，牟先生有一長段的說明，值得引述如下：

　　「無住本」是指「法性無住」與「無明無住」兩面而言。

法性無住處，法性即無明。無明無住處，無明即法性。此種來回地「相即」明法性與無明非異體，乃即在「不斷斷」中而爲同體之不思議境也。此即是「一念無明法性心」矣。此「一念心」（無住本）從無明處一骨碌即是法性，從法性處一骨碌即是無明：未動無明而言法性，未動法性而言無明。法性與無明在「不斷斷」中相即爲一，即成「一念無明法性心」矣。此「一念無明法性心」即具十法界，此是就一念心而籠綜地言之。如此言之，是「心具」。若分拆而從主從勝言之，則是「性具」或「理具」。性者法性也。理者中道實相理也。蓋法性無住，法性即無明，此即是心也。「心如工畫師，造種種五陰。一切世間中，無法而不造。」是故凡説法（緣起生滅法）皆就心而説也。以心始有生滅故，一説心，就是法。心是緣起造作或變現地具一切法。若圓説，一念心就是一切法。法性即無明，就是一念心，就是一切法，故此一念心乃刹那心、煩惱心也。有心有法即有「法性」。法性者法之性也。法之性即是空如。法不出如，以如爲性（亦言以如爲相）。法性雖已即于無明而爲心，即，爲一切法，然法性亦不失。故「一念心即具十法界」就等于説「法性即具十法界」或「中道實相理即具十法界」。然心有生起，而性不生起，理不生起。是以「一念心即具十法界」，此中之「即」是「就是」義，「具」是緣起造作地「具」。而「法性或中道實相理即具十法界」，此中之「即」是「即于」義，不離義，「具」是以即而具，非生起地具。此即

是說，法之性是即于法而見，而見者見其空如無自性，即
以空為性也。是故此法仍是抒義字，非實體字，不失緣起
性空義也。故只說「性具」，不說「性起」。「性具」
者，法性是即于一切法而且具備著一切法之謂也。故心
具，從勝從主說，即是「性具」，法不出如故也。以法不
出如，故如性即具備一切法矣。是故如性之「性具」即是
「圓具」，此即所謂「圓談法性」。⓬

　　依這意思，如果從一念心上說存有論，則是一念心具三千
法，但這個「心具」其實涵著兩面意思，一是法性具，一是由無
明住地而來的煩惱具，不過這兩面之具又不是相隔離的，它也不
從任何單一的面相而突起一個單一的實體，並由這個實體去說如
何「生起」一切法，於是它無一般存有論意義上的因果義，所以
說它只講「具一切法」，而且從兩面相即的立場上，遂「從主從
勝」而說為「性具」。依這樣一套特殊的存有論，所以牟先生乃
要特別強調法性、中道實相理皆不是一個實體性的本體；其實不
只是法性不是一個本體，無明住地也不是一個本體。從這裡，我
們明確地看到了天台和華嚴真心系、唯識妄心系構成了兩類截然
不同的存有論形式。

　　依據如上綱領性的說法，荊溪復引出了「自住」和「依他
住」這組概念，並以之來判別圓。《維摩經略疏》云：

　　若無明依法性是有始者，法性非煩惱，不可指法性為煩惱
　　本，故言無住則無本。若依法性立一切法者，無明不出法

性，法性即為無明之本，此則以法性為本。今經檢覈煩惱之本，法性非煩惱，故言無住無本。既無有本，不得自住，依他而住。若說自住，望法性為他，亦得說是依他住也。說自住是別教意，依他住即圓教意。⓭

　　這也就是說法性並不依一般存有論的意思，作為煩惱法之本，而是從無明無住，無明即法性而說法性為本，所以說無明不自住，而依法性為住。進而言之，法性亦不自住，法性依無明而住，因此乃說依他住為圓教意。荊溪此意，如果熟習天台存有論的表述模式的話，其立言分際當是很顯然的。而值得注意的是，荊溪遂依此而將圓教的基本型範規範到「同體依即」這個概念上，他是如何做成此一規範？又何以這一規範便可以說是圓教呢？這也就是說何以天台的一套存有論不獨可以超越其它，而且代表著一種究極的存有論呢？

　　就前一問題言，既然自住是別教意，也就是說別教的無明和法性是各各自住的。在別教如華嚴之所說，當然並不說法性自住，它說的是真心不變，但真心亦隨緣起現一切法，於此似亦可說因著隨緣而使真心依無明妄染而住，可是當如此說時，真心實已為無明所覆障而不顯，猶如《起信論》所謂「不生不滅與生滅和合，非一非異，名為阿黎耶識」，這時妄識突起而成一個獨立的自住，因此真心之依他並非真正的依他，真心和妄識終只是「異體」的兩回事，所謂的真妄和合，也終只是如水乳，並非真「即」。但反過來說依他住是圓教意，既然無明和法性相互依他，則無明和法性雖各有暫時的住相，以此而各自暫且偏就其自

住相而說承擔一切法，但這住相並不能守住，而在相互依他中拆
掉自體相，於是無明恆是即著法性而為無明，法性亦然，如此方
是真即。由此真即相望於別教真妄和合的異體，而說圓教為「同
體依」。此亦即荊溪所謂「以體同故，依而復即。故別圓教俱云
自他，由體同異，而判二教。」 ❶ 所以說荊溪可以「同體依
即」來規範圓教的基本型範。牟先生云：

> 無明無住，無明當體即是法性，非離法性別有無明。無明
> 當體即是法性，即依法性，此即是「即」的依他。此示無
> 明雖無住無本，而卻是「即」地依法性住，以法性爲本，
> 言無明無性，以空爲性也。法性無住，法性當體即是無
> 明，非離無明別有法性。法性當體即是無明，此亦是
> 「即」的依他。此示法性雖無住處，而卻是「即」地依無
> 明而住，以無明爲據，即依無明之無住而見也。是故無明
> 即法性，法性即無明，此兩者不是分解地有自住地拉開
> 說，乃是緊扣在一起而詭譎地無自住地圓融地說。這詭譎
> 地圓融地說的「體同」即是圓教之所以爲圓教處。此一表
> 達模式乃爲天台宗所把握，依此而有種種「不二」之妙
> 談。 ❶

　　據此而說，則天台教理的宗旨亦可云大備矣；至於後一問
題，則請詳下節所述。
　　依照如上簡單的綜述，則天台圓教之規模和牟先生所建構之
圓教基型是否相容呢？關於這點，牟先生有如下的說明：

佛家大小乘説識皆有執著染污性，此是就衆生通常所表現
的了別識，望高一層的智，而作心理學的分解，兼亦作認
識論的分解，分解其種種功能，種種形態，如心意識是，
故其所説者皆爲分解的指謂語。惟獨智者則不如此説識，
當然亦不是反對這些分解的指謂語而另提出一些分解的陳
述。他不在此層次上作修改補充的工作，他對于那些分解
的陳述毋寧都是承認的，惟就佛教的標的而言，他以爲那
些都是教道權説，不是圓實説。他是從圓教的立場把那些
分解的陳述作一開決融化而作一詭譎的表象。因爲圓教之
所以爲圓教不在增加或另換一套分解的陳述，依智者，這
是永遠不能圓的，而單在另換一表象模式，此即詭譎的模
式。⑯

關於詭譎的模式，牟先生在其它地方也間或稱之為「非分別
説」或「無諍法」。惟牟先生亦説所謂的無諍法，實存在著兩種
型態，除天台之外，尚有空宗般若學以「融通淘汰，蕩相遣執」
為主的説法。關於般若學的精神，牟先生在《中國哲學十九講》
中云：

佛教般若經是以異法門説，此異有特異、殊異之意，此即
表示佛教般若經的法門，不同於説其他大小乘經典，而且
不只不同，還有其特殊之處。佛説其他大小乘諸法門，可
以用一法門、二法門、三法門，乃至無量法門；譬如説四

諦即用四法門說，而說五蘊、六波羅密、八正道以及十二因緣等，皆有不同的法門，這些均是分別說。照龍樹菩薩大智度論所說，這些分別說的法門，都是可諍法。既是可諍法，所以沒有邏輯的必然性，都只是權法、方便法，這也是釋迦牟尼佛智慧之微妙活轉處。至於說般若經，則是無所說，一法不立，其目的只是令以前所說之方便法皆歸於實相，而實相一相，所謂無相，即是如相。此種法門即是不諍法，是無可諍辯的，所以有邏輯的必然性，因此它就不是權說的方便法。而所謂異法門，實即是非分別說的法門，所以佛說大般若經，即是用非分別說的法門，也因此才顯出般若經的特色。**⑰**

　　這也就是說般若的異法門，其實只是眾法門的通化，言眾法門的分別皆無礙於實相，般若的無諍是立基於實相的無諍，此因它只表現實相的通化之故。然牟先生說天台的無諍，則並不就實相的通化而說，雖則它也不違此義。天台的無諍乃是就著分別說的「因性佛性」而說為佛性及諸法依據的心和識之相融即，因此「即」是心的相即，而非法門的相即，由此而說心的詭譎的表象。如此說的無諍，當然就不再是無一法可說的般若無諍了，它實有正面的表述，因此亦是一個系統，只是這個表述可以綜括其它分別表述的心，由此而說其為無諍，說其為圓。是以牟先生云：

　　凡分別說者皆是可諍法，有許多交替之可能，皆不能圓。

即使是別教之圓教，因是分別說者，故亦非真圓，蓋「所因處拙」故也，專就佛法身而分析地說其圓融無礙與圓滿無盡，這不能決定圓教之所以為圓教也。然則真正圓教必非分別說者，然卻亦不只是般若無諍法。然則除般若無諍法外，必尚有一個非分別說的圓教無諍法。此即是天台宗相應法華開權顯實，發跡顯本，在三道即三德下，在不斷斷中所成立之圓教也。真正的圓教，非分別說的圓教，只有一，無二無三，故亦為無諍。般若無諍與圓教無諍交織為一，則圓實佛成。**⑱**

　　按照上述說法，牟先生的言下之意，似乎認為天台圓教的哲學模型底子依然是所謂的「分解的陳述」和「詭譎的表象」，只是它的表示方式似乎偏重於後者，這比較特別些而已。若是如此的話，它和圓教基型便也並無扞格。然而這豈是事實？

　　至少就前面對天台的綜述來看，所謂的一念心，我們固亦說它的真實意思乃是「無明無住」和「法性無住」，但此處所謂的無明和法性，牟先生也常說它們既不是如唯識般由經驗分解而說的識心，也不是由超越分解而說的真心；甚至它根本不能說是分解，也不能說它預設著分解。而且這個依無明無住和法性無住而說的一念心，天台也總說它是陰妄心、剎那心、煩惱心，這更不能說是什麼超越的主體性、無限智心，然則我們能說它是分解的表象，或是預設著分解的表象嗎？牟先生也表明它不是另立一種分解的表示，而只是純由心之相即上說之詭譎的表示，但牟先生話中之意，顯然是在這說法的背後預設著一個超越之分解的，否

則他也不會在其它地方將一念心當成是個無限智心了❶。但他這麼說，豈不是和一念心之性格相衝突嗎？

　　至於就「辯證的綜合」這面來看，天台是有一種詭譎的表示，所以它說無明法性有一種「同體依即」的關係。但很顯然的，所謂無明法性同體，其底子依然是無明無住和法性無住。天台依這兩義主要是為作一種特殊的存有論表述，也就是說此處若說詭譎，它也是一種「存有論的詭譎」，而不是工夫體用義上所說的「作用的詭譎」。但奇怪的是，牟先生在許多地方似乎也很清楚此義，但到某些關鍵處，卻總不免會有滑轉，例如前面引文中，他也能區隔般若之詭譎和心之相即的詭譎底不同，但這不同的實義，卻總在一些曲折後又看不清了，此如他論「同體」云：

> 然則何謂「體同」？荊溪云：「依他即圓者，更互相依，以體同故，依而復即。」此所謂「體同」意即無明與法性同一事體也，只是一個當體，並不是分別的兩個當體。❷

　　我總覺得他沒必要一定要將同體曲折到「同一事體」之上。說無明法性同一事體，當然也不錯，但牟先生作這一曲折之主要目的，恐怕主要是在說無明法性不能同一心體這一點上。但在筆者看來，天台卻正是要於此說它既是同一事體，也是同一個一念心，因為天台乃是從無明法性之各自無住上將無住本突起成一念心之故。牟先生對此義不能說不熟，何以忽而在一些曲折後又滑掉了呢？而這一滑，遂不免又使他將天台的詭譎義滑回了工夫之詭譎，然而由此豈會不生矛盾？

依如上所述，牟先生雖很能客觀地詮釋出天台的義理系統，但他似乎並未能準確地認識到依「存有論的詭譎」所表述的一念心，它的哲學意涵。在筆者看來，牟先生恐怕是因為在心中橫互了一個太牢固的圓教基型，以至於在想方設法把天台拉到這一基型中時，便不可免地產生了上述的一些矛盾。

然則由此我們也顯然看出了天台圓教的義理模型，和牟先生所說的圓教基型，其實根本是不相容的。那麼這問題就來了，這究竟是圓教根本原就不該有什麼固定的義理基型呢？還是牟先生對這一基型的規定根本就是錯的，或至少是不夠的呢？若是前者，則我們的反省固也可以攷慮一下，如何依另一圓教基型來說儒家圓教，但也很可以至此而止；而若是後者，則牟先生對儒家圓教的詮釋顯然便會面臨重大的難題。這當然就茲事體大了。關於這問題的抉擇，請詳下節所述。

附　註

❶　牟先生《佛性與般若》下冊，頁603。

❷　四明知禮《十不二門指要鈔》，《大正藏》冊四十六，頁708。

❸　同上。

❹　荊溪湛然《止觀輔行傳弘決》卷五之三，《大正藏》冊四十六，頁293。

❺　同❶，頁789～790。

❻　同上，頁785。

❼　詳見僧肇《注維摩詰經·觀眾生品》，《大正藏》冊三十八，頁386。文不具引。

⑧　同上。鳩摩羅什云「法無自性，緣感而起。當其未起，莫知所寄。莫知所寄，故無所住。無所住故，則非有無。非有無而為有無之本。無住，則窮其根源更無所出，故曰無本。無本而為物之本，故言立一切法也。」這純只是空宗「體法空」之義而已。

⑨　荊溪湛然《法華玄義釋籤》卷八之上，頁419。

⑩　荊溪湛然《維摩經略疏》卷八，《大正藏》冊三十八，頁676。

⑪　《勝鬘師子吼一乘大方便方廣經》云「如是過恆沙等上煩惱，如來菩提智所斷，一切皆依無明住地之所建立。一切上煩惱起，皆因無明住地，緣無明住地。世尊，於此起煩惱剎那心剎那相應，世尊，心不相應無始無明住地。」文見《大正藏》冊十三，頁220。

⑫　同❶，頁611～612。

⑬　同⑩ 卷八，頁677。

⑭　荊溪湛然《維摩經疏記》卷下，《續藏經》冊廿八，頁829。

⑮　同❶，頁696。

⑯　同上，頁708。

⑰　牟先生《中國哲學十九講》第十六講，頁355～356。

⑱　同❶，頁1210～1211。

⑲　牟先生在《現象與物自身》中曾云「但是這所謂『法門不改』的客觀自在的實相法，此中所謂客觀自在並不是空頭兀然的客觀自在，乃是隸屬於智的：由智具而智現。因具而現，則現是本有者任運而現，不是作意而現；而且是一現全現（三千法門一現全現），不是可以現，可以不現，因不斷九界而為佛故；亦不是歷別地現，因無時相故。此亦如康德說物自身是隸屬於上帝。上帝創造物自身，並不創造現象。上帝之創造物自身是依神意神智而創造。神智底作用

是直覺，因此，也就是依智的直覺而創造。而「隸屬」這一點上，康德的說法與佛家的天臺宗，華嚴宗，（甚至空有兩宗），甚至與儒家及道家，俱無以異。」可見牟先生以為一念三千乃是一種智具智現，也就是說牟先生事實上以為一念心也是無限智心。上引文見該書頁409。

⑳ 同❶，頁696。

第四節　圓教基本模型之抉擇及其對儒家圓教詮釋之影響

截至目前為止，本文主要問題的輪廓已然大致浮現，在本節中，筆者的任務乃是更具體地突顯出問題的內容。如上節最後所述，我們首先面臨的是「圓教是不是隨著教路不同，而可以有不同的義理基型」的問題。關於這個問題，筆者以為我們有必要先回到康德最高善的論題之上。前文我們曾說，康德只能以　消極方式——即通過上帝存在、靈魂不滅這兩個「設準」——來論證實現最高善之可能性，康德云：

> 圓善是只有依據一「最高存有」之假設才在這世界中是可能的，此最高存有有一種「與道德品質相應和」的因果性。現在，一個存有，即那「能夠依對於法則之想法而活動」的存有，他即是一個睿智體，而這樣一個「符順於對于法則之想法」的存有之因果性就是他的意志；因此，自然底最高原因（此必須預設為圓善之條件）就是一個「經

由睿智與意志而爲自然之原因，因而也就是說，爲自然之創造者」的存有，此即是上帝。依此，隨之可說：「最高的派生出的善（最好的世界）」底可能性之設準同時亦就是「一最高的根源的善」底實在性之設準，即是說，是「上帝底存在」之設準。現在，我們已知「去促進圓善」這對于我們是一義務；因此，隨之可說「我們必須預設這圓善之可能」，這不只是可允許的，而且是一種「當作一必需者而與義務相連繫」的「必然」；而因爲「預設圓善之可能」這一預設是只依「上帝底存在」這條件才是可能的，所以「上帝存在」這個條件便把「圓善之假設」不可分離地連繫于義務，那就是說，「去認定上帝之存在」這乃是道德地必然的。❶

照康德這一論證，最高善之可能性乃是建立在兩個條件之相諧一之上，這兩個條件之諧一即是指 睿智之意志它同時即為自然之原因。康德以為唯有上帝這一概念足以擔當此一條件，而既然追求最高善乃是依自由而說的道德行為之必然要求，因此要實現最高善，德福之一致，便必然要以上帝存在為設準。須注意的是，這是從可能性往上推想，而不是從現實性往上推想，也就是說即使是上帝存在，也只是保障了實現最高善之可能性，而並不意味現實上即無命限的問題。這且不言。我們必須注意的關鍵乃是「睿智之意志，同時亦即為自然之原因」這概念，是不是只有上帝可當於這概念？如前所述，在牟先生看來，這概念實只表示了一個「無限智心」，它未必定要人格化為上帝；康德之所以定

要說上帝，只源於其宗教傳統，以及他不承認人即可有無限智心。牟先生於此遂依實踐之體悟這一進路，直接肯定了人可有無限智心，事實上，牟先生也即依此架構了他對圓教基型的表述。

從上述這一簡單的回顧中，我們可以看到圓教最基本的問題其實是一貫的，它只是要找出睿智之意志與自然之原因相諧一之道，以及它如何能促進最高善之實現。這問題如果套用佛學式的說法，實只是存有論意義上的心法之如何可以不二的問題。而睿智之意志背後所預設的「自由」，其實質內容固可能有不同的理解，但睿智之意志與自然原因之相諧一卻可以比較孤立而不涉及自由之內容地看。由於所謂的義理基型之意義代表的正是這孤立地看之「諧一原則」，也就是說圓教的義理基型正是形式意義下普遍說的心法不二；既是不二，當然就不應因教路之不同，而出現不同的基型，否則豈非違反不二之旨？然而實際上對圓教之表述，一如前述，已出現了康德、牟先生和天台等不同表述，於是我們乃須進至第二個問題，即那一個表述之基型最能表達此不二之旨，最能促進最高善之實現。

針對如上的問題，其中康德的表述，如果要說它亦有不二之旨，則這不二顯然只能在上帝自身說，但這居於世界之外底上帝之不二，對於在世界中促進最高善之實現究竟有何助益？如果說這世間心法恆是破裂而無法諧一的，則徒有上帝之信仰即能助成其諧一嗎？這恐怕是很難理解的，此所以牟先生總要說其中有幻假故。換言之，這樣的表述實在很難作為圓教的義理基型。

其次，關於牟先生「超越的分解」和「辯證的綜合」之表述，在牟先生看來，是要勝過康德之表述的，因為一如前述，牟

先生由超越的分解所建立之無限智心，其內容意義與上帝並無不同，但它可通過實踐地體悟而在世間具體地證實。再者，通過辯證的綜合，它亦可實踐地完成心法之不二，從而於世間促進最高善之實現。然而，這樣的說法一方面當然不免仍會遭致康德說法的挑戰，因為無限智心的呈現，顯然必須憑藉一種特殊的直覺，牟先生即每以康德之智的直覺說之。這樣的直覺顯然並不如感性直覺之明顯，康德雖亦有「理性的事實」這樣的說法，卻也未必可擴展為一種直覺❷。我們當然可以了解牟先生說「實踐地體悟」之義，並責備不解此義者為「信此心未及」，但這樣的講法是不是理想而無懈可擊的呢？另一方面，由於天台思想之對比，牟先生依這方式而說心法不二，是否真是最徹底的說法呢？關於這兩方面的可能質疑，筆者打算利用天台說別教之「緣理斷九」來作一說明。

　　荊溪《法華文句記》有云：「真如在迷，能生九界，即指果佛為佛法界，故總云十。是故別人覆理無明為九界因，故下文白行化他皆須斷九，九盡方名緣了具足，足故正因方乃究顯。」❸這即是天台說別教緣真心者為「緣理斷九」之所本，所謂「背迷成悟，專緣理性，而破九界」是也。這段話簡單地說，乃謂迷染之真心為除佛界法之外九法界之因，唯斷除迷染，真心乃能全顯而證佛果。於是就九法界言，真心恆在隱覆的狀態之下，而真心全顯之果地與九法界也恆成一對顯之狀態，染不能淨，淨不能染，染淨之法純依真心之顯不顯而定。此一說法若依前文對華嚴圓教之綜述，當是很明白的。其中的真心當然是依超越的分解所建立的，這真心同時也即是十法界之因，而且如華嚴所謂的「不

變隨緣，隨緣不變」之義來看的話，真心和法界也可以六相圓融
之方式，成立種種不二之妙諦。然而天台卻以極敏銳的批判，指
出了此一說法其實並不足以證成不二之旨，其原因乃在於真心之
為十法界之因，這因義其實必須有曲折。當說迷染之真心為九界
因時，需知迷染之真心這概念本就是矛盾的，因此若無《起信
論》式的以外加方式引入之阿賴耶識，則無論如何是不能說它為
九界因的。是以真心為十法界因，這話必須區隔為兩組，即迷染
之真心只能為九界因，而不能為佛界因，悟淨的真心也只能為佛
界因，而不能為九界因。然則這不是表示了凡依超越分解所立之
體，它事實上並不能真成一切「自然之原因」嗎？於此，當然人
亦可說依華嚴法界緣起的說法，這緣起是涵容一切淨穢而言的，
如是豈非仍可證成真心之為一切自然之原因，並可由此而說色心
不二嗎？但一如前述，顯然的，法界緣起並無實質的緣起義，它
只是「稱法本教」如是地依佛境界說，這不正像是由上帝自身說
心法不二嗎？如依此而說真心可為一切自然之原因，這自然是不
恰當的。換言之，由天台緣理斷九的批判，至少也證明了牟先生
並不能依他所說的圓教基型，來徹底地論證心法不二。關於這
點，其實牟先生在精簡佛教別圓的問題時，是極為清楚的，但何
以一旦將之普遍化到圓教基型的問題上時，便會出現一些滑動
呢？不過無論如何，牟先生的圓教基型表述顯然是不徹底的，而
且這不徹底尚不包括智的直覺是否真能實踐地呈現之問題。

　　至於天台的表述又如何呢？如前所述，天台的表述主要是建
立在「無明無住」和「法性無住」這兩個概念上；由這兩個概念
結成的無住本，發展而為一念心，這個一念心當然不存在著什麼

超越的分解，但由它之為法性之本，因此我們很可以視之為睿智
的意志；而它也不需曲折地引入任何概念，即可直接由一念心而
說十法界三千世間法，則我們很可以說它即為一切自然之原因。
於是睿智的意志和自然的原因同時「即」於一念心之上，以此而
完成心法不二之義，此即知禮所云：

> 今既約「即」論斷，故無可滅；約「即」論悟，故無可
> 翻。煩惱生死乃九界法，既十界互具方名圓，佛豈壞九轉
> 九耶？如是方名達于非道，魔界即佛。故圓家斷證迷悟，
> 但約染淨論之，不約善惡淨穢說也。諸宗既不明性具十
> 界，則無圓斷圓悟之義，故但得即名，而無即義也。此乃
> 一家教觀大途，能知此已，或取或捨，自在用之。❹

　　這「即」的背後顯然是依本於一念心所成就之一套存有論，
由於　念心既能同時使睿智的意志和自然之原因兩者相諧一，另
一方面它又不必依賴於任何形式的超越的直覺，而只是煩惱心，
也就是它根本不發生能否證實的問題，因此，由天台的思路所可
能提供的義理基型，的確是最能徹底窮盡圓教要求的基型。
　　根據如上所述，則我們應已有充分的根據，來勾勒最徹底的
圓教基型。就天台所提供的思路，我們前已說明，它並不適合用
「超越的分解」和「辯證的綜合」這一模式來概括。牟先生說它
含著一種不同於觀法之詭譎的「心之詭譎」義，這話若就原典之
客觀疏解言，亦未始不可通，但問題是什麼叫做詭譎的心？對於
這個問題，在筆者看來，恐怕不單單是「分別說」與「非分別

説」之對舉，便能表達清楚的；牟先生似乎只著意在「無明法性同體依即」之依即義上，而説一念心存有論地詭譎地含具一切法，但他卻似乎忘了説明：何以能由「無明無住」和「法性無住」這一「無住」之義上結成「一念心」這個概念。然而筆者以為，後者恐怕才真是天台思路中最具關鍵性之所在。換言之，天台思路事實上還是包括了兩個層次，首先是「一念心」的建立，其次才是無明法性之依他而住；前者固然決非是什麼超越的分解，但似乎並不能免於某種分析性的説明，而後者的確也含蘊著辯證性，只是這兩個層次之間並不是什麼體用的關係而已，這主要是因為後者的辯證，並不是針對一念心這主體概念而來的緣故。現在，如果説圓教基型的確並不因教路之不同，而有不同之表述的話，則天台這兩層次的思路，便也應能夠普遍化而為圓教基型。換言之，在筆者看來，真正的圓教基型，似應包含著兩層次，一是依類似一念心的建立方式，建立一個足以依「無明無住」、「法性無住」之方式而開展出的存有論，其次復依「同體依」的方式，以真正建立圓教的存有論意義上的不二法門。

如果筆者上述對圓教基型的勾勒尚不離譜的話，則我們便會對本章開頭所引牟先生的説法——即儒家圓教應依「天理人欲同體異用」的方式來説這個説法——給予重新評價了。看來，牟先生這個似乎不經意，甚至是與其基本系統觀點有些不一致的説法，反而是指出了正確詮釋儒家圓教的方向。因為胡五峰這個説法，就其形式來看的話，的確是近於天台之表述的。這也就是説，牟先生對儒家圓教的詮釋看來的確遭遇了難題。當然，底下我們仍有必要依據上述説法，對此一難題及其解決方向作更清楚

的交待。

如第二章所述，牟先生固然以顯密兩種方式來詮釋儒家圓教，但事實上他也以為這兩種方式的哲學意義是等價的，它們俱依賴於一個超越的道德主體性。照如此的詮釋，我們前文亦已指出，其哲學架構完全同於華嚴圓教，換言之，它完全符順於「超越的分解」和「辯證的綜合」這一基型。然則，就圓教之判教立場而言，它勢必也會發生緣理斷九之難題。關於這個難題，筆者以為很可以用「存天理，去人欲」這個理學的最基本命題來做說明。

關於「存天理，去人欲」，這恐怕是理學六百年的傳統中，唯一一個具有絕對共識的命題了，而就道德之具體踐履言，這恐怕也是顛撲不破的基本法門。但問題是這個法門到底應該如何說呢？就原典言，對這命題的說法，理學各系統間其實並不一致。其中伊川、朱子一系的說法以和本文無涉，茲不具論；我們所應注意的首在陸王系統的說法。在陽明的良知教中，我們如仍以四有句為例，則連繫於人欲者，顯然是指意、物而言，而意物於此，乃是恆待對治之身分，因此若存有論地說，意物和良知心體自然不能是同源的，這猶如依真如在迷以說九界法，它恆須有曲折一般。即使如龍溪所云：

> 吾人一切世情嗜欲，皆從意生，心本至善，動於意始有不善。若能在先天心體上立根，則意所動自無不善，世情嗜欲自無所容，致知功夫自然易簡省力，若在後天動意上立根，未免有世情嗜欲之雜，致知功夫，轉覺繁難。❺

這個無不善的意，也只是依心體而分析地說出者，順此意而行，自有一種「稱法本教」的如如境界，但這個意並無法含融那待對治的意。而說順這意而行即能有易簡省力之工夫，其實它也原無工夫可言，龍溪云：

> 念有二義，今心爲念，是爲見在心，所謂正念也。二心爲念，是爲將迎心，所謂邪念也。正與邪，本體之明，未嘗不知，所謂良知也。念之所感謂之物，物非外也。心爲見在之心，則念爲見在之念，知爲見在之知，而物爲見在之物，致知格物者，克念之功也。見在則無將迎而一矣。❻

這見在之念當然無所謂工夫，它乃是特指由良知心體所直接流出者，如換華嚴的說法，也就是由聖人所作意起現者，它與嗜欲之邪念仍成對翻，由此往下推及於物，則原則上仍須預設兩層存有論的「背面翻轉」也。於是很顯然的，良知教也存在著「緣天理斷人欲」的問題，既然如此，我們當然也不能說良知教完成了睿智之意志與自然之原因底相諧一，也就是良知教的規模顯然不是徹底的圓教。

然而，牟先生於《圓善論》中卻説：

> 同一世間一切事，概括之亦可説同一心意知物之事，若念念執著，即是人欲：心不正，只是忿懥、恐懼、好樂、憂患之私心；意不誠，只是自欺欺人之私意；知只是識知，

非智知；物只是現象之物（有正不正並有物相之物），非
無物之物。若能通化，即是天理：心為無心之心，意為無
意之意，知為無知之知，物為無物之物。此如色心不二，
煩惱心遍即是生死色遍，此即是人欲；若能通化自在，以
其情應萬事而無情，以其心普萬物而無心，則即是天
理。……順理則「體用顯微只是一機，心意知物只是一
事」之四無妙義通體透出而無餘蘊矣。如此說方為真實圓
教。若以明道「只此便是天地之化」之語衡之，則同一世
間相，順理而跡本圓即是天地之化，而天覆地載之分別亦
化矣。不順理，則人欲橫流，跡本交喪，人間便成地獄。
順理不順理只在轉手間耳。但須知如此圓說必須預設那些
分別說者，進而通化之。❼

　　這段話平心而論，是很奇怪的。若從四無句說色心不二，這
色心不二也只是就著良知心體當身而說的，這就如華嚴也可以就
著佛法界這一隔絕的圓當身而說色心不二一般，它只是分析地說
的不二，這不二並不礙於就人欲上仍說其為二也。再者，四無句
所預設的知體明覺乃是超越於一切善惡的至善，它亦不可能是煩
惱心，然則如何能說「煩惱心遍即生死色遍」呢？這兒牟先生不
是嚴重地混漫了四無句必將導致緣理斷九的事實了嗎？由此，也
充分顯示了牟先生關於儒家圓教詮釋的難題。

　　於是我們不得不轉而注意到胡五峰「天理人欲同體而異用」
的說法，因為這說法看來是比較有可能突破「緣理斷九」之批
評，而在天理和人欲間作成更符合圓教要求之諧和的。關於五峰

此一說法，牟先生的詮釋是這樣的：

> 此段……根據是在首段：「道充乎身，塞乎天地；而拘于
> 墟者不見其大；存乎飲食男女之事，而溺于流者不知其
> 精」。同一「飲食男女之事」，「溺于流」者，謂之「人
> 欲」，不溺于流者，謂之「天理」。此即所謂「天理人欲
> 同體而異用，同行而異情」。「同體」者，「同一事體」
> 之謂，非同一本體也。「異用」是異其表現之用，非體用
> 之用。❽

他特別強調同體是同一事體，而非同一心體，其意顯然仍是
為了維繫顯密二教哲學的一貫性。但假若是如此的話，則五峰以
心著性之密教思路，不也一樣無法表現出徹底的圓教嗎？然而我
們真的只能以此一方式來詮釋五峰嗎？我們能不能依天台所提供
的圓教模型來詮釋此　說法呢？

無疑地，關於上述的提問，我們勢將面臨一些棘手的問題。
首先，對於將天台的思路展示為圓教基型的過程，事實上我們是
在假定它不至於發生哲學論證上之困難的狀況下進行的，但問題
是前述圓教兩層次的論證真作得成嗎？如果說這一論證作得成，
則其次的問題乃是五峰的思路，甚至是整個密教的思路，它們和
天台的思路是相容的嗎？或者說至少兩者的思路並不必然矛盾
嗎？顯然地，唯有在這兩個問題都同時滿足下，我們才真能依五
峰之思路而重新詮釋出真正的儒家圓教。換句話說，牟先生若真
想證成他那「憑空而說」的判斷，他便得先解決這兩個問題，否

則真正的儒家圓教對宋明理學而言，便仍將是個渺茫的理想。然則這兩個問題應如何解決呢？這便形成了下一章的主要論題。

附　註

❶　康德《實踐理性底批判》，《康德的道德哲學》頁373～374。

❷　康德在上引書中曾說「我們可以把這基本法則（即純粹實踐理性之基本法則）之意識叫做是一理性底事實」（頁168），但這一對法則之意識是否為某種「超越的直覺」呢？李明輝在〈孟子的道德思考方式：以康德的理性底事實為中心的詮釋〉一文中，嘗試以博蘭尼（M. Polanyi）的「隱默之知」來詮釋「理性底事實」這一概念，即使這一說法是恰當的，也並不表示隱默之知乃是某種超越性的知，至少博蘭尼本人即不如此說，因此牟先生這種詮釋總不免會啟人疑竇。

❸　荊溪湛然《法華文句記》卷一下，《大正藏》冊四十六，頁171。

❹　四明知禮《十不二門指要鈔》，《人正藏》冊四十八，頁707。

❺　王畿《王龍溪語錄》卷一〈三山麗澤錄〉，葉八。

❻　王畿《王龍溪全集》卷十七，〈念堂說〉，頁1240。

❼　牟先生《圓善論》，頁324。

❽　牟先生《心體與性體》冊二，頁454。

第四章　儒家圓教之重新表述

在上一章中，筆者檢討了牟先生儒家圓教詮釋的難題。依照這一檢討，我們可以發現牟先生之詮釋中所存在的矛盾，而且剋實來說，牟先生所說的儒家圓教，原本就不足以證實其為圓。如果說真要在理學詮釋中建立儒家圓教，則的確有必要參照天台的思路模型，來作一重新表述。然而誠如上章末所指出的，這一重新表述必須奠基於兩個問題之釐清上，此即天台思路在哲學上應如何證成？以及理學中密教的思路和天台思路是相容的嗎？因此本章的內容主要包括三個部分，其一，筆者擬先述明理學密教思路和天台思路的相容性問題；其二，筆者必須跳開康德的思路，來重構證成天台思路的模式；其三，則是依據前兩部分所提供的基礎，以針對理學密教思路作一重新詮釋，從而得以提供將此一思路表述為真正圓教模型的可能性。

第一節　理學密教型範與天台圓教之相容性問題

在本節中，我們所要處理的課題，乃是理學密教思路與天台思路是否相容的問題。其實這個問題相當單純。在前兩章中，筆者已分別綜述了牟先生對理學顯密兩教的詮釋和華嚴天台圓教的思路；在筆者看來，牟先生對理學中顯教的詮釋，和原典相應的程度是很高的，而我們也已證明了顯教思路和華嚴圓教的一致性，又因為華嚴和天台思路顯然的不相容性，因此理學顯教思路

和天台思路也顯然是不相容的。但是理學密教思路如何呢？如果照牟先生的詮釋，看來這問題的答案恐怕並不樂觀，因為在牟先生的詮釋裡，理學顯密二教的哲學意義是一致的，其不同只是進路型態之不同而已，如此一來，則密教思路和天台思路豈不是必然的不相容嗎？然而問題是牟先生對密教的詮釋，它和原典的相應程度如何呢？筆者以為，此一相應程度絕對不如顯教的高，而和本節題旨密切相關，特別值得檢討其詮釋之相應度的，便是密教思路中關於「心」的說法。

何以說我們必須留意密教思路中「心」的說法呢？其原因也不難理解。因為我們已了解到，天台思路最根本的關鍵所在，乃是其系統相當程度必須依憑於由法性為主所說的一套存有論，和一個特別的有限主體——即一念心——之上，其中法性義和密教思路中之性體義比較容易連上關係，因此較無問題。比較有問題的則是密教思路中所說的心，它和天台一念心的關係。如果說密教思路和天台至少不是不相容的話，則密教所說之「心」，便絕對不能只是如牟先生依孟子所說的「本心」義，而必須是從有限性立場上說的心，或至少是容許朝此一方向詮釋的心。在筆者看來，雖說牟先生依本心之義來說密教之心，並不能說全然無故，筆者也並不是全然反對此種詮釋方式，但在密教的說法中，也絕對沒有強烈到非將其所說之心理解成超越的本心不可的地步，這不像陽明說「無善無惡心之體」時，這個心體義的特殊限定性；這也就是為什麼筆者要重新檢討密教思路和天台思路之相容性的原故。當然其實情如何，我們只能回到原典中來看了。

我們前面說理學的密教型範，其代表人物主要包括濂溪、橫

渠、明道、五峰和蕺山，其中濂溪、橫渠大抵偏重在宇宙論的趣味上，所以對於心的意義闡述得比較不夠，而明道以下，則大抵心性兩面的說法是相當的，蕺山更大多是在說心。對於諸人之論心，我們在第二章中已然述及，牟先生的詮釋的確是一律以本心義說之，但這樣強的限定性說法是否一定必要？以下筆者打算分別將各人論心的篇章作一重點的類聚，逐一作一檢討。筆者的重點倒不一定是企圖證明牟先生的詮釋是不恰當的，而多半只是想證明他並無絕對的理由非如此說不可，如果我們還能證明依有限主體來說心更為恰當，那當然就更理想了❶。

就濂溪言，他從未將心當成一個主要概念，但在《通書》中有一章提及「思」之概念云：

> 洪範曰：思曰睿，睿作聖。無思，本也；思通，用也。幾動於此，誠動於彼。無思而無不通爲聖人。不思則不能通微，不睿則不能無不通；是則無不通生于通微，通微生於思。故思者聖功之本，而吉凶之幾也。易曰：君子見幾而作，不俟終日。又曰：知幾其神乎！❷

此章前已略為引及。這是濂溪論工夫的重要篇章，而思當然是心上用功，故牟先生即以此章為濂溪之論心。順此章文義看，思主要是對幾而言，幾在濂溪乃是善惡之發動處，所謂「幾善惡」是也。能順此幾而以誠通化之，即為聖人，故濂溪亦云「誠神幾曰聖人」❸。以此而言，所謂思，並不是普通意義之思，而的確是如牟先生所說的含著道德意義之「思誠」。思之通微即是

知幾，知幾之道即在誠上，故曰思者聖功之本。然既只由通微處
說思，則誠所上下通者，實是存有論的意義大過於道德意義，因
此我們雖可同意，此義之下的思並不等於某種「靜觀之知」——
如康節觀物之「觀」——，而是一種實踐之知，但此處所謂的
「思誠」，和孟子所謂的思誠應是不同的。孟子之思誠，背後實
預設著本心之義，但濂溪是否定要有此一預設呢？依牟先生的看
法，他亦深知濂溪語脈與孟子的差別，但他以為此一預設是必要
的。他說：

> 此由思所表現之聖功猶是就心之通用（一般的作用）言，
> 須把心提到「無思而無不通」之圓用方能至聖之睿。此圓
> 用是以誠體之寂感之神為標準者。若問此圓用是否能由心
> 之自己而挺立，即是否能本質地挺立起，則光只注重此心
> 之通用而當然地如此說，似尚不能解答此問者。此即表示
> 說，若心只是此思用，則不必然地能至此圓用之境者。即
> 或經過一種虛靜之工夫，而可至此圓用之境，亦不必真能
> 彰著此誠體而與誠體合一，因而其自身即是此誠體寂感之
> 創生之神用。顯然道家經過虛靜之工夫即可至此圓用之境
> 者，然而道家之心顯然不即是此誠體寂感之神用，當然，
> 濂溪是儒者之心態，故其言此圓用是與誠體相湊泊者。
> 「幾動于此，誠動于彼」，在誠動處，即是誠思之合一。
> 然此只是當然如此說。而若心只是思用，則不必真能至
> 此。此猶是兩者之偶然地湊泊，而不是必然地即為一事
> 者。吾之提出此義，旨在表示就體現誠體之工夫而注意及

心而言，此時之心即不能只注意其思用，必須進一步更內在地注意其道德的實體性之體義，此即是「其圓用能本質地挺立起」之關鍵，亦即所謂本心，其所以爲體之內容即所謂惻隱、羞惡、辭讓、是非等等者。由此開工夫更是真切于挺拔之道德踐履者，更是切近於先秦儒家所表示的道德的創造之陽剛之美者。而不是只從思用以言也。而濂溪所妙契之思用之「無思而無不通」之睿境亦正在此而充實起而挺立起，因而亦有其必然性。❹

照這說法，牟先生以為唯有為其補上內在的道德實體義，以挺立此道德主體的創造義，始真能證實濂溪所默契之道妙。然而，姑不論牟先生此說是否恰當，它至少證實了以思即等同於孟子「心之官則思」所意涵之本心義的說法，乃是牟先生基於詮釋的需要所外加的，而濂溪的語脈固不至於只將思理解為經驗界之思，但亦未必定須理解為道德主體性的「超越之睿思」也。

至於橫渠，他是比較明確地將心突出，成為一個主要概念的，在某些語脈，如「氣壹則動志，志壹則動氣」、「大其心」之類❺，似乎也都是接著孟子而說，但細究之，則其差別也甚為顯然。原則上，在心與性的對舉中，橫渠以為心只是盡性之憑藉，如其所謂「心能盡性，人能弘道也，性不知檢其心，非道弘人也」，這雖不能說心是落於第二義的，但在橫渠的系統中，心是居於低位之概念則無可疑。如《正蒙·中正》重解孟子語云「可欲之謂善，志仁則無惡。誠善於心之謂信；充內形外之為美；塞乎天地之謂大；大能成性之謂聖；天地同流，陰陽不測之

謂神。」❻這意思和孟子的差別是很顯然的。在孟子，他説善信美大聖神的脈絡甚明確，俱是從本心之申展上説❼，但橫渠俱以天道性命為首出之概念；由此可見兩者系統之異。此義牟先生亦所深知，但如前述，他以為這並無礙於將橫渠之心理解為超越的本心，於是當橫渠説「合性與知覺有心之名」時，牟先生乃以為知覺者即由性體而説之「寂感之神」底靈知明覺，是以性與知覺乃成體用之義，故無異體相「合」的問題。但我們同樣可問，牟先生是否有必然的理由非如此説不可？

照橫渠的語脈來看，他對心的理解，大抵是收攝在「知」這個概念之下。筆者以為他何以要用知，而不用心，這是值得注意的。如《正蒙・大心》云：

> 大其心，則能體天下之物；物有未體，則心為有外。世人之心，止於聞見之狹；聖人盡性，不以見聞梏其心，其視天下，無一物非我。孟子謂盡心則知性知天，以此。天大無外，故有外之心，不足以合天心。見聞之知，乃物交而知，非德性所知。德性所知，不萌於見聞。❽

橫渠於此區隔了兩種知，而心的正面意義當然是指德性所知而言，也就是説，唯德性所知足以盡性、足以體天下之物。然則何謂德性所知呢？從其足以盡性言，如〈誠明〉篇所謂「誠明所知，乃天德良知，非聞見小知而已。天人異用，不足以言誠，天人異知，不足以盡明，所謂誠明者，性與天道，不見乎小大之別也。」❾則橫渠以為德性所知顯然乃同於中庸之明，這意思原則

上乃是著眼於其存有論之意義，所知者乃是知性，知性即盡此存有意義之性。而所謂盡，橫渠也常以「存」字說之，如云「神不可致思，存焉可也；化不可助長，順焉可也。存虛明，久至德，順變化，達時中，仁之至，義之盡也。知微知彰，不舍而繼其善，然後可以成人性矣。」》❿ 是則盡性之關鍵實乃在「存虛明」之上。照橫渠對虛的用法，這無疑是一種形而上之思致。換言之，此一義的德性所知和濂溪之通微的睿思，實有相同的指涉。而由足以體天下之物言，如云「敦厚而不化，有體而無用也；化而自失焉，徇物而喪己也。大德敦化，然後仁智一而聖人之事備。性性為能存神，物物為能過化。」 ⓫ 這顯然是順形上義的存神而說下來的通化，由此通化於一切物收攝而為聖人之既仁且智，也就是「天體物不遺，猶仁體事無不在」 ⓬ 之義。依這意思，我們當然也可以承認，德性所知乃是奠基於道德性的實踐義之上，而不是感觸知覺義上之知，也不是純思維義上之知。但無論如何，這個心知總歸仍是以存有論意義之知為根本，然則這問題不就又回到了濂溪同樣的問題之上了嗎？那麼在事實上橫渠也從未突出「道德的實體性」以說心的狀況下，牟先生果真有「必然的理由」來為橫渠補上一個外加性的說明嗎？在筆者看來，這的確不是牟先生的詮釋錯不錯，或是可不可能的問題，而是其必然性在那裡的問題。牟先生云：

> 仁心之無外亦不只是形式地說，而實由「體天下之物」之「體」字而見。此「體」字是表示「仁必無外」是具體的，存在的，這要在實踐中純粹的超越的道德本心真實呈

現，對于天下之物真感到痛癢，始有此天心之無外。❸

　　在這段話中，牟先生似乎不曾警覺到「超越的道德本心」的
說法乃是外加的，而事實上橫渠的語脈並不一定含著此義，然則
我們可問是否真只有在超越的道德本心之呈現處，才能對天下之
物感到痛癢呢？依筆者在前一章的討論，恐怕牟先生並不能證成
此一說法的必然性和優越性吧！那麼橫渠的說法當然也就保有了
其它詮釋的可能性。

　　同樣的情況也出現在明道身上，而且由於明道特殊的純實踐
式之語言風格，加上他在一些關鍵概念，尤其是論心時，頗喜引
用孟子，遂使得牟先生依孟子以詮釋明道論心的方式，似乎有了
更高的可信度，但實情如何呢？純就文獻上看，明道恐怕是第一
個說出「心是理」❹ 的人，但是此一命題和陸王說「心即理」
之內容是否一樣呢？如果仍以文獻為準，明道似乎從未由心之自
給行為之格準來說心即理，他說的理，恆是以天理為準，心只是
要盡此天理而已，所謂「心具天德，心有不盡處，便是天德處未
能盡，何緣知性知天」❺ 是也。而天理云者，明道云「生生之
謂易，是天之所以為道也。天只是以生為道，繼此生理者，即是
善也。善便有一箇元底意思，元者善之長，萬物皆有春意，便是
繼之者善也。」❻ 這很明顯地仍是著眼於其形上的意義。換言
之，至少在字面上，明道說心是理時，它並不像陸王說心即理，
必須先曲折到道德法則，再回轉到存有問題一般，而只是說心足
以具足並朗現此天理而已，於是心也是著眼在存有論意義下之
「心知」之義。這也就是說，在語脈上，明道論心實近於濂溪、

橫渠，而遠於陸王，他也即在此一語脈中論工夫，如云「天地設位而易行乎其中，只是敬也；敬則無間斷，體物而不可遺者，誠敬而已矣。」⓱ 然則誠敬之工夫，其第一義恐怕正須落在這個形而上的存有論式之脈絡中索解，明道之理解仁，所謂「仁者，以天地萬物為一體」⓲ 的說法，也是一致的，這和橫渠說仁之體事無不在的脈絡完全相同。明道依此而有「識仁」⓳ 這一有名的工夫指訣，呂與叔記此說云「學者須先識仁，仁者渾然與物同體。義禮智信皆仁也。識得此理，以誠敬存之而已。」順此意思來看，仁當然主要指仁心而言，而所謂「仁者渾然與物同體」，其實正是明道對心是理之表述方式所必含的理境，換言之，所謂的識仁，原則上應同於濂溪之「思」，橫渠之「德性之知」，以此知之存有論的通化，而說它與天地萬物為一體，這並不因為他提及孟子的良知良能之說，便一定得曲折到依陸王心即理之表述方式來說不可。然而牟先生顯然是依後者的方式來詮釋識仁，如其由「感通無隔，覺潤無方」而存有論地勾勒渾然與物同體之義的同時，還是要返回來強調「仁心之覺潤」必須奠基於「道德創造之真幾」這個超越的道德主體之「創生」作用上 。⓴ 這意思對陽明〈大學問〉云「大人者以天地萬物為一體者也」㉑ 這一理境，也許是很恰當的，但扣到明道身上，是否具有必然性呢？然則整個問題不就又回到原點上了嗎？既然文獻上並沒有證據表示明道之說心，必須循超越的道德實體來理解，則牟先生便也不一定有必然的理由作出外加性的詮釋。於是我們同樣應為明道保留一些其它詮釋的可能性。

　　當然，在上述的討論中，我們都只是消極地指出了濂溪、橫

渠和明道之論心，並無必然的理由必須詮釋為超越的道德主體性。若論語脈，則五峰之論心和明道等並無不同，它對顯於性，仍然是個下位的概念，如云「氣之流行，性為之主，性之流行，心為之主」❷、「誠成天下之性，性立天下有，情效天下之動，心妙性情之德」❸、「性定則心宰，心宰則物隨」❷ 等，皆可顯見，而當其說「仁者，人所以肖天地之機要也」❷、「事物屬於性，君子不謂之性也，有心焉而後能治；裁制屬諸心，君子不謂之心也，必有性焉然後能存」❷、「心也者，知天地宰萬物以成性者也」❷，這無疑更是直承橫渠「心能盡性」之說而來。以此而言，牟先生把五峰這一心性來回關照的說法，詮釋成是「以心著性」，自然是恰當的。然而牟先生經常話鋒一轉，說五峰之言心，仍同於孟子之本心義；可是五峰對這點的態度究竟如何？他是不是還像濂溪等人之並無明確立場呢？筆者以為這是很值得注意的。

關於這個問題，五峰有兩段話必須特別著意。首先是〈知言疑義〉中引到五峰和彪居正的一段對話：

> 彪居正問：心無窮者也。孟子何以言盡其心？曰：惟仁者能盡其心。居正問爲仁。曰：欲爲仁，必先識仁之體。曰：其體如何？曰：仁之道宏大而親切。知者可以一言盡，不知者雖設千萬言，亦不知也。能者可以一事舉，不能者雖千萬事，亦不能也。曰：萬物與我爲一，可以爲仁之體乎？曰：子以六尺之軀，若何而能與萬物爲一？曰：身不能與萬物爲一，心則能矣。曰：人心有百病一死，天

下之物有一變萬生，子若何而能與之爲一？居正悚然而去。他日，某問曰：人之所以不仁者，以放其良心也。以放心求心可乎？曰：齊王見牛而不忍殺，此良心之苗裔因利欲之間而見者也。一有見焉，操而存之，存而養之，養而充之，以至于大，大而不已，與天同矣。此心在人其發見之端不同，要在識之而已。㉔

　　按這段話顯然分為兩個部分，前者正是明道識仁的延續，後者則是說盡心的工夫，這工夫的發端乃在於「良心之苗裔因利欲之間而見」，五峰是主張「人皆有良心」㉕ 的，順這意思，再結合著孟子答梁惠王、齊宣王的一些指點性說法，則因利欲之間而見良心之苗裔，的確很可以直接連繫到孟子之由四端以發現本心的說法上，因此牟先生即肯定地以逆覺體證此一本心來說五峰之工夫，進而以為此一工夫即是識仁之體，於是遂認為五峰此意乃是更明確地規範了明道識仁的工夫進路。牟先生這樣的疏解，初看起來是極為近理的，筆者亦曾因此而盡釋群疑。但後來又細讀此段語脈，卻總感到有些不安，因為若照牟先生的疏釋，他是以後者——即盡心之義，來規範前者——即識仁之體，換句話說，他必須顛倒整段語脈，這是否恰當呢？若真是如此，則五峰是否應將「惟仁者能盡其心」改成「惟盡其心始能為仁者」呢？或者說盡其心只是工夫之極境，因此原句亦不須改，但若是如此的話，則居正問為仁之方時，五峰何不即從識此本心上立說，卻又要順著明道的說法，繞到「萬物與我為一」上去說呢？這似乎皆有不可通處。於是筆者乃想到，其實這段話的語脈並未違背五

峰整個以心著性的想法，所以識仁之體乃是就性上說，仁者能盡
其心，則是從心之著性這面說，如此一來，因利欲之間所見之良
心的苗裔，恐怕就未必是要指本心之發見了。何以言之呢？於
此，我們必須注意到五峰的另一段話：

> 夫婦之道，人醜之者，以淫欲爲事也。聖人安之者，以保
> 合爲義也。接而知有禮焉，交而知有道焉，惟敬者爲能守
> 而勿失也。語曰樂而不淫，則得性命之正矣。謂之淫欲
> 者，非陋庸人而何？⑩

這段話論夫婦之欲，五峰對此欲無疑是持肯定態度的，但它
顯然不是從行此欲時之「存心」如何著眼，也就是說，這並不是
是否依本於心以敦此夫婦之道的問題。照五峰的語脈來看，「以
保合爲義」者，明明是「性」的問題，是所謂的「識仁之體」，
而敬而勿失者，正是識得此體，以誠敬存之之義也。當然原則上
說，我們是可以依孟子的說法來理解夫婦之欲，如五峰論聖人不
去情絕欲一段，牟先生論之云：

> 心體性體自身不可以是非善惡言，並不表示心體性體無是
> 非好惡之用。稱體而發者，則一切表現皆順其本心性體之
> 是非好惡之用而合乎天理，因此而爲是、爲正、爲善。否
> 則溺于流而爲人欲，則爲非、爲邪、爲惡。情、才、欲、
> 術、憂、怨等之表現亦然。稱體而發者，則爲情之正，才
> 之正等等。溺于流者，則爲惡情、僻才、私欲、詭術、感

戚之憂、怨誹之亂，一切皆不正。然而聖人在原則上並不
廢情、才、欲等等。惟有肯認情、才、欲等等而轉化暢通
之，則生命始茂。生命茂，則性體富矣。⑪

這主要是從心體之正而情欲即從之而正上說，但如此說，乃
是將情欲所關聯及的現實之事之如理與否，分別隸屬於不同的主
體，然後乃能順存心以定欲之正邪。可是這樣的說法，不禁令筆
者想到知禮在《十不二門指要鈔》中論「性修不二」的觀點。知
禮解荊溪論性德與修德之問題云：

> 性雖具足，全體在迷。必藉妙智解了，發起圓修。故云：
> 「性雖本爾，藉智起修。」由此智行方能照徹性德，而此
> 智行復由性德全體而發。若非性發，不能照性。若非徹
> 照，性無由顯。故云：「由修照性，由性發修。」此二句
> 正辨相成之相。
> 相成之義雖顯，恐謂修從顯發方有，性德稍異修成，故今
> 全指修成本來已具。如止觀廣辨三千之相，雖是逆順二
> 修，全為顯於性具，則「全修成性」也。又，一一行業，
> 因果自他，雖假修成，全是性德三千顯現，故云：「全性
> 成修」也。又，雖「全性起修」，而未嘗少虧性德，以常
> 不改故，故云「性無所移」。雖「全修成性」，而未始暫
> 闕修德，以常變造故，故云「修常宛爾」。然若知修性各
> 論三千，則諸義皆顯。⑫

　　依知禮的說法，性者乃指「理具三千」而言，修者則指「變造三千」而言，但理具三千和變造三千並非是兩套法，而是一般而言的理具三千原即全體在迷，這在迷之三千須依妙智修顯，但所謂的妙智，知禮很明確地即指乃是修成本有，由性依「無明無住」和「法性無住」而發之一念心，如此乃能全性起修，全修在性，性無所移，修常宛爾，這主要是因為迷中的一切法和悟後的一切法全無所隔，但看一念之用於何處而已。因此，若妙智乃偏指清淨真心，則真心之修顯恆須斷迷成悟，於是迷中之性全待斷除，所證顯之實相亦不在迷中，這自然沒有所謂性修不二，全性起修，全修在性之可言。而此處特別值得注意的，則是知禮的說法，其重點乃落在性德之發上，發者是因無明與法性之各自無住，而不是任何主體之能力問題，修德藉妙智以顯者，只是在照見此性德而已。今我們且依知禮這想法來考慮一下五峰的說法，則很容易可以類比到，若牟先生一定要從心體之正而情欲即從之以正的立場上說，也就是類似偏指清淨真心而說，那麼情欲在整個工夫意義上，不就永不存在任何正面的意義了嗎？如此豈真是五峰肯定夫婦之欲的原意？依五峰的語脈，既然他是從性的立場來說淫欲之事隨時可翻轉而為保合之義，這豈不正是說在性德之發上，淫欲之事和保合之義是各自無住的？即因其無住，則心自可來回倒於兩者之間，故誠敬與否，原不必涉及主體能力問題，而只是心之是否住於保合之義的問題，如此何必定須先肯定心之超越義呢？當然，在這一類比中，我們也很容易可以看到，五峰之由夫婦之欲而直接連繫到保合之義，和知禮之說全性起修的確是相當一致的，依保合之義這一性德之發，而以誠敬照見之，則

情欲之於工夫，原不必視若純負面之物也。關於五峰之學和天台之詳細比觀，後文當有詳述，茲不贅。然對本節之題旨言，我們當已可顯見，事實上五峰之論良心的苗裔，並不適合以本心義說之；它應如何說自是另一回事，但若說濂溪以迄五峰之學真有其一貫性的話，則我們便已以更積極的方式，說明了他們的論心，的確必須在超越的道德主體性之外，另覓詮釋的途徑。

最後則是蕺山。在第二章中，我們已看到蕺山的基本思路，也就是心性對揚，以心著性的想法，和五峰是極為類似的，然而他論心的立場如何呢？我們都曉得，就學脈上看，蕺山無論是在概念語彙和問題意識上，都和陽明割不斷關係，也因為這個包袱，使蕺山之論心和陽明的良知教之間，難免總有依違而難以釐清處，但撇開這點，其論心之實義究竟如何？依筆者看，我們最要弄清楚的，便是作為他「誠意之教」之核心的「意根最微」這個概念。

關於這個概念，牟先生有一長段的繁複的討論，必須略作重述 ❸ 。牟先生的討論主要是環繞著蕺山所謂「知藏于意，非意之所起」和「物即是知，非知之所照」等語間之錯雜而來。依牟先生確定的看法，他以為蕺山的實義乃是意知為一，知即陽明所謂作為超越實體的良知，意也是作為好善惡惡之根據的超越的實體，而好善惡惡實即知善知惡也。於是意和知可以來回迴環地說是互為體用，而格物致知即成格致此意知為一，以此而將良知教併同四無之說，俱收攝而歸顯於密。但由於蕺山經常混同「知本、知止」之知和良知之知，遂有「物即是知，非知之所照」等錯雜之語。這錯雜依牟先生之疏解是這樣的：蕺山既將致知之知

理解為知本之知,復將格物之物理解為物有本末之物,本者指意
本之物,末者則指天下、國家、身、心,於是格物致知即成格致
此意本之物,而通達於天下、國家、身、心之末物,這遂成依攝
所歸能之「知」而存有論地說之「全物是知,全知是物」。如是
言之,則物即是知,非知之所照之說亦可通,雖然它顯然是另一
系的說法。但如此說,則蕺山「就知中指出最初之機,則僅有體
物不遺之物而已,所謂獨也」之語又難解,因為依「知」存有論
地說之之物,乃總指由意通至天下之物而言,並非單指意根之
獨。今既說知之最初之機唯指意根最微而言,則物即是知者,即
成知與意之合一,如是,格致即只成格此意本之物,而知亦由知
止、知本轉而成實體之知,於是這遂又曲折而還於與良知教為一
個圓圈之兩迴環底誠意慎獨之教也。照這樣看來,其間當然是有
錯雜繳繞,而牟先生以為後者恐怕才是蕺山之本意所在也。

　　牟先生這一疏解甚繁雜,然今重述如上,其意亦甚明白。就
此疏解而言,牟先生顯然以為蕺山所說之意根最微,仍然是一個
超越的道德主體,但這樣的想法有沒有問題呢?至少就前述牟先
生所謂的錯雜言,如果說它表示蕺山於陽明有誤解,則確是事
實,但在筆者看來,蕺山之「誤解」卻誤得似乎還頗一貫,而不
必是錯雜,它至多是文句上之不善巧而已。今牟先生之所以以為
它有錯雜,乃是因為他認為前引之「就知中指出最初之機,則僅
有體物不遺之物而已,所謂獨也。物即是知,非知之所照」這段
文字中有明顯之矛盾故,而所以致此矛盾之故,乃由於蕺山在同
一段話中,知的意思出現了歧義。若知是指實體性的良知,則
「僅有體物不遺之物而已,所謂獨也」將不可解,因為「體物不

遺中之體字蓋即由格致之知而説，知之即體之，而所體之物而不可遺者即是此意本之物之為獨體也」❸ ，而若知是良知，則自然不能説良知只能反而體此意本之物之獨體；若知是指知本、知止之知，則「物即是知，非知之所照」又成不可解，因為若如此的話，意本之物正成知之所照也。但若仔細考量一下此一疏解中對「體物不遺之物」的説法，會不會有問題呢？牟先生以為這兩個物字是同義的，皆指意本之物，可是如果我們考量一下橫渠所説的「仁體事無不在」之義，則我們可不可以這樣説：「就知中指出最初之機」之知，仍是知本之知，其所知之本仍是意本之物，但「體物不遺之物」這兩個物字並不一定要同義，而是説意本之物原即是體物不遺的，這體物不遺仍維持中庸之原意。進而我們復依橫渠「仁體事無不在」、明道「仁者渾然與物同體」之義，來理解意本之物之體物不遺，則此體物之體，原本即是一種「知」，也就是濂溪所説之思❸ ，橫渠所説之德性所知，誠明所知，於是由此而説「物即是知」、「知藏於意」（此知藏於意亦不依牟先生所解）似皆無不可，它也可直接連繫於依「知」而存有論地説之之「全物是知，全知是物」。再進一步説，這樣的意本之物即是知，並不能全轉成實體性之知與意，因為若非然者，則一方面天下、國、家、身等末物之物字乃成贅詞，另一方面則即使尚可説物，此物亦將只是知之所照也；但若意本之物與知不成如此之限定相，則就不至於發生這些問題。如此一來，則牟先生所説的矛盾和錯雜不就可以解消了嗎？而且我們也可以進而將蕺山的思路和濂溪、橫渠、明道、五峰構成更緊密的連繫，這恐怕才是更重要的義理所在。

　　當然，筆者亦以為蕺山之表達亦確有不善巧處，因為照筆者之疏解，「就知中指出最初之機」之知和「物即是知」乃至「知藏於意」之知，其義雖非不可通，但字義上總有一些差別，之所以如此，其原因即在太過緊扣大學原文之故。不過牟先生總以為蕺山有錯雜，看來可能也在於他太過緊扣良知教的原故，他總是已預先想定了意根最微這一獨體，一定得是一個超越的實體，遂使他看不到蕺山的其它詮釋可能。其實仔細看看蕺山的學脈，以及他的其它説法，便會發現從陽明以後，許多王門弟子之所以會對良知教起種種諍議，原因往往就在他們對良知的超越性把握得不親切的原故，這情形從聶雙江、羅念菴等人即已開始❸⑥，而蕺山原即傳承自此一學脈，因此他對陽明雖仍頗存敬意，但他大抵只在論性時可以把握住超越性，而一論心、論獨體時便不親切了，如他雖説「獨之外別無本體，慎獨之外別無工夫」❸⑦，又云「此心在人亦與之無始無終，不以生存，不以死亡」❸⑧，「所謂是善是不善，本心原自歷落分明。學者但就本心明處一決，決定如此不如彼，便時時有遷改工夫可做」❸⑨等語，看起來頗像以獨體即相當於孟子之本心，但事實上他也説「天命流行，物與無妄，人得之以為心，是謂本心，何過之有」❹⓪，是則蕺山所説之本心，只是依本於性而説之心，並不一定即是孟子之本心義也。而另一方面，蕺山有如下一些説法云：

　　　　大學言心，到極至處便是盡性之功，故其要歸之慎獨。中
　　　　庸言性，到極至處只是盡心之功，故其要亦歸之慎獨。獨
　　　　一也，形而上者謂之性，形而下者謂之心。

陽明先生言「無善無惡者心之體」，原與「性無善無不
善」之意不同。性以理言，理無不善，安得云無？心以氣
言，氣之動有善有不善，而當其藏體於寂之時，獨知湛然
而已，亦安得謂有善有惡乎？❹

這兩條俱以形而下之氣言心，對於這樣的說法，當然是值得
注意的。蕺山經常駁朱子，且大抵無誤，因此說心是形而下之
氣，自應和朱子說法不同，但其義是否只是如牟先生所說，僅指
「心囿於形」而言呢？蕺山云「當其藏體於寂之時，獨知湛然而
已」，此語即「知藏於意」之意，但知藏於意是否便是如牟先生
所云「此時心以理言」呢？這恐怕都有可能是推求太過吧！又如
蕺山云：

> 至中庸，則直以喜怒哀樂逗出中和之名，言天命之性即此
> 而在也。此非有異指也。惻隱之心、喜之變也；羞惡之
> 心、怒之變也；辭讓之心、樂之變也；是非之心、哀之變
> 也。是子思子又明以心之氣言性也。❹

這所謂「以心之氣言性」，雖是就性宗說，也就是可以只理
解為性必依氣而見，此即是「獨體不息之中而一元常運，喜怒哀
樂四氣周流」 ❹ 之義，但誠如黃梨洲〈子劉子行狀〉所云「道
理皆從形氣而立，離形無所謂道，離氣無所謂理。天者萬物之總
名，非與物為君也；道者萬器之總名，非與器為體也；性者萬形
之總名，非與形為偶也。知此，則道心即人心之本心，義理之性

即氣質之性。」❹ 這樣的說法，劉述先先生即云「終於使得超越之義完全減煞，乃整個脫略於宋明儒學思想的線索」❺，然則蕺山會就氣、形下之義說心，看來絕對不是偶然的詞不達意，而根本就是其義理架構之必然要求也。

　　以上筆者費了如許篇幅來討論蕺山之論心，無非是要證明他並不一定繞從超越的道德主體來界定心，蕺山云「好惡從主意而決，故就心宗指點；喜怒從氣機而流，故就性宗指點。畢竟有好惡而後有喜怒，不無標本之辨。故喜怒有情可狀，而好惡托體最微」❻，這「能決好惡」之「托體最微」的主意，真的非講成超越的良知本心不可嗎？當蕺山說「人心自真而之妄，非有妄也，但自明而之暗耳……故學在去蔽，不必除妄」❼，「即妄求真，無妄非真」❽ 這些極端類似天台之工夫說法的語句時，我們是否還真必要把「真」講成是超越之真心、本心呢？

　　綜合如上的討論，筆者原則上已提供了積極的證明，表示了密教思路之論心，並不應限定在超越的道德本心上，這至少幫助我們解除了依天台圓教模型詮釋儒家密教思路的障礙。我們如上的說明當然是重要的第一步，底下則必須先跳至另一論題，以哲學地證成天台圓教模型，如此我們乃能完成重新表述儒家圓教的準備工作。

附　註

❶　為了避免誤解，筆者有必要將本節的方法論作一更清楚的說明。首先，若從嚴格的文獻疏理而言，可能會質疑筆者底下的詮釋，是否有足夠理由將密教思路之心，理解為有限主體。就這點而言，筆者

承認此一質疑的合理性，但這一質疑和筆者的企圖其實是不相應的。對筆者的企圖而言，在本節中筆者只消證明密教思路的心尚有開放的詮釋空間就夠了。嚴格的文獻詮釋是不踰越材料說話，這一點當然是重要的，但它決不是唯一的詮釋方式。其實牟先生的詮釋從最嚴格的角度看，他亦踰越了材料，但創造性地踰越絕對是牟先生的優點，而不是缺點，這是必須分辨清楚的。其次，筆者之所以一再強調底下的詮釋並不是為的證明牟先生之詮釋是錯的，這主要是因為筆者仍然認為依「本心」之義來說密教思路之心，仍是一種很好的創造性詮釋。牟先生也知道他的一些說法，是踰越了原典的限度，但他總以為對宋明理學家而言，孔孟的思路乃是基本的共識，因此他們並不見得要說出來。在這狀況下，我們並不能因為原典中他們並沒有明白表述出孔孟的思路，便否認依孔孟的概念來詮釋他們的合法性。對牟先生這一辯解而言，雖不無問題，但原則說來，也是可以接受的。而如今筆者之所以仍要嘗試將密教思路之「心」的詮釋開放出來，純只是因為若依牟先生的詮釋，便可能無法將密教思路和真正的圓教聯繫起來，而這對儒家圓教的詮釋是不利的。因此，筆者不認為本節的說明是太過大膽的（對謹守文獻疏理之規矩者言），或者是太過消極的（對認為筆者並沒有太充足的理由將密教思路之心理解為有限主體者言）。

❷　《周濂溪先生全集》卷五《通書·思第九》，頁94。

❸　同上，《通書·聖第四》，頁87。

❹　牟先生《心體與性體》冊一，頁342～343。

❺　張載《張橫渠集》卷二，〈太和篇〉，頁14，橫渠云「聖人在上而下民咨，氣壹之動志也；鳳凰儀，志壹之動氣也」。「大其心」見

下。

❻　同上，卷三，頁45。

❼　《孟子·盡心下》云「可欲之謂善，有諸己之謂信，充實之謂美，充實而有光輝之謂大，大而化之之謂聖，聖而不可知之之謂神。」這幾句和橫渠之說比較來看，其差別是很明顯的。橫渠說「大能成性」，此成性義完全和孟子「大而化之」之義不相吻合。

❽　同❺卷三，頁42。

❾　同上，頁35。

❿　同上卷二，〈神化篇〉，頁29。

⓫　同上，〈神化篇〉，頁31。

⓬　同上，〈天道篇〉，頁23。

⓭　同❹，頁535。

⓮　《二程集》，《河南程氏遺書》卷十三，頁139。

⓯　同上卷五，頁78。案：此條《宋元學案》歸之於伊川，牟先生則屬之明道，但亦云「順其語意亦可講成伊川義，但將此條視為伊川語，則在伊川系統中不能有決定性之作用，如視為明道語，則易符合其心性天是一義以及一本義，但措辭又不甚諦。」今仍依此而歸之明道。牟先生語見《心體與性體》冊二，頁109。

⓰　同上卷二上，頁29。

⓱　同上卷十一，頁118。

⓲　同上卷二上，頁15。

⓳　同上，頁16～17。

⓴　參見牟先生《心體與性體》冊二，頁219～224。

㉑　《王陽明全集》卷廿六，頁470。

㉒　胡宏《知言》卷三，《叢書集成新編》冊廿二，頁32。

㉓　同上。

㉔　同上卷四，頁34。

㉕　同上，頁33。

㉖　同上。

㉗　同上，頁41所附〈知言疑義〉。

㉘　同上，頁43。

㉙　同上卷二，頁30。

㉚　同上卷一，頁28。

㉛　同㉑，頁472～473。

㉜　四明知禮，《十不二門指要鈔》，《大正藏》冊四十六，頁713。

㉝　關於牟先生的討論，詳見《從陸象山到劉蕺山》頁473～484。

㉞　同上，頁483。

㉟　《劉子全書》卷八，〈治念說〉，頁 506，蕺山云「化念歸思，化思歸虛，學之至也」，蕺山雖亦引及孟子「心之官則思」的說法，但事實上牟先生亦云「大類周濂溪由洪範『思曰睿，睿作聖』，說到無思而無不通為工夫之極則」，可見蕺山之思路確有可與濂溪相通處。不過牟先生總以為如此說法實嫌通泛，不如依陽明致良知以化念之說來得嚴整，可見牟先生總是想將蕺山拉回到超越之主體性的思路上去。牟先生文同上，頁516。

㊱　如聶雙江云「良知未發之中，備物敦化，不屬知覺，而世常以知覺求之。」（《雙江文集》卷四，〈送王惟中歸泉州序〉），羅念菴則云「蓋自良知言之，無分於發與未發也，自知之所以能良言之，則固有未發者以主之於中」（《念菴文集》卷十一，〈困辯錄

序〉）。可見他們已將陽明以至龍溪等所言良知之見在，理解為知

覺，這當然已走失了良知的超越義。關於此義的詳細討論，可參閱

林月惠《良知學的轉折 —— 聶雙江與羅念菴思想之研究》。

㉟ 同㉟卷八〈中庸首章說〉，頁478。

㊳ 同上卷十，〈學言上〉，頁585～586。

㊴ 同上卷一，〈人譜續篇二·證人要旨〉，頁171。

㊵ 同上，〈人譜續篇三·改過說一〉，頁183～184。

㊶ 前條見同上卷十，〈學言上〉，頁612。後條見卷十一，〈學言

中〉，頁645。

㊷ 同上卷七，〈原性〉，頁446。

㊸ 同上卷二，〈易衍〉第七章，頁216。

㊹ 同上卷三十九，頁3470。

㊺ 劉述先《黃宗羲心學的定位》，頁27。

㊻ 同㊺卷十二，〈學言下〉，頁721。

㊼ 同上卷一，〈人譜續篇三·改過說二〉，頁185～186。

㊽ 同上卷六，〈證學雜解二〉，頁416。

第二節　天台圓教模型之哲學證成

在本節中，筆者必須面臨一項艱難的挑戰。由於天台圓教的
思路，基本上只代表一個智慧的方向，但誠如筆者前已指出的，
諸如何以能由「無明無住」和「法性無住」之無住義上凝成「一
念心」之概念等問題，天台諸祖師乃至後來的詮釋者，幾乎從未

曾對之提出過論證。然則我們可想，一個缺乏論證基礎的哲學模型，能有多少理性上的效力呢？對於這點，牟先生無疑還是一位最盡責的詮釋者，以筆者知見所及，他恐怕還是唯一一位曾嘗試為天台作出哲學論證者。然而筆者亦已指出，牟先生仍嘗試以超越的分解和辯證的綜合之架構來論證天台，而這一架構原則上和天台卻是不相容的，換言之，筆者以為牟先生並無法證成此一模型，如此一來，筆者當然就有必要承擔起提出論證的責任了。但憑良心說，論證的工作乃是一種造系統，或說是「創造學統」的工作；提出一個智慧的方向，固然不容易，但造系統也是同樣艱難，即令如牟先生之大才，亦嘗自嘆無力自鑄系統，而只能依附於康德所提供的基本論證，至多作一些修正補苴的工作而已，然則以筆者之愚魯，又何敢輕言自造系統呢？但問題又迫使我們不得不正視此一論證工作，這當然就形成了筆者一項最嚴酷的挑戰。

　　然而筆者以為此一挑戰是很有解決希望的，因為我們曾指出，天台圓教模型主要包含了兩個層次，一是建立一個足以依「無明無住」、「法性無住」而開展出的存有論，二是依同體依之方式建立存有論意義上的不二法門。很明顯的，這兩個層次乃以第一層為基本，而這一層又顯然蘊含著一套特殊的存有論。幸運的是，我們很有希望偷個懶，去找到一套既成的參考系統——此即海德格的一套系統——以為指標，因為海德格正有一套不依憑於因果律的存有論，而且此一存有論也正好涉及一個有限的主體，我們也許正可借助他的論證來和天台圓教模型作一比觀，或者足以解決問題亦未可知。當然筆者亦深知比附的危險，因此底

下的比觀，筆者希望能略仿牟先生在《現象與物自身》一書中的作法，先針對海德格的想法作一系統性客觀的綜述，再根據前文對天台的綜述，來作一系統性的比對，如此或者可以儘量避免比附的危險吧！

以下茲先綜述海德格對存有問題的想法，不過由於本文體例的限制，筆者將不可能詳細地涉及其細部的論證，只能以最簡略的方式儘可能涉及海氏思想的一些重點。

筆者以為我們可從一個問題開始此一綜述。普通我們說某物之在，乃意味著它在時空的某一定點範圍內，但我們亦曉得此物終必消失而不在，然則此物如何能面對其終將不在而宣稱其「有此在」呢？這遂引出了一個「有」的問題，它也是西方傳統形上學最基本的問題。對於這個問題，我們當然曉得從柏拉圖（Plato）、亞里士多德（Aristotle），以迄康德、黑格爾等，有種種不同的解決方式，但無論是把「有」規範為客觀的實體，或是某種主體性，總之它們都是把存有視為某種永恆的實體。而海氏以為這些其實都是對前述問題的歪曲——將存有（Sein）歪曲成了存有者（Seiend）❶，何以言之呢？海氏以為，前述問題重點只是在於「在」如何成其為在，但繞經存有者的方式來說，便永遠會碰到「有」如何能通往於「在」的宇宙論式之問題，這豈不是頭上安頭，治絲益棼的「所因處拙」之方式嗎？於是海氏乃提出了一個考慮存有問題的新方向。

在《存有與時間》一書中，海氏曾論及任一物之在，首先乃是以「用具」（Zeug）的方式而在，也就是它從不可被孤立地、抽象地看待，海氏稱此一存在方式為「及手狀態」

（Zuhandenheit）❷，而任一及手的用具，皆是套於一個先在的「用具之整體性」中❸，且彷彿是在完全忽略了這個用具之個別的在的狀況下，乃能完成此用具之在。於是真正決定一個用具之在的，其實乃是由此用具牽聯而及的「指引（verweilen）的整體性」❹。這也就是說，我們總是因於先對作為整體性之「世界」有所了悟，然後始有在世界之內的種種存在，而這種了悟其實總是隱蔽著的，它常只是在某一用具之由及手狀態突然中斷其稱手性，乃能短暫地透露朕兆❺。由此看來，用具之在乃是恆在世界這個整體性中，與其它用具取著「因緣」（Bewandnis）關係，而世界即是先行於用具而被給定的「因緣整體性」❻；既然如此，因緣和因緣整體性乃真是用具之在之能夠「有」此在的存有論規定，換言之，我們不能將任一用具當成一個抽象之物，而去尋找一個存有者以為其存有，而是即由此用具之在及手狀態的「指引結構」所指引到的因緣整體性，即表示了此用具的存有。

　　然而海德格亦說，世界之所以為世界，它恆須關聯於一特殊的存有者，這個存有者恆關心於它自己是如何地「有」此在，海氏即名此特殊的存有者為此有（Dasein）❼，此有之關心於其自己的有此在，表現了它的「向來屬己性」（Jemeinigkeit）❽，而亦以此，它乃可以選擇各種屬己的可能性。海氏此意，事實上即是指人，人，而且亦唯有人，作為一個特殊的存有者，無論如何，他的一切作為總是向著自己的，這時他當然可以選擇各種面對自己的方式，每一方式即表示一個可能性，而每一個可能性俱表示此有對其存有的一種領會。進一步說，海氏謂此有之存在恆必須被先驗地理解為「在世存有」（In-der-Welt-sein）

❾，也就是說此有恆是在世界之中。何以如此呢？其實這根本是沒有理由的，人之來到世間，原來只是一個不需理由的事實，海氏即名之曰「拋擲」（Geworfenheit）❿。但當人被拋擲於世，即意味著他捲入了這世界之中，不再能斬斷葛藤了。這時即使此有恆是面向著自己有所作為，但在這作為中，世界早已展示於其中，也就是說此有早已領會著世界，並與這世界中一切與之相照面的存有者勾聯在一起了。然後我們乃可知道，一切用具之在，它的存有乃伴隨著世界的因緣整體性，而全部勾聯到了此有之上，此有領會著一切存有。海氏即將這每一個領會名之曰「賦予含義」，而每一個在之存有，即是在整個「意蘊」（Bedeutsamkeit）中的一種意義，也就是說，此有在意蘊中將每一在之存有「開顯」（erschliessen）為一個意義⓫，而此有即是這個開顯性本身。由此，我們乃看到了海德格對存有論的另一種表述模式，他不再需要任何充足理由律，不需要憑藉任何因果的討論來處理存有論問題，他不是把存有的解答歸諸於任何形式的存有者，而是歸諸於此有所開顯的意義。同時，原則上說，此有恆是被拋擲的一個有限的存有者，意義乃是由此一有限的存有者所開顯，而不是創造。此有從不創造存有。於是，如陳榮華所說：「海德格希望藉著對開顯性的分析，找出 Dasein 的一種開顯方式 —— 屬己的或真實的開顯性，因而能如實的開顯存有的意義，以完成《存有與時間》的工作 —— 具體的完成存有意義的探問。」⓬ 這便形成了前期海德格的基本思路。

在海氏上述的思路中，他明顯地把存有意義的提取歸給了此有的開顯性，在《存有與時間》中，他對此有的開顯性有一種特

別的描述，它包含著三個主要概念，一是所謂「在情緒中現身」
⑬，現身（Befindlichkeit）也者，乃指此有於其所當情境之感
受性，由於每一個現身都只表示了他在當下，既無前也無後，這
也就顯示了此有的被拋擲性，因此海氏云「『現身』於此有的被
拋擲中開顯此有，而且常是以閃避的方式開顯此有」⑭，海氏
說，我們總在各種形式之怕中開顯著自己，怕什麼呢？最基本來
說即是此有時間性之兩端，也就是此有在被拋擲中永遠面向著死
亡。於是此有即通過這種在怕的現身中，以一種對自己的「投
企」（Entwurf）開顯著自己⑮。所謂投企，簡單說即是對自己
有所作為，而每一作為即表示此有之一種可能性，這也即表示了
此有之開顯性的另一概念，也就是「理解」（Verständnis）的
概念⑯，此有總在投企中於自己的存有有所理解，而每一個理
解皆開顯了一個此有屬己的可能性，從而我們乃能有一種對此有
的「解釋」（auslegen）⑰。換言之，理解是先於解釋的。而
既然一切在之存有早已連同著世界，都在此有之投企中被理解
了，於是此有乃能解釋世界，解釋一切在之存有，並將它表述為
各種斷言式的陳述，彷彿這一切存在客觀上即具有了這陳述所說
的意義一般，其實它都是源於此有由理解所顯示的開顯性。然
則，相應於理解和解釋的這種關係，海氏乃又提出了「言談」
（rede）這個概念⑱，他說「言談」實是一個存有論的概念，
它原則上是相應著理解這一開顯性，而表示了此有總是以「言
談」在開顯著他的存有，並且也總是因此，我們乃能以各種語言
形式來解釋此有，乃至於一切之在，並將之表述為各種形式之陳
述。換言之，言談乃是語言的根據。據此，海德格進一步表示，

言談含著「聽與沉默」兩種可能性❶，聽表示著此有之總在傾
聽著他自己，也就是他以聽之可能性開顯著自己，從而將自己轉
成為各種形式的陳述。而沉默則往往表示著一種更深入的諦聽，
也就是它並不是一種憧憧往來之聽，它是一種更真實的言談，這
種言談當然也就可以更真實地開顯此有之自己。

在如上筆者對此有的開顯性所作之簡略描述中，知道海德格
乃是以「現身」、「理解」和「言談」這三個存在性相，來描述
了此有的開顯性。然而這樣的描述真足以完成對存有的解明嗎？
從上述的概述中，我們可以清楚看到海氏如是的描述，原則上只
是對此有這一存有者之存有的解明，即使因此有之在世存在，使
此有總是早已對世界乃至世界中牽連而及的一切存在有所理解，
但至多只是限於此有這一角度所解明之一切存有而已。這就誠如
陳榮華所指出的：「能被 Dasein 所接受的，才可顯示出來；但
對於那些 Dasein 的瞭解所無法接受的，則永遠隱蔽起來。」❷
然則這不就像一個神射手，即以他自認的靶為靶嗎？但這個靶真
是他該打的靶嗎？他如何知道他真正的靶位在那兒？關於這問
題，海氏其實亦有所警覺，這遂出現了後期海德格的大轉變。

綜合而言，海氏後期的轉變主要是在一點上，即他放棄了以
此有之開顯性為第一義，並由之以開顯存有，賦予存有以意義的
方式，而轉以存有本身的解蔽性，通過此有的思攷以彰顯存有的
方式為之。這轉變當然並不意味對前期思想的否定，而是在前期
的基礎上，海氏進一步追問了一個問題，即存有是如何出現在此
有之前，而讓此有能開顯它的？因著這個追問，遂使此有失去了
優先性，而轉成了以存有為直接對象的思想。對於此一轉變，海

德格的論證是這樣的：他追問此有的開顯性之存有論基礎是什麼呢？假如存有本身根本不將它開放到此有之前，此有能開顯存有嗎？因此此有之開顯性顯然必須奠基於存有的自我開放，海氏即將之稱為「解蔽性」（Unverborgenheit），解蔽性即是存有的存在性相，或者説存有即是解蔽性**㊹**。以此而言，解蔽性當然是具有優先性的，此有只能順從於這個解蔽性，去對它進行提問，海德格即將這提問同樣也稱之為「抉擇」（Entschlossenheit）或「領受」（Vernehmung）**㊺**——這抉擇當然不同於《存有與時間》中的抉擇，因為後者只是在此有中之是否向著本真的自己，而前者則是通過提問以向著存有的本身。於是，存有即是解蔽性，而此有不再是以開顯性，而是即以一種抉擇式的對存有之提問，而進行著他的思考。

　　然而存有是如何將自己開放出來的呢？也就是説如存有乃是解蔽性，這解蔽的通孔是什麼？於此，海德格再度注意到了語言的存有論意涵。仕《形而上學導論》中，他曾如此説：

　　　　説在者（案：即筆者行文中之「存有者」，下同）是這樣一個在者，這回事就把下述這回事包含在本身之內：預先把在者領會爲在者，也就是領會（案：即筆者行文中之「理解」）爲它的在（案：即筆者行文中之「存有」，下同）。假若：我們根本不會去領會這個在，假若：「在」這個詞連那種浮動的含義都根本不會有，那麼恰恰就連任何一個唯一的詞都根本不會有了。那麼我們本身根本就絕不會是説著話者了。那麼我們根本就絕不會是我們現在正

是的我們了。㉓

依照這說法，其實原本不是人創造了語言，而根本就是說，語言乃是存有自身的事，它即是存有開放自身的管道，這也即是海氏名言「語言是存有的家」之所本。存有依此開放了它自己，而此有正是作為持存此一開放的關鍵，因為唯有此有能通過它的思考，而將存有彰顯出來。所以，此有一方是存有底顯示在此，而為此有所「領受」，這遂成了被拋擲性的另一種理解方式，它指我被拋擲於此以領受著存有，以此而使人取得了存有論的根據，亦即是存有在領受下據有了人㉔；另一方面，此有也才能和存有取得必然的關聯，從而我們得以通過此有的思考以彰顯存有。於是海德格乃進而論及此有如何進行對存有的思考。

如前所述，此一思考乃是通過一種提問的方式而進行的，此如《形而上學導論》中，那個有名的問題——「為什麼有是在的，而無反倒不在？」㉕。像這樣一種提問是很特別的，普通我們落於日常生活中，在一切習以為常下，是不會如此問的，但「有之在」與「無之不在」真是如此理所當然嗎？一旦此一問題出現，它當然就會迫使我們進一步問出這個世間幹嘛要有我之類的問題，這就立刻會把我們逼向一種意義的沉思，從而存有便在這裡面彰顯了出來。帕瑪（R. Palmer）云：

> 詰問就是人與存有競爭，並將使存有顯示自身的一種方式，它消除了存有與存在的存有者間的本體論差異。㉖

這說法很清楚地將提問的功用顯示了出來，由此，我們很可以理解到，這樣的提問含藏著一種意義底實踐，而且這個實踐一方面是歷史的，如《形而上學導論》所云「此一問題的追問是歷史性的，是在此一追問才創造歷史這種原始意義之下是歷史性的。」❷ 這也就是說，我們總是在時間性這個格度中彰顯著存有。另一方面它也是語言的，這就如同海氏所說「存有是作為思維的命運事件，這個事件自在地是歷史的，它的歷史在思想家的說話行為中已經成為了語言。」❷ 亦即我們總是在語言中實踐，在語言中彰顯著存有；而且更著實地說，由於語言原屬於存有，因此在海氏的後期作品中，乃越來越強調了語言自身言說這一面，換言之，它其實不是人的實踐，而實是存有之通過此有以顯示自身而已。於是，海德格乃以此圓滿完成了他最原始的關懷，亦即對存有的探問。

以上筆者以最簡略的方式，綜述了海德格的基本思路。為了方便與天台思路相比觀，茲再簡單將其重點概括如下：首先，在海德格前期的思想中，他乃是通過此有的開顯性以探尋存有，此有的開顯性主要以「現身」、「理解」和「言談」三種存在性相展示著，而它通過作為「先設所有」（Vorhabe）的因緣整體性，而將世界中每一在之存有開顯為一個意義。換言之，存有不再是作為因果律則中之因的身分底一個實體，而是純然由此有所開顯的一個意義。因果和實體的概念在這個現象學的解釋學之描述中，全都被拿掉了，存有論被轉成了此有的存在性相之分析，此即海氏所謂的基本存有論。由於此有恆是在世存在，它不是什麼超越的實體，因此他總是通過時間的、歷史的向度，在沉淪與

振拔之各種屬己的可能性中升沉,而亦唯有通過某種良知的召喚(Anruf),在存在的抉擇中邁向本真的自己,從而他也能開顯出存有的本真意義⑩。其次,後期的海德格為了進一步給此有之開顯存有,尋找到更堅實的存有論基礎,他轉而直接探尋存有,他以為存有即是解蔽性,它比此有為優先,而它通過語言不斷向外開放,這開放當然不以此有為唯一落實處,但此有卻是唯一能持存此一開放性,並通過思攷以回返而彰顯存有者。於是此有即通過一種特殊意義的抉擇,向著存在作出特別的詰問,而每一個詰問即是此有在時間的、歷史的向度中,向著存有的回歸。此一回歸恆是一種語言的實踐,它即通過此有的語言行為之詮釋而彰顯了存有;而且更準確地說,其實乃是存有通過語言而在歷史中將自己彰顯為一個意義。根據這兩個重點,海氏乃完成了他對探尋存有問題的艱辛歷程。

對比海德格這前後兩期的思想,看來確有重大的差別,除了其問題意識仍是一貫的之外,海氏後期的思想幾乎放棄了他前期思想的所有論點。這種放棄雖不意味著對前期的否定,它們的歷史發展脈絡依然仍是清晰的,但似乎他後期的存有論系統確可以完全獨立於前期之外。像這樣前後期思想有著重大差別的思想家,在西方頗不乏其例,如維根斯坦(L. Wittgenstein)即是一個代表。但我們也還是可問,海德格後期思想真的不必依憑前期對此有存在性相的分析嗎?在筆者看來,海氏前期思想就存有論的基礎言,固然確有重大缺陷,但他對此有存在性相的分析卻指出了一個重大關鍵,這關鍵如用筆者前面曾使用的例子來說的話,則前期海德格指出了此有要如何成為一個合格的射手,而事

實上也正需要此一條件，此有乃真能進入後期思想所謂對存在之
詰問。海德格在論及「為什麼有是在的而無反倒不在」這提問
時，曾謂：

> 這一特出的「為什麼」的問題是在「一躍」中有其根基。
> 通過這一跳躍，人就從所有先前的，無論是真實的還是似
> 是而非的他的此在（案：即筆者行文中之「此有」）之遮
> 蔽狀態中完成了一次起跳。這一問題的發問僅只是在跳躍
> 中並且作為跳躍才有，否則就根本不會有此發問。㉚

這裡，海德格已清楚地指出了此一關聯。當然，只關注於海
氏存有論、詮釋學的學者，也許不必太注意此一關聯，但我們若
注意到海氏思想的實踐性格的話，則如此的關聯仍是重要的，也
就是說，即使純存有論地看，我們可以相當程度地將海氏前後期
思想孤立起來看，但若加上實踐哲學的層面來考量的話，則仍是
有必要將前述的兩個重點視為一體的。這點的釐清，對於底下即
將進行的比觀，實在至關緊要。本於此一綜述，以下筆者即嘗試
將海氏思想與天台所提供的智慧方向作一比觀，從而得以判斷依
海氏思想以論證天台的可能性。

在上章對天台思想的綜述中，筆者曾注意到了天台所說的心
法關係並不建立在一般意義的「因果關係」之下，而是一種理具
事用的關係，理具者，法性具也，而事用者，則是法性之隨事隱
顯而起種種迷悟之緣起事相。在這樣一種關係中，真正扮演關鍵
角色的則是「無明無住」和「法性無住」這兩個概念，而所謂的

心，則是由無明、法性兩皆無住、各自依他所結成的概念。依這樣的存有論表述，則嚴格說，構造此一存有論的核心概念，本應該是法性，而法性從來就不是一個「體」，它只是一個「義」。其次，這個所謂的心，顯然也只能理解為法性之或隱或顯底寄託處。然則，我們當然必須問：這樣一個法性是如何構造成一套存有論的呢？又何以由法性、無明兩皆無住即可凝成所謂的「一念心」之義呢？這兩個問題無疑是天台思想最令人費解處，因為天台表面上說心具，但心之具只是緣起造作的具，這具不能含著存有論之義，它只是心所起現之或迷或悟的緣起事相；從而由此收縮，從勝從主地說性具，以法不出如的原故，遂說法性具，但為什麼說法不出如便可以成一套存有論呢？這是極難說明白者一。再說，我們平常總將心視為某種主體義，而法性、無明兩皆無住的無住本，以平常的看法，它總是指客觀之法而言，主客總是相對待的，而如今何以卻說由無住本凝成一念心呢？這又是極不可解者二。關於這兩個問題，筆者曾百思不得其解，牟先生總將這思路稱為詭譎地即，難道它真只是詭譎難言的嗎？這真令人有匪夷所思之感。

然而我們且試想一下，天台的法性之義，如果暫不考慮其特殊的內涵意義的話，則它不正相當於後期海德格所謂的存有嗎？在佛教，說法性，它的第一義當然是指諸法空性，由空之抒義而顯諸法之意義 —— 而非諸法之實體，這法義是直接由緣起法之幻化而顯，它就像海氏對「現像」（Erscheinung）和「現象」（Phänomen）之區分一般 ❹，緣起法實只是現像，而法性始為海氏意指之現象，現象也者，依海氏，即能「顯示自身」者也。

而海氏復清楚地指出，此一能顯示自身之現象，即是「存有」
❷，這不就清楚地為法性和海氏之「存有」概念勾聯上關係了
嗎？但在前期海德格，存有只是在此有之開顯性中，通過意蘊整
體性所開顯的意義，也就是說這套基本存有論是建立在此有之開
顯性上的，因此它和天台說法性具的思路自不相類。可是我們如
進一步對比海氏後期的想法，既然存有即是解蔽性，也就是存有
必然自在地顯示他自己，以此而有一套存有論的思路，這不就正
相當於由法性具而說一套存有論嗎？海氏復云存有之解蔽也總是
伴隨著隱蔽而顯示著❸，這不也可說是就迷中之實相而言的理
具三千嗎？進一步說，存有之解蔽與隱蔽並不是什麼一體兩面之
義，而是解蔽即在隱蔽中，隱蔽亦在解蔽中❹，那麼假如我們
即指法性為解蔽，無明為隱蔽，它豈不正好就說出了「無明無
住」和「法性無住」之理嗎？

　　以上，筆者配比著存有即是解蔽性，而認為它完全可以相應
地補足由理具事造而說的一套「非因果性」的存有論。更進一步
說，天台由無明、法性兩皆無住而凝成一念心，這所謂的凝成，
筆者也以為可以完全相應地以後期海德格對此有的解說來理解。
一念心即是此有，這話怎麼說呢？這主要是一念心並無獨立的存
有論根據，它的存有論根據是在無明、法性兩皆無住上，也就是
說它是根據在理在迷之實相而成，這成當然只能理解為迷中實相
之具體落實而持存之成，成之即彰顯其實相也。唯心能有持存
義，故它必須落實在心上。海德格也以同樣的思路在說存有之落
實。如前所述，後期海德格不再以開顯性來說此有，他只是將此
有理解為「存有之落實而持存於此」，也就是此有之存有論根

據,乃在存有之自在顯示其自己而為此有所領受,從而此有乃能
通過思攷以復返而彰顯存有。如這樣的對比,其相似性當然是至
為明顯的。而海氏也一再強調,此有恆是在時間性的向度中,亦
即此有恆是有限的,這和天台之強調一念心是剎那心、煩惱心,
不正是若合符節嗎?只是海氏絕對避免用心這種主體意味甚強的
字眼,這倒是他的慧識了。

通過如上簡要的比觀,則天台思路和海德格思想,無疑是具
有原則上之近似性的,筆者以為我們實可輕易地依據海德格對存
有的論證,即能對天台所指示的一套心法關係之詭譎難明處,作
出充分而明確的說明。而且猶不只此,如果實踐地說,海德格以
為此有之向存有回歸,在方法上乃是通過此有之特殊的對存在之
詰問,這一詰問預設著一個一般而言是沉淪於日常狀態的此有,
它通過一種召喚式的覺醒而「躍出」,此即是說,作為一個在歷
史中的此有,他隨時即可由沉淪中躍出,而回歸於存有。這樣的
一種實踐法門和天台說「逆修」、「修惡」不是一致的嗎?智者
《摩訶止觀》云:

> 幻化與空,及以法性,不相妨礙。所以者何?若蔽礙法
> 性,法性應破壞。若法性礙蔽,蔽應不得起。當知蔽即法
> 性,蔽起即法性起,蔽息即法性息。無行經云:「貪欲即
> 是道,恚癡亦如是。如是三法中,具一切佛法。若人離貪
> 欲,而更求菩提,譬如天與地。貪欲即菩提。」淨名云:
> 「行於非道,通達佛道。」「一切眾生即菩薩相,不可復
> 得;即涅槃相,不可復滅。」「為增上慢,說離淫怒癡名

爲解脫。無增上慢者，説淫怒癡性即是解脫。」「一切塵
勞是如來種」。山海色味無二無別。即觀諸惡不可思議理
也。㉟

　　所謂蔽起即法性起，即是説即使在惡趣中沉淪，但得一念醒
覺，當下即是向法性之回歸，放下屠刀，立地成佛也。此即是在
惡逆中修，在沉淪中修，在存在中作大擔當也。然則依海氏思想
以爲天台建立哲學論證之可能性，應當是無可疑的了。

　　於是，連同上節所述，我們已然排除了依天台思路重新詮釋
儒家圓教的基本障礙，底下筆者即擬正式重作此一詮釋。

附　註

❶　海德格在《存有與時間》第二節中有一段話謂「使存在者（案：即
　　筆者行文中之「存有者」，下同）之被規定爲存在者的就是這個存
　　在（案：即筆者行文中之「存有」，下同）；無論我們怎討論存在
　　者，存在者總已經是在存在已先被領會的基礎上才得到領會的。存
　　在者的存在本身不『是』一種存在者。哲學領悟存在問題的第一步
　　在於不，『不敍述歷史』，也就是，不要靠把一個存在者引回到它
　　所由來的另一存在者這種方式來規定存在者之爲存在者，仿彿存在
　　具有某種可能的存在者的性質似的。」這段話即清楚界定了此一問
　　題。引文參該書頁9。案：關於海德格這些概念，筆者在正文中均
　　只以括弧註明其德文原文，而並未如陳榮華的作法，亦註上英文譯
　　文，這一方面是因海氏所用詞彙甚爲怪異，有些時候英文翻譯亦未
　　必有用，另一方面也是因爲有少數詞彙，筆者不曾找到英文譯文，

為維持體例，故但註德文，以便查考。

❷ 關於以「用具」之「及手狀態」來描述「物」，請參閱海氏上引書第十五節，頁87～93。案：中譯本將「及手狀態」譯為「當下上手狀態」。

❸ 同上，頁89，海德格云「嚴格地說，從沒有一件用具這樣的東西存在，屬於用具的存在的一向總是一個用具整體，只有在這個用具整體中那件用具才能夠是它所是的東西。」

❹ 關於「指引」和用具的關聯，請參閱上引書第十六、十七兩節。海德格云「指引與指引的整體性在某種意義上對世界之為世界能具有組建作用。」引文見該書頁99。

❺ 關於這點，即是海德格說「觸目、窘迫、膩味」這幾個概念之所指。詳見上引書頁94～96。

❻ 海德格在上引書頁110中云「只有在先行揭示了因緣整體性的基礎上，才可能揭示因緣本身──亦即來到上手（案：即筆者行文中之「及手」，下同）的東西的存在。所以，在揭示了的因緣之中，也就是說，在上到手頭來照面的東西之中，我們曾稱之為上手東西的合世界性的那樣一種東西已經先行揭示出來了。這種先行揭示了的因緣整體性包含著與世界的某種存在論關聯於自身」，即清楚地指出了此一關係。

❼ 關於此有在存有問題中之優先性，請詳參上引書第二節。又該書頁16，海德格云「此在（案：即筆者行文中之「此有」）是一種存在者（案：即筆者行文中之「存有者」，下同），但並不僅僅是置於眾存在者之中的一種存在者。從存在者狀態上來看，這個存在者的與眾不同之處在於：這個存在者為他的存在本身而存在。」這裡已

指出了此有之特殊性相。

⑧ 海德格云「生存著的此在包含有向來我屬性，那是本真狀態與非本真狀態之所以可能的條件。」見上引書頁68。

⑨ 同上，海德格云「但我們現在必須先天地依據於我們稱為『在世界之中』的這一存在機制來看待和領會此在（案：即筆者行文中之『此有』，下同）的這些存在規定。此在分析工作的正確入手方式即在於這一機制的解釋中。『在世界之中存在』這個複合名詞的造詞法就表示它意指著一個統一的現象」。

⑩ 關於「拋擲」這個概念，請詳參上引書第二十九和三十八節。海德格云「此在的何所來何所往掩蔽不露……我們稱之為這一存在者被拋入它的此的被拋狀態。」這表示此有之來是不需理由的，它只是單純地被拋在此。

⑪ 關於此義，海德格有一綜述云「領會讓自己在這些關聯本身中得到指引，並讓自己由這些關聯本身加以指引。我們把這些指引關聯的關連性質把握為賦予含義。在熟悉這些關聯之際，此在對它自己『有所授意』，它使自己源始地就其在世來領會自己的存在與能存在，『為何之故』賦予某種『為了作』以意義；『為了作』授予某種『所用』以含義；『所用』賦予結緣的『何所緣』以含義；而『何所緣』則賦予因緣的『何所因』以含義。而那些關聯在自身中勾纏聯絡而形成源始的整體狀態，此在就在這種賦予含義中使自己先行對自己的的在世有所領會。它們作為這種賦予含義恰是如其所是的存在。我們把這種賦予含義的關聯整體稱為意蘊」，引文見上引書頁112。

⑫ 陳榮華《海德格哲學：思玅與存有》，頁16。

⑬　關於此一概念，請詳參上引書第三十、三十一節。

⑭　同上，頁175。

⑮　同上，頁186，海德格云「領會把此在（案：即筆者行文中之「此有」，下同）之在向著此在的『為何之故』加以籌劃，正如把此在之在向著那個使此在的當下世界成為世界的意蘊加以籌劃。這兩種籌劃是同樣源始的。就領會的此（作為能在的此）的展開狀態來考慮，領會的籌劃性質實際組建著在世的在」，此處所謂的籌畫，即筆者所謂的投企，此一譯法更能展示出此一概念之時間性的向度。

⑯　同上，海德格繼之云「領會作為籌畫是這樣一種此在的存在方式：在這種方式中此在是它的作為種種可能性的可能性」，換言之，此有原即是在先有領會之下而有所投企。此處之領會，筆者依嚴平在《詮釋學》一書中的譯法，譯為理解，以符順於詮釋學的一般用語。

⑰　海德格在上引書第三十二節中，詳細說明了解釋必須奠基於理解之「先有」、「先見」、「先行掌握」結構中，也正是由理解這一先在的結構，遂形成了詮釋學上有名的「詮釋學循環」（hermenuitic circle），唯在此一循環中，才有可能進行詮釋。

⑱　海德格對「言談」的描述是這樣的：「言談同現身、領會在存在論上是同樣源始的。甚至在占有著可領會狀態的解釋之前，可領會狀態總也已經是分解了的。言談是對可領會狀態的勾連。從而，言談已經是解釋與陳述的根據」，可見言談和理解一樣，都是先在的。上引文見前引書頁205。

⑲　海德格云「言談本身包含有一種生存論的可能性——聽」，但因聽也可能只是一種漫不經心的「東聽西聽」，因此「言談的另一種本

質可能性即沉默也有其生存論基礎」。而且「比起口若懸河的人來，在交談中沉默的人可能更本真地讓人領會，也就是說，更本真地形成領悟。」上說見前引書頁208～210。

⑳　同⑫，頁42。

㉑　海德格在《形而上學導論》中，海氏藉「Physis」一詞，而表示了存有之「自身綻開」、「揭開自身的開展」、「既綻開又持留之強力」（皆見該書頁15），海氏復進一步描述這一意思云「在活生生地作為physis而在。這個展開著的起作用就是出現。如此出現導致顯露。在這回事中已經有：這個在，這個出現，讓從隱蔽狀態中露出來。當在者（案：即筆者行文中之「存有者」，下同）作為這樣一個在者在起來時，這個在者就把自身擺入並處於去蔽狀態中。」（見該書頁101～102）此處之去蔽，筆者依陳榮華之譯，作「解蔽」，當然亦有借用荀子的命意在。

㉒　關於「領受」，海德格在上引書頁136中，藉 Noein和nous而表示了此一意思。他說「Noein的意思是承認，nous的意思是訊問而且是在一種雙重相屬的意義之下的訊問。承認首先是指：接受、候教，也就是候展示自身者，現象者之教。承認然後還指：聽取證人，尊重證人而同時又接納事實情況，一如事實現狀及其情景去判定事實情況。訊問在此雙重意義之下說的是：候教，但卻不是單純的接受，而要面對展示者採取一種接納態度。」此處所謂的候教，是和訊問連在一起的，筆者則依陳榮華之譯，改作領受，領受是通過詢問而領受，這也就是海氏在《論真理的本質》一文中說抉擇即是向奧祕之詢問的意思。

㉓　海德格《形而上學導論》頁82。

㉔　同上，頁138，海德格云「但是只消屬於這樣的現象這回事中的有訊問，有對展示自身者加以接受的承認，那麼看來就恰恰是要從這裡去規定是人的在（案：即筆者行文中之「存有）」的本質了。」此即是說在對存有之領受中，人的存有才能得到規定。

㉕　同上，頁1。海德格特別指出這是個最廣泛、最深刻，也是最原始的問題，是這樣的問題迫使自己進入發問狀態之中。

㉖　帕瑪《詮釋學》，頁173。

㉗　同㉔，頁141。

㉘　此語見海德格〈關於人道主義的信〉，轉引自帕瑪前引書頁174。

㉙　關於「良知的召喚」這一概念，請參閱《存有與時間》第五十四至六十節。在後文中有對此一概念較詳細的說明，此處茲暫從略。

㉚　同㉔，頁7。

㉛　關於此一區分，請詳參《存有與時間》第七節。依海德格的區分，現象的意思乃指「顯示著自身的東西」。但現象也可以種種其它方式顯示自己，或者是以「假象」，或者是以「現像」。所謂現像，乃指恆必須依於現象乃可能成立的顯現，因此現像雖掩蔽著現象，但它也並不是一種假象，因為假象根本是對現象的扭曲，一種以貌似的方式之扭曲。於是緣起法和法性之關係乃可以現像和現象的關係來作類比。緣起法並不扭曲法性，它只是以遮蔽的方式顯示著法性而已，這意思是很明確的。

㉜　同上，頁38，海德格云「諸現象就是大白於世間或能夠帶入光明中的東西的總和，希臘人有時乾脆把這種東西同存在者視為一事。」海氏此意即在說現象即存有者之顯示其自己，這意思進一步說，當然即指存有而言。

⑬　海德格《林中路》〈阿那克西曼德之箴言〉云「作為在遮蔽中的無蔽，存有更容易遮蔽這一基本特徵，而不是揭示這一基本特徵。」文見該書頁314。

⑭　同上。海德格云「存有隱匿自身，因為存有自行解蔽而入於存有者之中」。

⑮　智者大師《摩訶止觀》卷二下，《大正藏》冊四十六，頁18。

第三節　依天台思路重新詮釋儒家密教型範

　　本章的重點乃在企圖重新表述儒家圓教，而既然圓教的哲學模型必須依天台思路來規範，儒家的顯教型範又與天台思路並不相容，那麼密教型範當然就成了傳統儒家哲學之圓教表述的希望所在了，但它真能允許作此重新表述嗎？在前兩節中，我們一方面在哲學上證成了天台思路確然可以落實下來，另一方面也表示了密教型範與天台思路至少不是不相容的，於是我們乃得以進一步來考量，依天台思路重新詮釋密教型範之途徑。以下筆者的重新詮釋，主要將包括兩個部分，一是探求依天台之存有論表述以改作本體宇宙論之途徑，二則是擬做牟先生《心體與性體》疏解理學原典的模式，來重新疏解五峰。之所以要重作疏解，當然是為了證明我們的重新詮釋與原典的密合度，而所以只選定五峰，除了有篇幅的考量外，也是因為他的思路最足以具體而微地顯示密教型範之思路的原故。以下茲分述之。

一、重構儒家密教型範詮釋之途

在第二章中，筆者曾綜述了牟先生對「本體宇宙論」和「以心著性」的說法。在這說法中，他是以「性體」這一客觀的超越根據之建立為系統的前提，然後他分別以本體宇宙論和以心著性的方式，從兩個角度來證成此一前提。就本體宇宙論的證成而言，牟先生將性體之建立形構成了一種直貫創生的形態，也就是存有論地先肯定一個宇宙根源的實體，以為唯一的本體，同時賦予此一根源實體以某種動用義，從而使之得以在某種宇宙論的行程中，下貫而建立為吾人之性體；另一方面，他也以為此一宇宙根源實體同時復亦結合著另一宇宙行程 —— 即氣化之行程 —— 從而得以實化為具體的存在。不過這兩個宇宙論的行程未必是密合無間的，如此遂成性體與存在之離合，從而遂有知幾、盡性、成性等等的工夫論講法，也就是它必須通過一個超越的主體之建立，以實踐地彰顯性體，彰顯之即是創造之，此即是所謂的以心著性之證成。

然而這樣一套說法所含蘊的存有論模式，若以天台的存有論立場來看，會覺得如何呢？筆者以為如下幾點是值得特別注意的：首先，牟先生在形成性體這一前提時，已預先設定了它是一個形上的超越實體之概念，也就是他已先在地假定了超越與經驗的對分。在牟先生一貫的想法裡，他當然不以為這是一種假定，因為這正是「一心開二門」型態的延伸，而牟先生以為一心開二門乃是所有哲學的普遍結構❶，但這樣的想法真是必要的嗎？其次，為順應上述先在的想法，他一則必須去建立一個宇宙唯一的根源實體，再則他的理論必須隱含著雙重的宇宙論行程，一是由根源實體之神用以「神感神應」「寂然不動，感而遂通」之方式

下貫之行程，一是陰陽二氣絪縕交感之行程。這兩個行程當然是不同質的，而氣化行程之發動處雖亦可由理上說，總是「間接地憑依」於宇宙根源實體，但它實際的生發處卻總是個神秘，然則這兩個行程的離合，豈非終有「難可了知」處嗎？那麼究極地說，我們真有必要去設想雙重的宇宙論行程嗎？再者，所謂由超越的主體實踐地彰著之性體，在牟先生的系統中，它即相當於康德所謂的物自身，但牟先生在《現象與物自身》中，亦曾詳辨物自身這個概念，他以為物自身應是個價值概念，而不是事實概念，他說：

> 如果被造物決定是有限物，而定是有限物者又決定是事實概念，則此作為事實的有限存在物之在其自己，既不可以時空表象之（無時空性），亦不可以任何概念決定之，它必只是一個空洞的概念，而無實義。如果它要有豐富的真實意義，價值性的意義，它必不是一個事實概念，那就是說，它必應不是一個決定性的有限物。在此，我們似乎是要向此而趨，即：于有限物上而可以說其無限性，即說其有無限性之意義。❷

依此說，則物自身實指一有限物之「無限性的意義」，但在本體宇宙論之表述中，性體明白是一個實體性的概念，然則性體究竟是意義概念呢？還是實體概念？依筆者的看法，牟先生恐怕比較意許以某種意義的概念來想性體，而本體宇宙論之說法則比較像是一種姿態，這主要是因為他比較看重心的形著性在證成此

系統上的作用之原故。如此一來，則密教型範之存有論模式，不就會出現一些不一致處了嗎？那麼我們有沒有可能讓它恢復一致呢？

筆者之所以要指出如上的問題，主要是因為依天台的存有論模式來看，其實牟先生並沒有必要以如此迂曲，甚至以會形成內部不一致的方式來詮釋。照我們前文所述，天台的存有論主要是建立在法性這個價值概念上，法性者，萬法之如如空性也，這概念和牟先生所意許的性體概念，不正好是同質同層的概念嗎（雖然其內容意義截然不同）？在天台的圓談法性，由「性具」而開一套存有論，乃是依本著法性之或隱或顯，隱即於顯而說，此即「無明無住」、「法性無住」之「無住本立一切法」所示，那麼我們何不可亦由性體之或隱或顯，而比擬著「無明無住」、「法性無住」以說「人欲無住」、「善性無住」，同時即由此無住而說一套存有論呢❸？若如此的話，則雙重宇宙論行程的想法亦可不要，因為一方面天台可依不離法性之無明，而即緣起地說事造，這彷彿即可表示某種氣化的行程，另一方面事造也是不離理具，而即可視為理具之就迷就事而顯者，這不也就可以比擬於根源實體之神用的即於氣化而顯之行程，亦即橫渠所謂的「太虛即氣」，但卻不必有任何宇宙論表述的味道嗎？如是，我們也就有可能依天台的存有論模式來改作本體宇宙論之表述了。然而從詮釋的觀點來看，如此的改作卻亦有一難題，即原典中的天、乾元之類的概念，亦即牟先生所常說的誠體、中體、道體、寂感真幾、神體、奧體等等，在如此的改作中，應如何理解？如果純就原典的語脈來看，這些概念的本體意味確實甚強；而諸如濂溪所

引《易傳》「大哉乾元，萬物資始」之類的說法，其宇宙論的意味也是無庸置疑的，但天台的說法中，卻似乎找不到相應的概念來詮釋這些關鍵性的概念，那麼它會不會影響到整個改作呢？再者，我們說天台是「從勝從主」說為法性具，這說明了法性這概念在存有論中的優先性，但如濂溪曾引及的「乾道變化，各正性命」，乃至如橫渠所謂「合虛與氣有性之名」，五峰所謂「性也者，天地鬼神之奧」等說法，似乎都看不出性在存有論中的優先性，反而是「天命」、「天理」之類的概念具有存有論的優先性，這又當作如何的解釋呢？

　　關於上述問題，筆者以為天台固無相應的概念可資運用，但若說天台思想和海德格哲學有著相應之結構的話，則我們倒是可由海氏思想中找到詮釋的資源。於此，筆者以為值得注意海氏關於「命運」的說法，他將命運理解為「把存有當作真理的賜予」❹，如果說存有和法性這兩個概念是同質同層的話，則將存有視為真理的賜予，就彷彿將法性視為如唯識學者所謂由「法界等流而出」者一般，這樣的講法當然頗值得進一步申述。

　　海德格曾區分過「命運」（Geschick）和「命定」（Schicksal）之不同❺，我們一般以為人生經驗中總有一些無以名之的荒謬，這些荒謬，人即名之為宿命、命限，或說是人之命運，但海氏並不如此說命運，他只將命限之命名之曰「命定」，而以一純然不同的意旨說命運。他用此詞的脈絡完全脫不開存有的解蔽性，他將存有的解蔽性名之曰真理，而當真理之顯示於世界，即構成了一個「命運的事件」。然則這樣的「命運」用法，豈非著眼於其「動詞性」的功能嗎？於此，我們可以看到海氏命

運一詞，其實相當地符應於「命者令也」這樣的古義。海氏在
〈向於思的事情〉一文中，有這樣一個説法：

> 存在（案：即筆者行文中之「存有」，下同）的歷史就叫
> 做存在的天命（Geschick）。在存在的天命的遣送中，不
> 管是遣送還是遣送著的「它」都隨著其自身的宣示抑制著
> 自己。抑制自己在希臘文中就叫做 epoche，因此便有存
> 在的天命的時代(Epochen)的説法。時代在這裡的意思不
> 是指在發生史中的時間段，而是遣送的基本特徵，就是那
> 種有利於理解贈禮的當下自行抑制，即那種為了有利於著
> 眼於奠定存在者（案：即筆者行文中之「存有者」）根基
> 的存在的理解的當下的自行抑制。這種在存在的天命之中
> 的時代的結果既不是偶然的，也不能被算作是必然的。但
> 如此在天命中得體的東西宣示了在時代的其屬性中適得其
> 所的東西。這種時代在其結果中掩蓋了自身，以至於作為
> 在場狀態的存在的最初的遣送以不同的方式越來越被遮蔽
> 了。❻

　　這段話中，關於存有在時代中遮蔽的問題姑暫置不論。我們
注意到譯者直接用「天命」一詞來譯前述的命運一詞，在筆者看
來，這是十分恰當，也合於中國古典之用法。當然就這段話的語
義來看，真理和存有並不是兩回事，真理之顯示即是存有之解
蔽，因此，存有通過天命以遣布於世間，並不能理解為有另一個
超越的存有者「命令著」存有顯示自己。但在這樣一種主謂的句

式中，我們也很容易將之解讀為某種「發令者」和「受命者」的
關係，於是我們也彷彿可將存有這概念轉成一被動地待命以顯示
之地位，從而虛構出一個發令之「天」的概念；然而實際上，天
和存有其實不正是一回事嗎？如果我們將這樣一個意思套回到
「天命」和「性體」之關係上去，其實是完全說得通的。此如橫
渠所謂「天所命者通極於性」，就直接之語義言，似是指天這一
超越的根源實體，將其內容命之於性，性只成一承受者；但我們
若如前述理解天台的模式，將性體理解為存有的解蔽性的話，則
是絲毫都不會影響到性體這概念在存有論中之優先性的，只是這
套存有論當然是依天台之存有論模式而說的了。

經過如上的轉換，則牟先生依「本體宇宙論」以立性體，並
由之而展開的一套存有論，便可以得到更簡易直截，同時更可以
突出性體這一價值概念之存有論表述。進一步而言，在這樣一套
存有論模式中，天台完全不需要賦予一念心以獨立的存有論根
據，一念心只是在時間中作為迷中實相之落實與持存處，它的持
存當然可以迷的方式持存之，也可以復歸於法性的方式持存之。
而我們在本章第一節中，已然證明了事實上並不需為密教思路之
「心」，尋找一個獨立的存有論依據，然則我們顯然很容易依一
念心來類比於密教思路之心，並即以「一念心即具三千世間法」
這一念三千之「即具」義，來理解「以心著性」之「形著」義。
這樣的講法尚可有一好處，即當牟先生依「本心」義來理解「以
心著性」時，這形著之義也必然涵著存有論的「創造」義，這當
然無可避免地又會落入前述之存有論模式不一致的問題，而若依
一念心之即具來說形著，便可完全避免此一問題，而維持其存有

論模式的一貫性。❼

　　以上筆者原則性地提出了依天台思路重新詮釋密教型範之途徑，筆者以為，我們可以在形式上完全相應地將性體、道體之類的概念類比到法性這概念上，於是天理人欲的對舉，便也可完全地類比到「無明無住」和「法性無住」上，並依此而同樣完成一套依理具事造之原則所作之存有論的表述。再者，我們也可將濂溪所謂之思和橫渠等人所謂的心，完全類比到一念心這概念上，以真正完成以心著性之表述。這樣一種轉換，哲學地說，也就是將性體概念即視為海德格所謂的「存有」，而以存有之即解蔽即隱蔽來理解「天理無住」和「人欲無住」，亦即性體乃是以在迷在事而論，它不再被視為是超越的存有者，而只是不斷通過解蔽其自己，在世界中顯示為某種意義。性體之解蔽自己，乃是將自己顯示於歷史之向度中，而它即以人心為具體的落實和持存處，此猶存有之具體落實而持存於此有，從而它可以通過此有的「本質思考」以返歸而彰顯性體。這樣我們也就可以憑藉海德格而重新論證了密教型範的哲學結構。

　　進一層說，密教型範中的一些工夫論說法，也可以借助這一新的詮釋方式而得到新視野。就密教型範言，其工夫的說法主要不外幾個概念，即主靜、誠敬、識仁、覺之類，依牟先生的說法，它們實可分為兩類工夫，一為依本心為主體的本質工夫，誠者誠此本心，敬者亦是敬此本心，識仁者即識此本心仁體，覺者亦逆覺體證此本心之意，亦即一切工夫只是在朗現此一超越的主體。本心之朗現又含著兩面意思，一是本心之悲懷潤物，於此而有種種自發自律之道德行為；一是存有論地說，本心之覺潤即是

本心之創造，亦即性體即在此本心之創造中形著為一超越的實體。另一類主靜之工夫，一般則是視作一種助緣的撥除雜染之工夫，朱子說涵養，固是以敬為主，但在撥除雜染上，亦不廢靜之工夫，陽明亦說靜坐以汰除雜慮，皆是從此角度著眼。然而在改換了詮釋方式之後，濂溪的主靜是否真只是助緣工夫而已呢？又，在放棄了「本心」式的詮釋方式之後，我們又該如何了解誠敬、識仁、覺之類的概念呢？

依據前述的新詮釋模式，我們可以試想心之形著性，這形著之方式為何？依天台，一念心之彰顯法性，乃是通過所謂的止觀法門以為之，這法門如《摩訶止觀》論「善巧安心」所說，即：

> 善巧安心者，善以止觀安于法性也。上深達不思議境淵奧微密，博運慈悲互蓋若此。須行填願，行即止觀也。
>
> 無明痴惑本是法性。以痴迷故，法性變作無明，起諸顛倒，善不善等。如寒來結水，變作堅冰；又如眠來變心，有種種夢。今當體諸顛倒即是法性，不一不異。雖顛倒起滅，如旋火輪，不信顛倒起滅，唯信此心但是法性。起是法性起，滅是法性滅。體其實不起滅，妄謂起滅。祇指妄想悉是法性。以法性繫法性，以法性念法性。常是法性，無不法性時。體達既成，不得妄想，亦不得法性。還源反本，法界俱寂，是名為止。如此止時，上來一切流轉皆止。
>
> 觀者，觀察無明之心上等于法性，本來皆空，下等一切妄想善惡皆如虛空，無二無別。譬如劫盡，從地上至初禪，

炎炎無非是火；又如虛空藏菩薩所現之相一切皆空，如海
慧初來所現一切皆水。介爾念起，所念念者無不即空，空
亦不可得。如前火木能使薪燃，亦復自燃。法界洞朗，咸
皆大明，名之為觀。❽

則止觀者，只是「信此心但是法性」和「觀察無明之心上等
於法性」而已，這心之信與觀察，是站在「無明痴惑」的基礎
上，而整個工夫並不是由此心之起現什麼，它實只是個「心不妄
想」而已，但我們如何了解由不妄想即是彰顯法性呢？照智者大
師的說法，即是「以法性繫法性，以法性念法性」，此即是說非
以心繫念於法性，而是把心讓開來，純然地讓法性自己流進來。
無明痴惑並不真是無明痴惑，只要心能讓開，法性自能自己開顯
而流入，這不就是法性之彰顯了嗎？所以心不妄想者，實只是心
之讓開，讓開也者，當然就是無所造作的純然靜觀，以無所造作
而名止，純然靜觀而名觀。這無疑仍是般若義的運用，只是它是
般若義的收於一念心上說，而不再是收於如來藏心之類的概念上
說而已。

關於這樣的工夫，海德格在論此有之「本質思考」時，有一
個完全相應的論證。在《泰然處之》一文中，海氏即將此有之本
質思考界定為「泰然處之」（Gelassenheit）❾，而所謂的泰然
處之，依陳榮華之譯解，即是所謂的「靜觀」。陳先生釋之云：

在靜觀中，一切存有者皆在其自己中，得以成為它自己。
換言之，它們不再是由主體表象出來的客體，它們不再依

存於主體或其它的實體之上，一切皆返回其原初的本性，
從它自己及在它自己中冒出。**⑩**

　　也就是說，靜觀也者即是讓存有直接賜予一切存有者。而依
海德格，要能成就此靜觀，即是得在一個所給的實存之區域之
中，以摒除一切意志參與的方式，等候著存有之自行解蔽其自己
⑪，這不就是在實存的無明痴惑中，以法性念法性之意嗎？同
時，海德格亦表示，如此的本質思考，事實上即是一種對存有之
近乎信仰式的忠誠**⑫**，這和智者所謂「但信法性，不信其諸」
（即見善巧安心文）之精神，顯然是完全一致的。

　　本於此義，再回返來看以心著性之工夫，則所謂「主靜」和
「識得此理，以誠敬存之」之工夫，不就可以有另一番新視野了
嗎？簡單地說，如濂溪〈太極圖說〉所謂「聖人定之以中正仁
義，而主靜立人極焉」**⑬**，這主靜的工夫實在很難說只是助緣
的工夫而已，蕺山解此主靜云「循理故靜」**⑭**，則主靜和「識
得此理，以誠敬存之」之誠敬，實為同一意思，亦即讓此心退
藏，讓開一步，性體即能於此中自行開顯自己，故濂溪云「無欲
故靜」也。靜者，不只是就無欲之止言，亦就靜觀之觀言，而誠
敬者，亦非就誠敬本心言，而實是誠敬此性體之理也。這樣的理
解方式，也符合於前文所論：濂溪、橫渠和明道等之說工夫，多
著眼於一種形而上之思考的說法。這也就是說，我們依天台之思
路以重新詮釋密教型範的作法，原則上是可以貫通得下來，而且
可能會更符合原典在形上表述上之語脈的。當然，這樣的詮釋方
式，很容易便會遭致一項原則性的質疑，因為理學家之闢佛立場

是十分鮮明的，如果此一立場非出於情識，則儒佛總有本質之異，然則如依上述詮釋方式，將如何見出儒佛本質之歧異處呢？再者，如牟先生所謂的仁心之悲懷遍潤，及由之所起之種種道德實踐，原是儒者生命最精彩，也是最可寶貴者，今若依如上之詮釋，會不會導致此一精神之走作呢？對於如上這些可能的質問，筆者是完全承認的，這也表示了我們重新詮釋儒家圓教的工作，迄今為止，僅僅展開了原則性的第一步，底下顯然尚有更艱鉅而重要的工作，有待吾人逐步完成。

然而在本小節的最後，筆者亦須指出，此一新的詮釋方式，只要求性體這概念是一超越者，但它亦非指超越之實體，而心則不再是一個超越之主體性，它只是性體在時間、歷史這一向度中之一個有限性的承載者，也就是說心不能脫離開有限的實存情境來考慮。在這立場上，筆者似乎是接受了李澤厚所說「心之雙重性的矛盾」之批判的，因為依據筆者的詮釋，這個心只是個有限心，它不必再有超越性與經驗性之矛盾，筆者亦不必去處理「既超越又內在」之可能性的問題，但這是否表示了此心乃是經驗的，感性的，心理學或美學意義上的感性之欲求呢？其實我們只要稍稍回顧前文所說，便可知道斷然不是如此。在前面關於工夫論的重新詮釋中，我們注意到在此系統中，靜觀工夫的重要性，靜觀就不能有欲求，所以心也自不能是指感性之欲求。而且這整套工夫尚不能如此輕鬆說，靜觀之能摒除一切意志參與，如前文所論及的，尚須建立在一個前提上，即海德格在《存有與時間》中，通過「良知之召喚」所作的實存之抉擇，也就是說此有若不曾由日常狀態的沉淪中振拔，他就根本不曾擁有靜觀之必要條

件。關於這一良知的召喚，當然和陽明所謂的良知不同，海德格
述此召喚云：

> 向罪責存在喚起，就意味著喚上前來，喚向我作為此在
> （案：即筆者行文中之「此有」，下同）向來已是的能
> 在。這一存在者（案：即筆者行文中之「存有者」）無須
> 乎先有錯失或拖欠才負「罪責」（Schuld），作為「有罪
> 責」存在，此在應當本真地就是「有罪責的」
> （Schuldig）。**⑮**

　　此處所謂的罪責，原是指人在實存中的沉淪異化而言，它未
必是道德性的，但此一實存嚴肅的反省，實是人向本真之自己回
返的先決條件，唯此回返乃能有靜觀之瀟灑。這自然也是一種
「覺」，甚至也仍可方便說是一種逆覺——雖然它不再是指逆覺
一個本心仁體，如此的工夫也絕對不減分毫嚴毅清苦之相。劉蕺
山在《人譜續篇》中論「訟過法」一節，他所說的工夫法門，相
當程度地勾勒出了這套工夫論的完整面向。他說：

> 一柱香，一盂水，置之淨几，布一蒲團座子於下。方會平
> 旦以後，一跽就坐，交趺齊手，屏息正容。正儼威間，鑒
> 臨有赫，呈我宿疚，炳如也。乃進而教之曰：爾固儼然人
> 耳，一朝跌足，乃獸乃禽，種種墮落，嗟何及矣！應曰：
> 唯唯。復出十目十手，共指共視，皆作如是言。應曰：唯
> 唯。於是，方寸兀兀，痛汗微星，赤光發頰，若身親三木

者。已乃躍然而奮曰：是予之罪也夫！則又敕之曰：莫得
姑且供應！又應曰：否否。頃之，一線清明之氣徐徐來，
若向太虛然，此心便與太虛同體。乃知從前都是妄緣，妄
則非真。一真，自若湛湛澄澄，迎之無來，隨之無去，卻
是本來真面目也。此時正好與之葆任；忽有一塵起，輒吹
落。又葆任一回；忽有一塵起，輒吹落。如此數番，勿忘
勿助，勿問效驗如何。一霍間，整身而起，閒閒終日。⓰

這段話中，前半段相當深刻地表示了「向罪責存在喚起」之
意，這純是實存之逆覺，覺之工夫何可少耶？但蕺山之語脈，看
來也絕對沒有說是要逆覺一超越之獨體──如牟先生之所說，他
的去妄還真，「此心便與太虛同體」，說的很可以只是心的靜
觀，讓開一步，則太虛便自然顯示於此心而已。如此，則意根最
微之獨體，實只是一念心，是有限心，是在時間性中的此有，換
言之，蕺山根本不必訴之於超越的分解來建立獨體之概念也。
⓱

當然，在這立場上，自然會導致如劉述先所謂的超越性之減
殺⓲，進一步說，也可能正因為此義之減殺，而蕺山並無足夠
的語言以分解之，遂致產生了許多僵滯的表述，如說「盈天地間
一氣而已矣」，「理即是氣之理」之類⓳，他既只以一個氣字
涵括一切，又如何能細緻地區分出此有、一念心與欲之區別呢？
此義輾轉而至梨洲，遂愈趨走作，而成平鋪實然之心氣⓴，甚
至到了東原，更即滑轉成即情欲以說理矣。純哲學地說，這固是
一種不幸，但這不幸亦若有必然之軌轍㉑，今拆除其滑轉，則

密教型範由本體以至工夫的說法，固亦甚為一貫也。

　　至此，筆者已初步鋪陳了依天台思路重構密教型範之哲學結構的途徑，這一原則性的鋪陳，當然是極為簡略的，底下，筆者即擬藉對五峰之學的疏解，以詳檢之，並藉以熟練上述的新詮釋方式。

二、對五峰之學的重新疏解

　　在本節前言中，筆者已交待了只選擇五峰之學來作疏解的原故。五峰的說法要言不煩，但就其指點之智慧方向上看，確足以顯示密教型範思路之肯綮。在宋學中，特別表彰五峰之地位，乃是牟先生的偉大貢獻，五峰學聲光甚晦，《知言》中理論性的說法亦多語焉不詳，若不是牟先生表而出之，恐怕其學仍將晦暗如故，即使今天來看，若非依憑牟先生之疏解，我們恐怕仍難窺其學之堂奧❷。因此，底下筆者的疏解，主要仍是依憑對牟先生疏解之簡別，以此之故，整個討論的程序，仍大體依照《心體與性體》五峰章的順序，並不多作更動。此一順序，牟先生說純是依〈五峰學案〉所選錄之條目而說，筆者嘗檢查《知言》原文，除了少數條目外，學案大抵已摘錄了所有關鍵性的說法，即使偶有遺漏或條目之離合，亦無影響，因此牟先生雖未運用第一手資料，但這一順序對理解五峰而言，是完全夠用的。以下即逐條論之。

（一）

　　道充乎身，塞乎天地，而拘于墟者不見其大；存乎飲食男

女之事，而溺于流者不知其精。諸子百家億之以意，飾之
以辯，傳聞習見蒙心之言，命之理，性之道，置諸茫昧則
已矣。悲夫！此邪說暴行所以盛行，而不為其所惑者鮮
矣。然則奈何？曰：在修吾身。夫婦之道，人醜之矣，以
淫欲為事也。聖人則安之者，以保合為義也。接而知有禮
焉，交而知有道焉。惟敬者為能守而弗失也。語曰：樂而
不淫，則得性命之正矣。謂之淫欲者，非陋庸人而何？天
得地而後有萬物，夫得婦而後有男女，君得臣而後有萬
民，此一之道也，所以為至也。

案：牟先生疏解此段，大抵在解明其所謂道，乃指依道德律
令而上提上契之人本人文之道，此道必即事而見，它雖以「道充
乎身，塞乎天地」之宇宙論姿態顯示，但並非泛從形上立場空頭
而說之即器明道。此即是說五峰在此段中也同樣顯示了道德秩序
與宇宙秩序相合一的儒者共義。

但牟先生此一疏解是否妥當呢？《學案》這段文字，在《知
言》中原不相連屬❷，但今連屬於一起，則更有眉目豁朗的效
果，也更可證實我們前文所述五峰之說「以保合為義」確是由性
上說，而不是由心上說。是則此章中，已根本蘊涵了以心著性之
義，心只是安於此性之道，守而弗失而已。這也就是說即使要說
道德秩序，也主要是依性而說，而非依心而說。但依牟先生一貫
的說法，道德秩序是以心為主（雖然他亦承認性體是道德秩序之
客觀源頭，但這個「客觀」的講法，事實上只是形式的，而心才
是實質的），宇宙秩序則以性為主，必心性之合一，始可說道德

秩序與宇宙秩序之合一。如此一來，牟先生之疏解和五峰之語脈間，不就出現了本質上的懸隔了嗎？因此，如真要順承五峰之語脈，則我們首先顯然有必要將存有論和價值之實質源頭，俱歸屬給性，其次才是要論證這一價值之源「必然」會以「保合之義」的內容顯示出來。如果我們真能論證出此一「必然」，則當然也可說是某種意義下的宇宙秩序和道德秩序之合一，但這合一應該不是牟先生所謂的，由心之主觀性原則和性之客觀性原則之合一所說的合一，這是顯然可見的。

於是，筆者上述的新詮釋方式，就明確地提供了第一步論證。依前節的原則說法，性體即是作為超越者之存有，此存有作為「天命」之賜予，它時時解蔽其自己，以入於具體的歷史事件中，並為此有所領受而持存，故云「充乎身，塞乎天地」，而「存乎飲食男女之事」，這是存有論的「即事明道」，而不只是如牟先生之偏於實踐上所說之即器明道也。唯此存有之入於此有，卻是以即解蔽即隱蔽的方式進入，故性體恆是在理在迷者，此所以「溺於流者不知其精」，唯是置諸茫昧而已。於此，人當然可能以沉淪的方式領納著性體，於是性體遂顯為「以淫欲為事」，而人亦可能在其向來屬己性中，當下聞其良知之召喚，遂翻上來以靜聽性體之聲音，此即「聖人則安之者，以保合為義」之義。同時，此一靜觀即是對性體之虔誠地領納，故云「惟敬者為能守而弗失」，而亦唯依此靜觀，始可能通往性命之正，即性體之顯示其自己也。這樣的詮釋，無疑是更能契合於五峰之語脈的。然而五峰畢竟是從道德義上來規範此性體之內容，因此我們尚有待於第二步的論證。關於此一論證，則尚請詳參下章所述，

此處茲暫從略。

（二）

> 天下莫大于心，患在于不能推之爾；莫久于心，患在于不
> 能順之爾；莫成於命，患在于不能信之爾。不能推，故人
> 物內外不能一也。不能順，故死生晝夜不能通也。不能
> 信，故富貴貧賤不能安也。

案：這段話特別值得作一攷量。表面上看，這段話頗類乎孟
子的說法，尤其說推字，無疑是由孟子「推此心」之語而來，因
此我們也很容易即依孟子而將心理解為本心義。牟先生即如此
說：所謂心之大，即指本心之絕對普遍性，所謂心之久，則指本
心之永恆無盡性。由於本心之大之久，故本心必與天為一，「此
必歸於明道只心便是天云云之一本之義也」。至於命，牟先生亦
由「夭壽不貳，修身以俟之，所以立命也」這一限制原則上說
之。這樣的說法就語脈上看，當然並無不順當處，但問題是這段
話本身真足以肯定地支持五峰確以本心義來說心嗎？關於這點，
且請先看五峰另一段話：

> 或問：心有死生乎？曰：無生死。曰：然則人死，其心安
> 在？曰子既知其死矣，而問安在耶？或曰：何謂也？曰：
> 夫唯不死，是以知之，又何問焉？或曰：未達。胡子笑
> 曰：甚哉子之蔽也！子無以形觀心，而以心觀心，則其知
> 之矣。

　　這段話五峰的辯論實在有些不清不楚，無怪乎朱子要說它是駭人聽聞。但我們依然可細想五峰所謂「心無生死」有沒有實義呢？他說「無以形觀心」，即指無以形氣的角度說心，因若說形氣之心，則心自然有生死，這意思很明確，但何謂「以心觀心」呢？牟先生對心無生死的理解是這樣的：他即以心之大之久，也就是以心之永恆遍在性說之，如是，則「以心觀心」即是說「以本心觀本心」，本心實無所謂觀，本心之觀即是本心之創造，本心之創造性乃是無限的，由此而可知心無生死。這說法看來自然也很順適，但仔細思之，卻也不無問題，蓋本心創造之無限，原是一種意義之無限，意義之無限自無所謂生死，但這話所謂的「無所謂生死」，其實義乃指根本無涉乎生死，和生死之事不相干，可是五峰說無生死是此義嗎？牟先生似亦覺其中有不妥處，故云「于辭語上不合儒者之習慣」，然而這真只是五峰用語之不諦而已嗎？恐怕也很難說吧！

　　於此，如果改以筆者所重構的詮釋來看的話，則或可有另外的解讀。依筆者的說法，心之實義乃指此有，此有自然是有限的，有限的此有如以形氣視之，亦自然有生死，但若以此有在世存在之投企來看，它永遠面向死亡，但在存在意義上，何謂死亡呢？死亡對存在言，不只是說存在之到此終結嗎？而存在之終結對存在當身言，原是完全不可理解的荒謬，因此原不可對存在而說死，死於存在無意義。如果用這樣的思路來看，則五峰的論辯不就昭然若揭了嗎？在這意義上，我們自然也可說此有是無生死的，如此用法也並不發生辭語恰當性的問題，這不是更順適的詮

釋嗎？

　　如果我們進一步將此一詮釋帶回前一段引文來看，則也一樣說得通，因為無論如何，此有總是存有的持存者，亦即心恆是性體的持存者，性體至大至久，則心即至大至久，此至大至久原不必以永恆遍在說；於此有說至大至久，很可以只是指此有恆以其本真之可能性地開顯，而向著存有回歸，今即依此有之是否能抉擇其本真之自己，來說患不能推、患不能順，看來也不會有什麼不順適處。由此而言，不依本心義，而依此有義來理解這兩段話，的確也是可以的，我們並不能因五峰之語出自孟子，遂以為五峰之思路必和孟子相同也。

（三）

　　　　氣之流行，性爲之主。性之流行，心爲之主。
　　　　萬物皆性所有也。聖人盡性，故無棄物。

　　案：牟先生以為性表示客觀原則，而為氣變之「客觀之主」。當然這客觀之主實只表示性為氣變間接憑依之根據而已，純因果地說，氣變亦自有其一套規律也。心則是主觀性之形著原則，以使性體真實化與具體化，故為「主觀之主」也。就流行言，氣之流行是實說，性之流行則為虛說，蓋以性體之神用而說為流行也。嚴格言之，性之流行若無心之形著，則只是一形式之說法而已，故剋實而言，唯是落在本心之創造性上而已，本心之創造即是形著也。

　　關於牟先生之說，我們已很熟悉，這說法在存有論層面顯然

是依因果法則而説，從嚴格的因果律之上推於存有論，而説氣變須憑依於性體，或進一層説，實是憑依於宇宙根源之道體也。這樣的説法若置諸西方的形上學史中，當然並不陌生，充足理由律作為形上學的原則，乃是有悠久的歷史的。這且不言。説性為氣之主，如我們前文所論，它必涵著雙重的宇宙論行程，但我們真有必要如此想嗎？關於這點，本節前半部已有詳説，茲不贅述。簡單地説，我們只要撤除了嚴格的因果性説法，而代之以天台由性具所説的一套存有論，則我們便可以更直截的方式理解這幾句話。所謂「氣之流行，性為之主」，這流行實為緣起事造地説之流行，而依事造之不離理具，故説性為之主也。所謂「性之流行，心為之主」，這流行即是由性體自身説之解蔽性，性體之解蔽必以心為持存處，而亦唯依心之通過其本質思考，始可返而彰顯性體，這當然也是一種形著式之主，只是和牟先生之即創造而説形著不同。依此説法，則説萬物皆性所有，聖人盡性，自亦皆為應有之義也。

（四）

> 有而不能無者，性之謂與？宰物不死者，心之謂與？感而無自者，誠之謂與？往而不窮者，鬼之謂與？來而不測者，神之謂與？

案：首句當然是由橫渠「未嘗無之謂體」而來，以此而區隔儒佛，但問題是性之有是否一定要説為某種實體性之有？宋明儒特別注意有無這組概念，自然是為了對顯佛之言虛空幻化，而佛

所謂虛空幻化，原是指緣起無自性而言，由無自性而涉及存有論問題，則可說佛由原始教義即反對有永恆之實體性存有，這也就是牟先生所常說的struggle for non-being㉔，而牟先生也正是基於此一了解，而認為宋明儒之以有無判儒佛，有無即是指 being與 non-being之對舉，因此所謂「有而不能無者」之性，乃指「自性原則」，也就是性體即指一實體性之有。但我們亦可問當佛說法之無自性即是法之 non-being時，這是不是一個存有的問題？這也就是說法之 non-being要不要先預設著法是 be-ing？這問題如此表述當然怪怪的，但假如我們借助海德格對「存有」與「存有者」之區分，其意思就容易清楚了。當牟先生將佛之法無自性理解為緣起法即是 non-being 時，這顯然是從存有者的角度上說，也就是說佛反對把法從存有論的立場描述為對顯於某一主體的一個客觀永存的實體，但法無自性也並不表示法純然只是經驗中停不下來的因果串系而已，法亦有性，如是法性和法無自性如何串聯起來不矛盾呢？在般若學說法性空，這空只是個牟先生所謂的「抒意字」㉕，因此法性和法無自性自無矛盾可言，法性空即是法無自性。但離開般若學的系統，這問題恐怕就不那麼單純了，因為當說法性空時，顯然必須先預設法性是一存有，只是其存有是一非存有，這不就有些怪了嗎？然而如果我們說法性是一存有，乃指法性是海德格所謂的「自明的超越者」，只是這超越者並不能理解為一個永恆實存的存有者，以此而說法性是non-being，這就不會有矛盾了。

以此而言，佛自然也可說有，這有和虛空幻化之無原不必有矛盾，因此性之有原不必一定要表示為某種實體性之有，這樣一

來，則徒以 being— non -being 、有一無，來區隔儒佛，是否足以說明問題呢？如此說來，牟先生的說法固然於原文語勢頗順，於義卻未必是妥切的。但儒佛亦終有別，其區別在相當程度上亦可說是一種有無之別，也就是儒佛一方面俱表示一種實踐的智慧學之規模，但其表現模式則實可分為人倫的與「非人倫」的，傳統儒者之闢佛，亦往往只是針對這點而言。如是，則我們可否說這只是存有解蔽其自己的方式之不同呢？由於歷史因緣之不同，存有或者依人倫之形式以解蔽其自己，此即儒之所謂有，亦或者依非人倫之形式以解蔽其自己，此即佛之所謂無，這不就依然也可說是「有而不能無者，性之謂與」嗎？

其次說心之宰物不死，其義全同於說心之至大至久，此則已詳第二條，不贅。

第三句說誠之感而無自，依牟先生的理解，是說心體即誠體，誠之感即心之感，亦即心之形著、心之創造，本心之創造自然是自發自律的，它不是感有所自之被動地感。不過，前文我們已曾論證過，似乎並不一定要將心理解為本心，而若依此有以說心，則此誠字應如何理解呢？關於這點，本節前半部亦已有詳論，簡單說，誠即是對性體之理的一種信仰式的誠敬，而非誠此本心，此種誠敬當然也純是自發之工夫，因此也並不違背原文語脈。

至於四五兩句，依鬼神而說不窮、不測，五峰之義究是指氣變之不窮、不測，抑是性之流行的不窮不測，他雖未明言，但依上下文氣，似應指後者而言，唯如此一來，則五峰用了「鬼」字，而照一般用法，凡言鬼神者多就氣言，如此便成不順。因此

牟先生特別要針對這點作一辯解。不過，如照筆者所論，牟先生之辯解實亦不必，因為牟先生唯恐由性與由氣所說的兩重宇宙論行程有混淆，故須有此一辯，但若依性具與理具事造而說「流行」，則根本不必有性氣之分，而五峰由鬼神之不窮不測說性之流行，也不會有任何困難也。此一論證已詳前述，茲亦不贅。

（五）

> 仁者人所以肖天地之機要也。

案：牟先生說此句，依然是由仁體即心體之義上說，仁即主觀性原則，依其「創生性」而形著性體，並由此以與天道相貫通。但誠如牟先生所指出的，五峰此語顯由明道識仁之說而來，而筆者在本章第一節中亦已指出，明道之識仁未必涵著察識本心之義，而五峰所理解的識仁，更未必是由仁體之創生而說，因此牟先生對此句的理解未必是究竟的。但無論如何，仁是指心而言則無疑，如是此句原則上即相應於「性之流行，心為之主」。惟需特別注意的是，仁之一字在傳統的用法中，總涵著道德性的內容，因此我們也不應太簡單地將之和此有畫上等號，至於如何處理仁的道德性問題，則請詳下章所述，茲不贅。

（六）

> 靜觀萬物之理，得吾心之悅也易。動處萬物之分，得吾心之樂也難。是故仁智合一，然後君子之學成。成己所以成物。

情一流則難遏，氣一動則難平。流而後遏，動而後平，是
以難也。察而養之于未流，則不至于用遏矣。察而養之于
未動，則不至於用平矣。是故察之有素，則雖嬰于物而不
惑；養之有素，則雖激于物而不背。易曰：「艮其背，不
獲其身。行其庭，不見其人。無咎」。此之謂也。

　　案：這兩段所涉及的純是成己成物之實踐，因此文中所謂的
靜觀，非玄解妙悟之靜觀，亦非濂溪所謂主靜之靜觀，此靜觀實
對動處而言，動中難覺，這是很容易了解的。唯問題是在如何
覺？察養什麼？這卻必須仔細考慮。牟先生云：「五峰此處言察
養雖就情與氣說，然察識涵養之所施，實積極地亦在本心仁體
也，不徒在形而下的無色之情與氣也。察養于情之未流，氣之未
動，實異質地越至本心仁體而察養之也。就本心仁體說，察是先
識仁之體，是察識此本心，是逆覺此仁體，察識同于逆覺；養亦
是存養此本心仁體。是則察養唯施于本心仁體也。不是單察養那
未流之情、未動之氣之自身也。工夫施于體，而收其果實於情流
之中節，氣動之不悖，是即為察而養之于未流未動矣。若不以體
為標準，單察養情與氣之自身，難有果實也。縱使有相當之果
實，亦非必是儒者言道德踐履上之存養之果實也。是故此處雖就
情與氣說察養，然其隱而未發者之本旨實在積極地涉指本心仁體
而說之也。」⑯，此義我們當已甚為熟悉，惟牟先生也注意到
了五峰言察養但就情與氣言，然而我們可否說對情氣之察養即是
其積極工夫之所在，而不必一定要隱而未發地指向一個異質的，
超越的本心呢？如果依筆者的詮釋，所謂的察養首先只是對本真

自我的存在抉擇，此一抉擇所面對的，原來就只是在種種「與接為構」的共在中，由於情緒之現身所引致的種種異化，因此這抉擇的工夫原不在逆覺什麼體，而只是從情氣之牽引底當下止息，即發覺本真之可能性。如此一來，則積極的工夫自然只是用在情氣上而已，能如是察之並止息之，則自能仍在一共在之結構中，而恆不失其本真，這不也是「嬰於物而不惑，激於物而不背」嗎？而且這更順於艮止之義。對比於此義，則在順通原典上，牟先生之說會不會反嫌迂曲呢？

（七）

性定則心宰，心宰則物隨。

案：性定之說明是承明道「定性書」之說而來。明道明是說定性，然通篇俱在說定心，則定性自是「從勝從主」而說。如是，性定則心宰，猶是性之流行，心為之主之義也。至於心宰則物隨者，無論是就牟先生之義，或是筆者之詮釋，物皆無獨立於心外之義。就牟先生言，物即本心明覺之感應；於筆者之詮釋言，物亦為一念心之所具，生活世界原不獨立於此有之外，此義甚明，不煩詳釋。

（八）

天命之謂性。性、天下之大本也。堯、舜、禹、湯、文王、仲尼六君子先後相詔，必曰心，而不曰性，何也？
曰：心也者，知天地宰萬物以成性者也。六君子盡心者

也，故能立天下之大本。人至於今賴焉。不然，異端並作，物從其類而瓜分，孰能一之？

案：這段話的語脈和前述甚一貫，原不必詳檢。「心也者，知天地宰萬物以成性者也」，這和「性之流行，心為之主」之義原相一貫，牟先生訓知為主，而非解悟之知，亦甚為恰當。惟於「盡心」一詞，則仍應留意。此概念自是由孟子而來，在語脈上，明道云「只心便是天，盡之便知性，知性便知天」，更是明顯，但語脈上之雷同，並不表示思路之雷同，這點牟先生亦早有詳辨，惟牟先生亦以為，套在以心著性與本心即性兩種思路下的盡心，其意義是完全一致的。但在筆者看來，這卻未必，其理由俱已詳上述，不贅。不過，盡心一概念中，確已含有道德性之內容，故云「立天下之大本」，此則又不能只從對本真可能性之存在抉擇上說，而必定得轉出道德之意涵。關於這一面，仍請詳參下章所論。

(九)

天理人欲同體而異用，同行而異情，進修君子，宜深別焉。

案：五峰這段警策之語，恰好也正是筆者整個重構工作的始點。關於牟先生對這幾句話的詮釋，所面臨的一些系統難題，已俱詳前述，茲不重述。今只於此簡述依筆者之重構，究應如何理解這幾句話。

照筆者的想法，我們首先得改變一下牟先生一般說「體用」
的方式，也就是體不能是指某個形上實體，用也不能是此實體的
承體起用，牟先生正是發現如此說之體用放不進這句話中，才有
了「事體」和「表現之用」這樣一種權宜性的說法。也就是說，
牟先生仍想守住其一貫的體用義，遂不得不權宜性地改變對這句
話的詮釋，但之所以必須迫使牟先生作此權宜的原因，會不會根
本是源自於牟先生錯會了五峰的體用義呢？如果我們根本不以一
種因果式的想法來想體用，則或者我們根本就不需要作任何權宜
之計，亦未可知。在天台，當它說「無明法性同體依即」時，依
照筆者的重新詮釋，同體者顯然是指同為法性所具，但法性並非
一超越的實體，法性之具，乃是以存有之即解蔽即隱蔽的方式而
具，如是遂由「無明無住」與「法性無住」這一解蔽與隱蔽之相
互依即，而形成一套存有論之表述。同樣的詮釋方式，筆者以為
完全可以轉而用之於此，也就是說我們首先得將「天理人欲同體
而異用，同行而異情」視為一種存有論的表述，體者實指天理這
一存有概念之解蔽性，此解蔽性形成一種存有論的具，它具足一
切天理、人欲之義。但天理之解蔽其自己，亦是以即解蔽即隱蔽
的方式為之，因此它亦可通過「天理無住」和「人欲無住」之同
體依即的方式，而完成一套存有論表述。其次，天理之解蔽其自
己，乃通過此有——即作為互為主體之心——而持存，而此有可
返而開顯天理，亦可隱蔽天理，遂成天理人欲之異用與異情，這
異用、異情自然是實踐上的事，因此乃可說「進修君子，宜深別
焉」。這樣的詮釋便不再需要引入「事體」這個概念，如此豈非
更簡單直截！

（十）

　　好惡性也。小人好惡以己，君子好惡以道。察乎此，則天
理人欲可知。

　　案：此章直承上章而來。但何謂「好惡性也」呢？依牟先生
的說法，好惡乃是「好善惡惡」，復由好善惡惡而說性體之至
善。這說法的思路很顯然，即是由好善惡惡指向一個超越的心
體，然後再由心體之即創造即形著，以返而說性體之至善。如此
說法自然有些曲折，他恆須繞到字面之外，去安排一個心體。以
此，當他解「小人好惡以己，君子好惡以道」時，也必須略帶曲
折，他說「人雖有好善惡惡之性，性體亦能發好惡之用，而人之
實際表現此好惡之用常不能稱體而發，而不免有夾雜。非謂一言
『好惡性也』，便能擔保好惡之實際表現全盤皆合理也。此即胡
氏此段文之著眼點。『小人』亦非無好善惡惡之性，其本有之性
體亦能發好善惡惡之用，然其實際表現常不能稱性體而發，常不
免夾雜之以己私，此所謂『小人好惡以己』也。雜以己私，則表
面上雖是好善惡惡，而底子（實情）卻是『人欲』，故終于為
『小人』也。『君子好惡以道』，則是稱體無雜，故其好惡純是
『天理』。」❷ 也就是說小人之好善惡惡是在心體已隱沒的狀
況下為之，故同是好善惡惡之事，卻有天理人欲之別。單獨來
看，這樣的說法當然也不是不好，惟於原典卻總是有曲折。總須
以外加的說解來說。但若是依筆者的詮釋，則根本不須有外加，
❷ 蓋性體這一存有之解蔽其自己，原即必須落實於此有這個有

限心之上，好惡原本即是有限心之表現方式，故曰「好惡性
也」。唯如此說之好惡，一方面即使也仍可說是好善惡惡，但並
不是預設著本心，而為本心之直接表現的好善惡惡，另一方面，
它也不是如朱子〈知言疑義〉所意指之一般心理學意義的好惡。
❷ 這好惡屬情氣，但只是說它乃是套在時間性、歷史性的向度
中，而此有之好惡卻亦可以有自由，它可抉擇其自己，如是，通
過此有之好惡，它或可返於存有自身，亦可只徇於人欲之異化，
由是以簡別君子小人，天理人欲。如此詮釋應該是更貼切於原來
句式的。

（十一）

> 心無不在。本天道變化，為世俗酬酢。參天地，備萬物。
> 心之為道至大也，至善也。放而不知求，耳聞目見為己
> 蔽，父子夫婦為己累，衣裳飲食為己欲。既失其本矣，猶
> 皆曰我有知，論事之是非，方人之長短，終不知其陷溺
> 者，悲夫！故孟子曰：學問之道無他，求其放心而已矣。

案：此段大抵無問題，只是前開諸章之敷衍而已。牟先生仍
由本心義說「心無不在」即是心之遍在性，亦由本心義說萬物皆
備於我，說放心，單獨看，此義皆很順適，亦符合五峰語脈，五
峰亦用備字，亦引孟子放心之說，看來皆無問題。然依筆者之詮
釋，亦仍可說心無不在，惟此遍在義非就超越性而說，而是就存
有之恆連繫於此有之開顯性而言，同時由此有之開顯恆預設著整
個生活世界，故亦可說參天地，備萬物也。至於此有在雜然共在

中，自我異化為他人，而只成一種海德格所謂閑談式的「我有知」，以此而「論事之是非，方人之長短」，這不正是此有之沉淪、陷溺嗎？以此而說放心，自然也是恰當的。故論文句，兩種詮釋似皆無不可，其取捨則但視前後章節之貫串也。

（十二）

> 或問性，曰：性也者天地所以立也。曰：然則孟軻氏、荀卿氏、揚雄氏之以善惡言性也非與？曰：性也者天地鬼神之奧也。善不足以言之，況惡乎哉？或又曰：何謂也？曰：某聞之先君子曰：孟子所以獨出諸儒之表者，以其知性也。某請曰：何謂也？先君子曰：孟子之道性善云者，歎美之辭，不與惡對也。

案：此章僅指出性體之超越義，此義自可說，但是否是如牟先生所說之「超越的絕對體」，則恐怕未必。五峰云「天地鬼神之奧」，海德格亦不諱言存有之神秘性，但奧並不一定要是實體性之奧體，牟先生如此說之，當然是增添的。惟此段亦值得注意的，則是五峰對孟子性善義的隔閡，關於這點，牟先生曾有清楚的論辯 ❹ 。然筆者由此論辯所注意到的則是五峰對「本心即性」之思路，似乎根本就不親切，假如真是如此的話，則可能說五峰之論心即是孟子之說本心嗎？當然邏輯上說，這本是兩個命題，故不解本心即性，未必要涵著不解本心，不過筆者質疑的是，孟子說本心和本心即性，這兩個概念的關聯性如此清楚，因此我們能想像一個完全可把握住本心義的人，居然會不解本心即

性嗎？這自然只是個合理的懷疑，但若有人仍要堅持牟先生論
證，則似有必要對此懷疑作出説明吧！

（十三）

> 凡天命所有，而眾人有之者，聖人皆有之。人以情為有累
> 也，聖人不去情。人以才為有害也，聖人不病才。人以欲
> 為不善也，聖人不絕欲。人以術為傷德也，聖人不棄術。
> 人以憂為非達也，聖人不忘憂。人以怨為非宏也，聖人不
> 釋怨。然則何必別于眾人乎？聖人發而中節，而眾人不中
> 節也。中節者為是，不中節者為非。挾是而行，則為正。
> 挾非而行，則為邪。正者為善，邪者為惡。而世儒乃以善
> 惡言性，邈乎遠哉！

案：此章亦由天理人欲同體而異用一章而來。這是説天命性
體乃是通過情才欲術憂怨之氣稟而表現，此是聖人與眾人之所同
者。但依牟先生之理解，則以為聖人與眾人之所同處，並不只是
情才這六者，而且基本上所同者並非這六者，而是本心，至於情
才欲術憂怨六者，特本心之表現耳。因此六者之同是表現上之
同，由此表現之同以反顯於本心之同，由本心之同始有中節為
是，不中節為非的説法，復進而由本心之同以形著性體之為超越
的至善實體。牟先生的疏解，重重複複，俱是在指出五峰之説定
須曲折地插入本心之概念始可順通，但如此一來，則豈非亦顯出
一個疑點？假如説五峰之説非有此曲折便不可通，則五峰似乎便
不應在表達時有所遺漏，或是於一二處行文上偶未提及，但總不

應在所有相關處俱不提及才是。可是五峰的説法卻是在所有相關處，均只提及情氣等只能連繫到有限心的概念，卻幾乎從未有任何一個地方插入明確可往本心義延伸的概念，這不是有些可疑嗎❸？當然，依照筆者的詮釋，這問題是根本不存在的，性體之解蔽其自己，原本即內在於有限心中，這是聖人眾人之所同，而所同者即是情才等等，而非本心，情才等亦非本心之表現也。至於中節不中節，則一方面涉及此有之自我抉擇，亦涉及道德層面，這一層面自當留待下章再行處理，茲暫從略。

又，牟先生亦提及此處「天命所有」之天命，乃是帶著氣化而説，不純以理言——也就是不純以形上實體言。關於這樣的區分，筆者以為原則上也是不太有必要的，因為我們並不須有兩重宇宙論行程的説法，存有原本就恆在歷史的向度中解蔽其自己，如此便是天命所有也。

(十四)

> 彪居正問：心無窮者也。孟子何以言盡其心？曰：惟仁這
> 能盡其心。居正問爲仁。曰：欲爲仁，必先識仁之體。
> 曰：其體如何？曰：仁之道宏大而親切。知者可以一言
> 盡，不知者雖設千萬言，亦不知也。能者可以一事舉，不
> 能者雖千萬事，亦不能也。曰：萬物與我爲一，可以爲仁
> 之體乎？曰：子以六尺之軀，若何而能與萬物爲一？曰：
> 身不能與萬物爲一，心則能矣。曰：人心有百病一死，天
> 下之物有一變萬生，子若何而能與之爲一？居正悚然而
> 去。他日，某問曰：人之所以不仁者，以放良心也。以放

　　心求心可乎？曰：齊王見牛而不忍殺，此良心之苗裔因利
　欲之間而見者也。一有見焉，操而存之，存而養之，養而
　充之，以至于大，大而不已，與天同矣。此心在人其發見
　之端不同，要在識之而已。

　　案：此段說法恐怕是最足以為五峰和孟子連上關係的一段。
但筆者早在本章第一節中，即已指出如此說法恐怕並不合於五峰
之語脈，因此牟先生亦並無絕對的理由，說五峰所言之「良心之
苗裔」即是本心也。關於這點請覆案前文，茲不重述。以下但據
筆者之詮釋以順通文句。

　　居正問「心無窮者也，孟子何以言盡其心」，嚴格說，此問
並不通，蓋心無窮之說顯本五峰說心之至大至久，心無不在等
義，此無窮義和孟子盡心之盡，並非矛盾，盡心之盡乃動詞之致
用義，非形容詞之窮盡義也。由於居正之問莫名其妙，因此五峰
之答也彷如平地而起，而此答才真是此章之開始。五峰云「唯仁
者能盡其心」，這話當接續「仁者人所以肖天地之機要也」來
看，如此我們便很容易看出來，五峰乃是以「識仁之體」來理解
「盡其心」，仁之體即是天地之機要，即是性體，盡心者，即是
識此性體，此仍是以心著性之義也。對於此一仁體，五峰復進一
步釋之云「仁之道宏大而親切」，乍看之下，五峰之說似有些不
著邊際，但若順上下文來看，則五峰此一說法無疑是本於明道
〈識仁〉所謂「仁者渾然與物同體」而來。順五峰的語脈，則明
道此語實可兩面看，一是就存有論的面向說，仁體既即是性體，
則性體之解蔽其自己，乃具體落實而持存於此有，此有復預設著

整個生活世界而為此有，以此明道可說「此道與物無對，大、不足以明之，天地之用皆我之用」，而五峰亦可有「宏大而親切」之說也。另一面則是就實踐的面向看，這是著眼在「肖天地之機要」之肖字上說，亦即渾然與物同體者表示的即是天地之機要，肖者即是此有之向天地機要之回歸，亦即向性體、仁體之理的回歸，能如此回歸者即是仁者，故明道即繼此語而云「識得此理，以誠敬存之而已」，復云「孟子言萬物皆備於我，須反身而誠，乃為大樂」也。而所謂的誠敬、反身而誠，如我們前文已然論及者，皆只表示對此渾然與物同體之仁體的信仰式之忠誠而已，它並不須如牟先生之繞經本心而說也。

根據上說兩個面向的說明，然後我們乃可理解彪居正下面兩個問題。居正首先即順明道之說問萬物與我為一何以即是仁體？嚴格說，居正此問究竟是著眼於存有論的層次，抑是實踐的層次，是不太明確的，但五峰之答語則顯然著眼於後者，而且只以一種遮撥的方式說，因此我們並無法由此答語看出五峰對實踐工夫的正面看法。但我們若對照明道之說，則五峰之意亦很明確，也就是說五峰所謂識仁之體的工夫，即是「反身而誠」，唯如此始能與萬物為一也。如是連貫來看，則五峰所謂的盡心，其實就是反身而誠，惟此誠乃是套在識仁之體，也就是套在形著性體這一脈絡中說而已，此一語脈甚明顯，應無可疑者。此意居正大概是能懂的，所以他乃說心可以與萬物為一，也就是通過心之誠乃可以形著性體也。然而五峰卻又緊接著攔斷居正如此的想法，五峰何以如此呢？居正之了悟不正合於五峰自己說的「性之流行，心為之主」嗎？其實照五峰的反詰式問法，其意旨還是很清楚

的，這並不表示五峰反對居正的了悟，而只是反過來提醒居正，是不是真能實踐地掌握以心著性之意。假如說以為心只是純生理之「百病一死」的心，物只是純物理的「一變萬生」之物，這便完全誤解了整個以心著性的意旨。因此乃說居正「悚然而去」。

惟此處我們也應注意，五峰固然反對由純生理或心理的角度論心，卻並不表示它必然要轉由超越的本心來論心，何以見得呢？於此，我們注意到底下五峰自己的設問。他問說「人之所以不仁者，以放其良心也」，也就是說人之所以不能識仁之體，乃是由於他放失了良心。但何謂良心之放失呢？照下文的意思看，良心之放不放失，乃純是「良心之苗裔因利欲之間而見」。五峰此語，很顯然是關聯著「天理人欲同體而異用」之意而說的，而依筆者前述的詮釋來看，因利欲之間而見的良心，完全不必從本心義上來看，它只是此有之是否抉擇其本真之自己而已，能如此抉擇者即是良心，通過此良心之誠、之靜觀，它自能識仁之體，也就是自能回返於性體也。如此當然也可說是「操而存之，存而養之，養而充之，以至於大，大而不已，與天同矣」。此即是說五峰雖借孟子之語句，但仍是依其自己的語脈而用也。因此底下五峰乃云「此心在人其發見之端不同，要在識之而已」，這不同的發見之端，並不能依孟子四端義來說，在孟子，本心只有發見不發見的問題，而沒有平列式的發見之端不同，是則五峰之義，乃是分就天理人欲異用這一面而說其發見之端不同也。筆者如是順通，或應更切近於五峰之語脈。

（十五）

> 天地，聖人之父母。聖人，天地之子也。有父母，則有子
> 矣。有子，則有父母矣。此萬物之所以著見，道之所以名
> 也。非聖人能名道也；有是道，則有是名也。聖人指明其
> 體曰性，指明其用曰心。性不能不動，動則心矣。聖人傳
> 心，教天下以仁也。

案：此章牟先生以為乃綜結歸宗之語，甚是。五峰言天地與
聖人的母子關係，無論就牟先生之系統，或是筆者之詮釋言，皆
是相應的。惟「聖人指明其體曰性，指明其用曰心」一句，必須
略作分疏。依牟先生的說法，性與心皆以道言，道即以性為體，
性者乃為涵創生、定向、奧密諸義之實體，心則「即就道之生物
不測之用、妙運無方之神而說為心」，此心即通自覺自律之超越
性的心體也。此義前文已屢見，不煩詳述。不過有一點很值得注
意，五峰很少用體用二字，《知言》中只有兩處地方提到體用，
另外一處便是說天理人欲同體而異用。五峰這兩個地方的體用義
是否一致呢？如果照牟先生的講法，它們是不一致的，一指性體
與心體言，一指事體與經驗之表現言，但若順原典的語脈看，這
兩個體用義真有如此之懸隔嗎？在筆者看來，似乎很難想像五峰
會以如此歧異的方式說體用。然而如果依筆者的詮釋，則性體之
為體，並非指一超越之實體，而只是指存有這一超越者而言，性
體之解蔽其自己，即具體持存於心，如是一方面心既取得存有論
之意涵，復亦為實踐之根據，此亦可說是「指明其用曰心」，如
是即能維持五峰體用義之一致性，復亦可說「性不能不動，動則
心矣」，以動即解蔽也。如此說法，顯然較為順適。

（十六）

又學案復引及五峰答曾吉甫書，牟先生亦表而出之，此書曰：

> 心性二字乃道義淵源，當明辨不失毫釐，然後有所持循。未發只可言性，已發乃可言心。故伊川云：「中者所以狀性之體段」，而不可言狀心之體段。心之體段難言。「無思也，無為也，寂然不動，感而遂通天下之故」是也。未發之時，聖人與眾同一性。已發，則無思無為，寂然不動，感而遂通天下之故，聖人之所獨。若楊、尹二先生以未發為寂然不動，是聖人感物亦動，與眾人何異？至尹先生又以未發為真心，然則聖人立天下之大業，成絕俗之至行，舉非真心耶？故某嘗謂喜怒哀樂未發，沖莫無朕，同此大本，雖庸與聖無以異。而無思無為，寂然不動，乃是指易而言。易則發矣。故無思無為，寂然不動，聖人之所獨。喜怒哀樂未發句下，還下得「感而遂通」一句否？若下不得，則知立意自不同。伊川指性指心，蓋有深意。

案：此書重解中庸首章已發未發之旨，確甚奇特。五峰以未發為性，已發為心；前者尚與一般說法無異，但就已發言心，則便有些怪異了。牟先生云「至于論『已發』則奇特。『已發』仍就情說。但卻是在喜怒哀樂已發之際超越地體證一『聖人之所獨』之『無思無為，寂然不動，感而遂通』之心體。此心體對情

而言，即為超越者，故須超越地體證之。亦猶在情之未發時超越地體證性體也。就情之未發已發分別體證性與心體，此仍是心性對言，歸于開頭所說『心性二字道義淵源』之從心性說起也。心不是就喜怒哀樂自身之發與未發說。喜怒哀樂之發與未發明是情。『情效天下之動』，情以氣言。心是就情之已發而超越地被體證，即體證為實體性的本心，即『無思無為，寂然不動，感而遂通』之本心、天心。……尤奇者，此心由情之『已發』見，而五峰于此心自身亦言發。故云：『無思無為，寂然不動，〔感而遂通〕，乃是指易而言，易則發矣』。此是由情之已發而見及心之動用、神用也。」❷ ，依此意，則牟先生順通的方式乃是如此：即已發者，乃是在情之發時即依一超越體證之方式，去逆覺一聖人之所獨的心體。但如此順通，不有些奇怪嗎？因為其一，牟先生必須在原文中插入一段「超越體證」之說法。其二，如牟先生的疏解是正確的話，則超越之心體原不應是「聖人之所獨」，而是人人本具的；牟先生當然也看到這點，因此他乃以「五峰說此是聖人之所獨當是該括『盡』而言之耳」❸ 這方式來彌合，但這不又是對原文之增益嗎？而若說一段義理文字，居然在如此關鍵處，必須以這麼多的增益方式來詮釋始能順通的話，則是否還能說只是原作者思路之隱晦奇特呢？然則我們可否嘗試不必以如此增益的方式來順通五峰之說呢？

筆者以為，牟先生之所以必須以增益的方式來說，其原因乃在於他一直以太斬截的方式來看待心與情的差別。五峰固然有「誠成天下之性，性立天下之有，情效天下之動，心妙性情之德」的說法，則心與情當然有別，但其差別是否一定是指情屬

氣、心則是超越的主體性呢？依筆者的詮釋，我們很可以借助海德格的想法，將情理解為此有之基本存在性徵，天下底任何存在，俱是在情中現身，而此有即在此一現身中顯示其自由度。當此有通過抉擇，而在靜觀之誠中回返於存有時，此即可說「誠成天下之性」，「心妙性情之德」也。這也就是說心妙性情之德之心，可以只是個有限心，它本身即在情中現身，如是我們乃不須如牟先生般，由情中去超越體證心體，這便可免除第一項增益。其次，此有可選擇仍停留於異化中，亦可通過抉擇以復返於存有，由如此不同之選擇而見天理人欲之異用，如是人即真是在一念迷悟之間，而來回倒於天理人欲之途，因此當然可說心之能形著性，乃為「聖人之所獨」，因為確是唯聖人乃能復返於天理也。如是，我們復可免除牟先生的第二項增益。同時，在這一詮釋中，絲毫未影響五峰之心為已發，以心著性等義，然則，如此的詮釋豈不是更為理想嗎？

以上，筆者參照了牟先生的疏解以為對比，重新對五峰之學作了一番新詮釋。按照此一重新疏解，筆者以為最大的好處，乃是完全不必在五峰的原來語脈之外，再加任何增益性的詮釋。如果說牟先生對孟子學一系的疏解是嚴絲合縫的話，則筆者以為如上對五峰的疏解，應該也可顯示出同樣的效果。同時，雖由於篇幅所限，使筆者暫時無暇重作橫渠、明道乃至蕺山之疏解，但就筆者對橫渠等人原典之初步過濾，亦發現依此思路，將更能順適地進行詮釋。這也就是說筆者前述依天台思路所作的重構，至少是可以通過原典之考驗，而且有更大說服力的。通過此一重新疏解，當然增添了筆者圓成儒家圓教之詮釋的許多助力，然而平心

而論，本節之重構仍然存在著一些頗具關鍵性的問題，此則尚請俱詳下章所論。

附 註

❶ 關於此一結構，牟先生在許多著作中均屢屢鄭重言之，如其《中國哲學十九講》和《中西哲學之會通》等書均一再申說此義。他說「就哲學發展的究極領域而言，這個架構有其獨特的意義，我們可以把它看成是一個有普遍性的共同模型，可以適用於儒釋道三教，甚至亦可籠罩及康德的系統」，見《十九講》頁298。

❷ 牟先生《現象與物自身》，頁110～111。又李明輝〈牟宗三哲學中的物自身概念〉一文也從康德哲學的角度支持了此一看法，他說「物自身概念在康德底哲學系統中具有雙重涵義。在其知識論底脈絡中，它似乎如一般學者所理解的，是個事實概念。但在其倫理學中，這個概念又隱約透顯出一種價值意味。就其實踐理性優先於思辨理性的立場而言，我們有理由相信：後一意義丬是此概念底真正意義。」引文參見該文頁9。

❸ 關於「人欲無住」，「善性無住」以及下文所謂的「天理無住」這些概念，純是依無明無住、法性無住所作之類比性說法，它當然並無原典依據。之所以要作如此增添，純是基於存有論論證上之需要，筆者也相信，這一增添並不會影響到五峰原來的語脈。

❹ 海德格〈關於人道主義的信〉，譯文則轉引自帕瑪《詮釋學》頁174。

❺ 陳榮華《海德格哲學：思攷與存有》曾區別這兩個概念云「命運不是指在人生過程中，某一無法抗拒、無可避免的宿命論的際遇。對

於這種宿命論的際遇，海德格稱之為命定。在瞭解命運時，必須與解蔽性關連起來……解蔽性送來了不同的命運。」（見該書頁140）依此義，則海德格云「任何一種本真的語言都是命運性的，因為它是通過道說之開闢道路才被指派、發送給人的」（見《走向語言之途》頁232）就很好懂了。

❻　海德格《向於思的事情》〈時間與存在〉，頁14。

❼　筆者必須再次強調，這是筆者嘗試進行的一種創造性的講法，就這點而言，它並不是有沒有原典根據的問題。把「以心著性」之心理解為天台之一念心、海德格之此有，這都踰越了材料本身的直接意思，我們無法直接找到密教思路中有那一家是從有限、歷史的向度來理解心的，但只要材料並未直接排除這一理解的可能性，則我們便可基於哲學上的理由，而進行此一創造性的詮釋，這一作法其實亦不悖於牟先生之精神。

❽　智者大師《摩訶止觀》卷五上，《大正藏》冊四十六，頁56。

❾　海德格在〈走向語言之途〉　文中亦曾云「由於作為顯示著的道說的語言本質居於大道中，而大道賦予我們人以一種泰然任之（Gelassenheit）於虛懷傾聽的態度，所以使道說達乎說的開闢道路的運動才向我們開啟了那些我們藉以沉思根本性的通向語言的道路的小徑。」（見《走向語言之途》頁229～230）這段話更簡潔地描述了此一概念。

❿　同❺，頁163。

⓫　同❻，在該書〈哲學的終結和思的任務〉一文中，海德格云「顯現必然在某種光亮中進行。唯有借助於光亮，顯現者才顯示自身，也即才顯現出來。但從光亮方面來說，光亮卻又植根於某個敞開之

境，某個自由之境（Freien）；後者能在這裡那裡，此時彼時使光亮啟明出來。光亮在敞開之境（Offenen）中游戲運作，並在那裡與黑暗相衝突。無論是在一個在場者遭遇另一個在場者的地方，或者一個在場者僅僅只是在另一個在場者近旁逗留的地方，即便在像黑格爾所認為的一個在場者抽象地在另一個在場者中反映自身的地方，都已有敞開性（Offenheit）在起支配作用，都已有自由的區域在游戲運作」（見該書頁81），這敞開性即表示對存有之守候，而這守候則依憑著另一種思想方式，這方式如其所云「也許有一種思想，它超出了理性與非理性的分別之外，它比科學技術更要清醒些，更清醒些因而也能作清醒的旁觀，它沒有什麼效果，卻依然有自身的必然性」（同上引書頁89），此處所謂超出理性與非理性的清醒的旁觀，實即陳榮華所說的靜觀。

⑫　毫無疑問的，海德格所意指的存有，其真實的面向乃是一個神學的問題，但這個存有的「神聖之神」是既超越了基督教信仰之神，也超越了傳統形而上學之神，更是超越了尼采所反駁的道德之神，珀格勒云「海德格爾的《哲學論文集》以神的問題而告終，而且這是必然的。在這些記載中，存在被考慮為它本身，因而被考慮為未隱蔽狀態的發生（Ereignis，案：即後文會提到的「自現」之義）。未隱蔽狀態這樣地聚集起來：一個對一切進行決定和改變的神的要求在未隱蔽狀態中能夠說話，並能夠遇到人。」（《海德格爾的思想之路》頁 286），是這樣神據有了人，反過來說，人只能如此忠實地被神所據有，這也就是說人對存有之靜觀式的本質思考，乃是一種對存有之近乎信仰式的忠誠，如海德格在〈語言的本質〉一文中云「思想的追問始終是對第一性的和終極的根據（Grﾠden）的尋

求。為什麼？因為某物存有和某物是什麼，亦即本質的本質現身（das Wesende des Wesens），自古以來就被規定為根據。就一切本質都具有根據之特性而言，尋求本質就是探究和建立根據。思考如此這般被規定的本質的那種思想，根本上就是一種追問。不久前，我在演講〈技術的追問〉的結尾處說道：「追問乃是思之虔誠」。這裡所謂『虔誠』取其古老意義，其意就是『順應』——在此亦即順應思之所思。」（見《走向語言之途》頁146），此處所謂的「虔誠」即是此義。當然，海德格這樣的提法，是很可以理解的，不過當神只轉成這樣一種神聖性之意義時，我們自然也可以只奉存有之名，而不必奉神之名了。

⑬ 《周濂溪集》卷一，頁2。

⑭ 劉宗周《劉子全書》卷三，〈五子連珠〉，頁274，述濂溪之學云「循理之謂靜，從欲之謂動，止非為，誠無為也，此所謂主靜立極之學。」

⑮ 海德格《存有與時間》，頁355。

⑯ 劉宗周《劉子全書》卷一，〈人譜續篇三〉，頁181～182。蕺山此段文字之後，特別提到此一工夫和禪的近似性，這提法是很有意義的。如果儒佛之別不在此處，也就是說此處之工夫仍是一種「共法」的面向，這當然表示蕺山所謂之覺，並不同於陽明之覺，因為陽明之良知呈現決不能等同於真如心之始覺之故。這也間接證實了筆者以上的論證。

⑰ 同上卷十，〈學言上〉，蕺山云「天理人欲同行而異情，故即欲可以還理，為善為惡，毫釐而千里，故知其不善，所以明善」，這段話明白承自胡五峰，當然具有特殊的意義。

⑱　劉述先《黃宗羲心學的定位》頁27云「（蕺山的説法）影響到明末清初的思想，終於使得超越之義完全減煞，乃整個脫略於宋明儒學思想的線索，蕺山之偏向一邊實難辭其咎。」當然，筆者亦須説明，蕺山之性體義仍不折不扣是超越的，減殺的是心之超越義，筆者亦不以為蕺山之説脫略於宋明之線索外，他固有難辭其咎處，但是否是由於「偏向一邊」則又未必。

⑲　同⑭，〈學言中〉云「盈天地間一氣也，氣即理也，天得之以為天，地得之以為地，人物得之以為人物，一也。」（頁640），「理即是氣之理，斷然不在氣先，不在氣外，知此則知道。」（頁643）。

⑳　《梨洲遺著彙刊》《孟子師說》卷二，頁1，黃宗羲云「天地間只有一氣充周，生人生物，人稟是氣以生，心即氣之靈處，所謂知氣在上也。心體流行，其流行而有條理者，即性也。」

㉑　歷來處理明清之際這一階段之哲學史者，大抵均無法圓順地疏理這段時期哲學概念的轉折，也因此往往只能托庇於外緣因素的解釋，甚至乾脆直斥清儒為墮落，或將清代哲學存而不論。此一態度在筆者看來，是頗值得商榷的。今若依筆者上述的論證，則清代的哲學固有問題，但它和明學亦確有一脈相承的關係。關於此義的疏理，則請俟諸異日。

㉒　王開府先生亦有《胡五峰的心學》一書，這幾乎是絕無僅有的五峰學之專書，它於抉發五峰之重要性上自有一定的貢獻，但嚴格説，此書並不能對五峰作一系統之表述，因此就哲學的觀點言，自不能和牟先生的疏解等量齊觀。

㉓　這段文字在《叢書集成新編》冊廿二《知言》中，其實分為三段，

分別見於卷一之〈天命〉和〈陰陽〉這兩篇之中。

㉔ 牟先生《中國哲學十九講》第十二講，頁255云「Being是很難把握的，把握實有是個大智慧。佛教正好與此相反，正是為去掉實有而奮鬥——struggle for non-being」。

㉕ 牟先生《佛性與般若》上冊，頁51，云「如，法性、實際，非因緣生法，非作法，因此，若分解地說，不可說性空。因此等字是抒意字，非實物字。」抒意字即對實物字而言，它是說只表示法意，而不可當作實指之字眼。

㉖ 牟先生《心體與性體》冊二，頁444。

㉗ 同上，頁458。

㉘ 此處筆者必須特別說明，所謂依牟先生的詮釋，他恆須依一外加的心體之概念來解釋，而依筆者的詮釋則不須有外加者，乃是說五峰的原文只說「好惡」，一般來說，好惡是情，因此在字面上，並無法看出來它涵著「心體」之義，好惡之情當然只是個有限心，此所以筆者說，依筆者之詮釋便不須有外加之概念。但也有人質疑說，筆者之詮釋不是外加了一套海德格的說法嗎？關於此一質疑，筆者必須說，加上一套海德格的說法，乃是基於論證上的需要，這就和牟先生必須引入康德的說法是一樣的。而加上海德格的說法，原則上乃是在完全尊重原典語脈的前提下，因此我們並不能將上述這兩類的「外加」（也就是外加一「心體」之概念以說好惡，和外加一套康德或海德格之論證這兩類外加）視為同一回事。

㉙ 朱子〈知言疑義〉云「此章即性無善惡之意。若果如此，則性但有好惡，而無善惡之則矣。」這顯然只將好惡解成一般心理學意義之好惡。朱子文見《知言》附錄，頁42。

⑩　同⑯，頁463～465。牟先生云「惟自於穆不已之體言性，與孟子自人之內在道德性言性，其進路並不相同。」底下牟先生有詳辨，文繁不錄。

⑪　牟先生常說這代表一種 common sense，因此五峰不必說。這一辯解固然未必沒有道理，但至少現成的便有伊川、朱子並不如此理解本心，則我們真有把握說孟子之本心義乃是一種 common sense 嗎？

⑫　同上，頁496。

⑬　同上。

第五章　儒家圓教之哲學圓成

在上章中，筆者嘗試依天台思路重構了儒家密教型範的哲學詮釋，這一重構原則上也將儒家顯密二教的哲學結構作了一個分判，從而可以依天台對別圓的精簡，而將顯教型範判屬為別，同時將儒家圓教定位在經過重新詮釋的密教型範上。但在此一重構中，事實上仍存在著一些關鍵性的問題，比如說我們可以由性體依「天理無住」和「人欲無住」以開一套存有論，而性體即具體地落實於心，並即為心所持存，同時心復可在實存中基於對自己沉淪之自覺，返而躍上來領受性體，並實踐地復返於性體，然而這復返的可能性基礎究竟何在？再者，此一重構是否能必然地涵蘊一套由普遍的道德律令而契接的人本人文之道？若不能的話，則它尚如何名之曰儒家？而若能的話，這樣的涵蘊會不會影響到法則的道德性呢？又，這樣的涵蘊是否需要意味著性體之意蘊唯是道德的呢？凡此種種問題的解決，對於圓滿地表述儒家圓教，無疑都是十分重要的。因此，本章將主要包含如下幾個部分：其一，筆者將論證以心著性之可能性的基礎，及此基礎在實踐中與心的關係。其二，筆者必須嘗試提供不依憑善的決意，而僅奠基於有限情境下，卻能提供普遍道德律令之倫理學系統，並尋求將之作一存有論轉化，以探討它和前述重構在詮釋上相合一的可能性。其三，如若上述兩部分的論證都順利的話，則筆者就有可能穩住此一重構，從而得以返回來檢討牟先生企圖通過詮釋儒家，進而建立良知坎陷之概念，以接引現代化命題的合理性，並探尋

通過前述重構，以進一步深化現代化命題的途徑。事實上，這最後一個命題不僅是牟先生理論事業的最終本懷，也是筆者本文真正之命意所在，而詮釋的業績只是證成此一命題之基本憑藉也。

第一節　詭辭的存有論意涵

在進入本節的論題之前，筆者有必要先再簡單回顧一下牟先生證成性體概念的進路，以便作問題之對比。牟先生這一進路主要分成雙向的說明方式，一是依本體宇宙論，而將宇宙根源實體之價值內蘊地賦予性體，同時這價值的內在趨動力也即通過性體而內在地趨動著心體。但筆者亦說，前述的說明在牟先生的系統中，只是個姿態，其形式義是居多的。他真正實質的說明，則在將心體形構成超越的道德本心，並由本心之自發道德法則，及由本心朗現之自由自律，所連繫到的物自身概念，這一即道德即存有的說明，而證成由本體宇宙論客觀說的性體。於是由本心之道德實踐，即成就了存有論底向真理之回歸。然而在筆者的重構中，我們事實上已全然放棄了牟先生這一實質說明的部分，並將本體宇宙論的說明經過改造，而轉成了另一型態的實質說明。這一說明乃以性體這一超越者之自我解蔽，解蔽而為「天理無住」和「人欲無住」，由此以說明一切存有者；同時性體具體地落實於心而為心所持存，心復通過靜觀以實踐地返於性體。但這一說明也存在著幾個問題，如性體通過什麼方式以自我解蔽？亦即「天理無住」和「人欲無住」究竟通過什麼方式而為心所持存？這在牟先生本體宇宙論之表述言，它純是以實體之創生的方式來

說，而在本心之能實踐地彰著性體上，他亦是由良知本心這一超越的主體之內在地本自具足，與定然能直覺地呈現而說。牟先生這樣的說明方式，就哲學基礎言，雖為筆者的新詮釋所不取，但在牟先生的哲學基點上，他確然提供了「由天至人」與「由人返天」之必然性的保證，這一保證無疑也是任何「實踐的智慧學」之必然要求，然則筆者的新詮釋如何能免於此一要求呢？這一要求的重點，尤其是在於「由人返天」這一面向上，這也就是說我們除了得問性體是如何解蔽其自己之外，更須問心之實踐地返而形著性體，其必然性的保證究竟何在？

關於上述問題，海德格的論證可能仍是最好的參攷，這也就是說我們可能有必要將整個思攷作一次「語言的轉向」（linguistic turn）❶。因為我們在上章綜述海德格之思想時，曾提到語言乃是存有自我解蔽之通孔，海氏謂存有論地說，語言並非由人所創造，而是由存有所給出，存有亦即安住於語言中。這樣的說法，明顯地是放棄了意識哲學任何實體性的說法，而將整個哲學的基點歸之於語言，此即是所謂的「語言的轉向」。

然而海德格有關「語言是存有的家」之說法，固然在存有論上為語言尋找到了基礎，但這話也可以只作靜態的了解，即語言只是個家，但存有要不要來住，則仍要看存有的高興，也就是存有固然在解蔽它自己，但它也有選擇以緘默的方式來顯示自己的可能，如此一來，存有就永遠有以奧秘之姿態顯示自己的可能性❷。但真能如此嗎？若真如此的話，豈非是說真理可能永遠隱藏自己嗎？那麼豈不是宣告所有追求真理的實踐可以休矣了嗎？於是後期海德格乃集中地追問此一問題，即存有是不是必得說出

來？在〈語言〉一文中，海氏説了一句很奇怪的話，謂語言之所以成其為語言的本質，乃是由於「語言説」（Die Sprache spricht），而不是「人説」❸。這話該如何了解呢？海德格嘗試通過一個論證：他以為一個語詞之首度被命名，事實上乃是由於人聆聽到了一個來自存有的召喚，唯此召喚，乃能「把世界委諸物，同時把物庇護於世界之光輝中」❹。此即是説，存有通過「區分」（Unter-Schied）——這區分二字自然只是借用，其實義乃指存有之顯示——而把世界和物都召喚前來，並以語言將它們都實現了出來。由此當然就涵藴了存有通過語言這概念所作的存有論表述。於是什麼叫做「語言即是語言説」呢？這語言説事實上即是存有在説，唯存有之時時説，這世界才告實現，而存有之説即是「寂靜（die Stille）之音説」，這音説總是，而且必須總是在説，否則世界即不成其為世界矣。他説：

> 語言作爲寂靜之音説。寂靜靜默，因爲寂靜實現世界和物入於其本質。以靜默方式的世界和物之實現，乃是區分之居有（案：即筆者行文中之「自現」，下同）事件。語言即寂靜之音，乃由於區分之自行居有而存有。語言乃作爲世界和物的自行居有著的區分而成其本質。❺

海氏此一論證是極其深刻的，依此，他證成了存有總是要説，也就是存有和語言之間構成了必然的聯繫，甚至應該這麼説——語言即是存有。換言之，當我們説「語言的本質乃是語言説」時，這句話中的語言是有歧義的，前一個語言是廣義的一般

説的語言，後一個語言則就是存有之自現（Ereignis，案，即上引文中之「居有」）。於是「語言是存有的家」這句名言乃有了另一層的意義，亦即存有總是在説，真理總是在顯示著，而它即顯示在語言之中。此如珀格勒（O. Poggeler）所云：

> 如果語言作爲傳説被表達出來，那麼，它被了解爲「存在（案：即筆者行文中之「存有」，下同）之家」。存在讓存在者（案：即筆者行文中之「存有者」，下同）作爲存在者而存在；它在它的本質上是澄明的敞開之地，這種澄明同時作爲在場和不在場總是把存在者解放到存在者的本質的特有的東西中去。語言徹底支配著，並作爲傳説和指點構築這種澄明的敞開之地，「每個在場和不在場都必須顯示在這種澄明的敞開之地，必須報到」。因而，語言是在場和不在場總是被委托給的那種保護，因而是「家」，在這個家中，存在者能找到通向自己的本質的道路，而存在無須被轉變成單純的在場的僵硬的固定性。作爲存在之家，語言匯集起未隱蔽狀態的發生。這種未隱蔽狀態（它通過虛無之面紗使存在保持爲不可支配的），從它朝向一個結構來加以考慮，它是世界。因此，作爲進行顯示的傳説，語言是「澄明地—遮掩地、隱匿地展開（Reichen）世界」。❻

　　如此我們乃完整地描述了存有——性體——解蔽其自己的方式，借助這一論證，我們乃可以充分地將性體和語言勾聯上必然

的關係，它不再是實體，而是語言。

但是這裡便有一個詭異的現象出現了。依照海德格上述的想法，語言說——即存有說——乃是第一義的，是由於語言說而後人乃能說出，而成為一種固定形式之語言或文字，因此海氏乃說人之說原是由於「寂靜之音需要」❼，人把自己之本質「轉讓」給了存有之說。然而海氏亦屢屢提到，語言在此一過渡過程中——即由語言說到人之說出之過程，卻必然地出現了即解蔽即遮蔽的狀況，海德格即以此批判地描述了從柏拉圖開始的西方形上學傳統，乃至現代西方科學技術的工具理性，它們是如何地聽聞了存有的寂靜之音，同時復又如何以各種形式的存有者之表述而遮蔽了存有之說，如其所云：

> 真正的世界歷史在存有之命運中。存有之命運的時代本質來自存有之懸擱。每每當存有在其命運中自行抑制之際，世界便突兀而出乎意表地發生了。世界歷史的任何懸擱都是迷途之懸擱。存有之時代本質歸屬於存有之被遮蔽了的時間特性，並且標誌著在存有中被思考的「時間」之本質。人們一向在「時間」這個名稱中表象出來的東西，只不過是一種虛幻時間的空洞，而這種虛幻時間乃是從被看作對象的存有者那裡獲得的。❽

這表示了存有在時間這一向度中，它總是隱匿著的，「存有本身自行隱匿入其真理中，它庇護自身進入這種真理中，並在這種庇護中遮蔽自身」，❾海氏即把這一遮蔽視為存有之「神祕的

本質」❿。依照筆者上章的説法，即由此一遮蔽，我們便可以清楚地論證出天台所謂的法性之在理在迷，理具三千乃是迷中之實相，性體自然亦是如此。此亦即是法性無住、無明無住，或説天理無住、人欲無住也。

　　如今我們必須問的是，此一遮蔽是如何發生的呢？海氏〈語言的本質〉一文云「但我們既不能真正聽到這一原始消息，也不能讀到這一原始消息。這一原始消息就是：語言的本質——本質的語言」⓫。什麼是本質的語言呢？依海氏自己的説法，它就是「寂靜之音」（das Geläut der Stille）⓬，也就是存有之説。本質的語言是聽不到的，何以如此？海氏在同一篇文章中説：

　　　　有跡象表明，語言之本質斷然拒絶達乎語言而表達出來，也即達乎我們在其中對語言作出陳述的那種語言。如果語言無處不隱瞞它的上述意義上的本質，那麼這種隱瞞（Verweigerung）就歸屬於語言之本質，因此，語言不光是在我們以通常方式説它的時候抑制自身，而且，語言的這種自行抑制乃取決於這樣一回事情：語言隨其淵源抑制自身，並且由此對我們通常的觀念拒絶給出它的本質。⓭

　　隱瞞是歸屬給語言之本質的。這話該如何了解？其實我們可以考慮一個狀況，在平常狀態下，我們總是熟悉了語言的，我們在慣常的狀態下，絶不會去停下來思索我們所用的每一個語詞。

如我現在在用筆寫字，我何嘗想到筆在原初何以被命名為筆呢？
我們沒有了語詞出現時的震撼，於是語詞之「原始消息」便也隨
之隱蔽了，但每個語詞初出現時，如何能沒有此一震撼呢❶？
海氏云「在命運提供出語言來命名和創建存有者，從而使存有者
存有並且作為存有者熠熠生輝之處，是找不到表示詞語的詞語
的」❶，這即是一種強烈的震撼，但誰能恢復此一震撼呢？於
是我們總是在用著語詞，卻不曾去「命名」它，這也就是說：語
詞僵化了，固定化了，形式化了，語法化了。正是在語詞之形式
化、語法化中，存有恆常隱匿了自己。法性之在理在迷，不是迷
在那裡，它只是迷在法性之種種僵化的譯解中，這即是無明，一
種無邊際的語言實踐中的迷染。

　　於此，海德格有一個有趣的例子，他特別引及老子所說的
「道」這麼一個不明確的字眼。道是什麼？它不是指一條道路
嗎？但這樣說不又太含糊了嗎？於是人們便總要將之譯解為「理
性、精神、理由、意義、邏各斯」等等❶，但每個譯解都不外
是捫燭扣槃，轉說轉遠而已，其實真有必要如此譯解嗎？海氏
云：

　　　　但「道」或許就是產生一切道路的道路，我們由之而來才
　　　能去思理性、精神、意義、邏各斯等根本上也即憑它們的
　　　本質所要道說的東西。也許在「道路」（Weg）即道
　　　（Tao）這個詞中隱藏著運思之道說的一切神秘的神秘，
　　　如果我們讓這一名稱回復到它的未被說出狀態之中而且能
　　　夠這樣做的話。也許方法在今天的統治地位的謎一般的力

量也還是、並且恰恰是來自這樣一個事實，即方法儘管有其效力，但其實只不過是一條巨大的暗河的分流，是爲一切開闢道路、爲一切繪製軌道的那條道路的分流。一切皆道路。**⑰**

這說法是極其深刻的。然則我們可試想，法性、性體也真需要譯解爲什麼「實體」之類的概念嗎？而這樣的詢問，不等於是在追問說，我們到底要如何才能回返那「原初命名」時的震撼嗎？於此，我們乃碰到了本節最關鍵的問題，即在向存有復返的途程中，其可能性的根據究竟何在？這也同樣等於說，我們如何取得必然的保證，以保證心終能實踐地返而形著性體？

的確，當語言的使用愈來愈頻繁時，尤其當概念化、抽象化的語言愈來愈盤據著我們所謂的「思攷」時，我們便愈來愈聽不到存有的說——雖然它並非表示存有之緘默不說。以此之故，就如尼采（F. Nietzsche）的洞見所說的，在一個科學昌明的時代裡，方法不再只是工具，而根本是方法控制了科學。一切都顛倒了！然則奈何？於此，海德格說我們需要一種「本質思考」（wesentliches Denken）。此一思攷，如前文所述，它乃是一種靜觀，然而這種靜觀能理解爲一種「主體的行爲」嗎？這答案自然是很顯明的，既然存有只是本質的語言，則若靜觀真能入於存有，它自然也只能是一種語言的實踐，那麼此一實踐是如何進行的呢？

關於這個問題，海氏提供了一個謎樣的答案，他說「思就必須在存有之謎上去作詩」**⑱**。這說法是很美的，但美得有些飄

忽，我們該如何理解這説法呢？在〈藝術作品的本源〉一文中，海氏有一個倒過來的講法，他説「美是作為無蔽的真理的一種現身方式」❶，這話是好懂的，存有的説出，在原初的命名中必以一種震撼，而由本質的語言中給出語詞，這震撼自然是一種美。海氏云：

> 由於語言首度命名存有者，這種命名才把存有者帶向詞語而顯現出來。這一命名指派存有者，使之源於其存有而達於其存有。這樣一種道説乃澄明之籌畫（案：即筆者行文中之「投企」，下同），它宣告出存有者作為什麼東西進入敞開領域。籌畫是一種投射的觸發，作為這種投射，無蔽把自身譴發到存有者本身之中。而籌畫者的宣告即刻成為對一切陰沉的紛亂的拒絕；在這種紛亂中存有者蔽而不顯，逃之夭夭了。
>
> 籌畫者的道説就是詩：世界和大地的道説，世界和大地之爭執的領地的道説，因而也是諸神的所有遠遠近近的場所的道説。❷

這説法明確指出了語言本身即是根本意義上的詩，而這説法的反面，也即表示了唯有通過詩人的思玫，乃能返於存有本身。但詩人如何思玫？

於此，海德格通過了對格奧爾格（Stefan George）之詩句「我於是哀傷地學會了棄絕：詞語破碎處，無物存有」❸的分析，而指出了詩人思玫的明確路向。簡單地説，既然存有之遮蔽

乃是由於語詞之形式化、概念化、語法化，那麼詩人的作為當然就是拆掉這種僵化的語詞，他必須竭盡所能，以穿透語言的僵化，好回到那原初的震撼。海德格即將這一拆除和釋放，名之曰「寂靜的遊戲」（das Spiel der Stille）⑫。但這一遊戲如何進行呢？在這個最關鍵的問題上，海氏丟出了一段最難解的話，他說：

> 詞語崩解處，一個「存有」出現。
> 崩解（zerbrechen）在此意謂：傳透出來的詞語返回到無聲之中，返回到它由之獲得允諾的地方中去——也即返回到寂靜之音中去。作為道說，寂靜之音為世界四重整體諸地帶開闢道路，而讓諸地帶進入它們的切近之中。
> 詞語的這種崩解乃是返回到思想之道路的真正步伐。⑬

　　海氏之語至此戛然而止，他不復追問。但我們無疑必須問，究竟什麼叫做崩解？詞語如何崩解？然則我們應如何為海氏續成底下的論證呢？

　　關於崩解，有一點應該是無疑的，如果真有所謂的崩解，它仍然必須是語言，否則它必不足以入於存有之說——即寂靜之音。然而何謂崩解的語言？這樣的語言如何造成詞語的崩解？對於這些問題，我們當然得先確定什麼叫做崩解。其實順著上面的論證來看，崩解的意思應該是好懂的，既然詞語之僵化是造成存有之遮蔽的原因，則崩解當然意味著僵化的解除，但問題是僵化如何解除？尤其是它必須通過語言——即崩解的語言——來解除

語言的僵化，這裡有沒有矛盾？可不可能存在著一種足以解除語言之僵化的語言？若有的話，這種語言可不可能僵化？如果它亦會僵化的話怎麼辦？那會不會造成一種無窮後返的結果？我們可能克服這個無窮後返嗎？這一連串的問題，我們能從什麼地方尋找解答？

在這裡，我們顯然遇到了一個語言的困境。一般而言，以實證論式的觀點，語言總以命題的形式呈現，而命題之是否指向真理，也就是它是否顯示意義，乃以它所涉指的事物而定，其意義的判準實決定於其形式之是否合於邏輯，及其內容的是否可以證實；而可證實性之關鍵在經驗，不在語言，語言總只是一種外延性的真理載具，其外延則由定義的程序所決定。換言之，所有語言恰是通過語言以畫定其形式的範圍，這情形對於數學、邏輯這些分析命題更是如此。也就是說由語言以顯示真理的方式，恰恰是必須通過語言的固定化來完成。這樣的講法是符合於常識的。但如今我們卻要去想一種足以解除這固定化之語言，並即以這種語言來指向真理之顯示，這不是和常識相矛盾嗎？即使我們說，後期維根斯坦的「語言遊戲」（language game）說❹，對語言已有了鬆綁式的看法，語言不再和實在構成緊密的連繫，但語言之顯示意義，關鍵仍是在其用法上，語言的每一個用法決定於使用者的生活形式（form of life），連繫著每個生活形式自有一個語法規則在那裡，而意義便在其中顯示出來。像這樣的講法，本質上當然也不是在解除語言的僵化，然則我們有可能在這種「語法」、「語義」或是「語用」中找到崩解的語言嗎？這機會似乎是不容樂觀的，但我們一般不是正好將語言概括在語法、語義、

語用這三個領域中了嗎？那我們還能如何來想崩解的語言這種語言形式存在的可能？

不過，筆者曾在拙作〈中國的美感境界及其存有論的意涵〉一文中，注意到了一種所謂的「弔詭的語式」。該文云：

> 這種語式基本上可簡併爲兩種形式：其一可名之曰「恢詭
> 怪」之語式，它的基本語言結構乃是一種矛盾句式，例
> 如《老子》中一切正言若反的詭辭，和《莊子》以「非指
> 喻指之非指」的形式皆是。其二則可名之曰「道通爲一」
> 之語式，它的基本語言結構則爲一種「任一項皆同時即是
> 整全及整全的每一項」的句式，所謂「天地與我並生，萬
> 物與我爲一」是也。㊾

筆者亦曾指出，這兩種形式其實是等價的。然則我們應如何了解這種語式？原則上說，無論是「大智若愚」或是「天地與我並生」之類的句式，都不繫屬於主體，因此，它們顯然都不是情感語言。而若我們將之視爲有真假值之綜合命題的話，則比如像「大智若愚」的說法，若愚絕對不能說是謂述了大智的什麼內容，然則它是一分析式的矛盾命題嗎？形式上說它確是如此，但此語就一般的了解，卻絕對不在表示其絕對假的命題值。這也就是說它既不是情感命題、內容命題，也不是綜合命題，更不是分析命題，那麼它是什麼樣的語言？它是完全無意義的嗎？但我們一般也不會承認是如此，它顯然表示一種意義，可是我們怎麼理解如此說的意義？

　　茲仍以「大智若愚」為例，純形式地看，愚字是故意被選來和智相對的，以此而形式地製造一種矛盾的效果，而「若」字，則又彷如把智愚相對之判斷相拿掉，也就是說，這是企圖以一若字，使愚字的重點不是在判斷地否決智字，那它的重點究竟何在？照傳統的理解，我們常說大智若愚者，即是智無智相，那麼它豈不是在說只以愚來否決智相？當然這樣的講法，骨子裡彷彿是在說某一主體之表面不顯出智相，也就是說它先在地預設了一個「內指性」的主體在內❽；而我們如果以更純粹的方式來說的話，則愚字是否可以理解為只是用以拉掉智字之外延呢？也就是說，智相也者乃指智之外延呢？而既然外延性正是導致語詞僵化之主因，那麼我們不正好可將這種弔詭的語式，視為是一種崩解的語言嗎？於是筆者乃為崩解的語言之存在尋找到了可能性。

　　依照如上所述，筆者承認弔詭的語式是表意的，但它的表意並不是一般語義、語用式的表意，它也不是如宗教式語言之異質地內指某個主體之表意，而是將它對語詞僵化之解除這一形式特性，進一步擴張地理解為一種崩解的語言，由此而躍入存有之寂靜的音說。這樣的理解方式，原則上也是符合中文裡對此種語式之理解的。例如：《般若經》中所謂「般若非般若，是之謂般若」，這裡說般若非般若，明白地也是一種正言若反的弔詭語式，然後它說通過如此的弔詭語式乃真能顯出般若智的作用。對於般若智的作用，歷來解者固有種種紛歧的說法，但它是，而且僅是指向法性則無異辭，這就是很明確的例證。然而，如前文曾提及的，這樣一種弔詭的語式，本身既然也是個語言形式，那麼它會不會僵化呢？關於這個問題，我們主要並不是在說如下的狀

況：即作為此一語言的説者，不能如此一語式本身之要求，而只將之當成一般外延性之判斷句來看待，由此所導致的僵化。此處筆者真正想問的是，由語言形式成立的本身，它即是一種相，如果説崩解的語言意在掃除語言的一切僵化，則它也必意味著對語言本身之相的解消，然則由語言而解消語言相，這不是會落於一種無窮的後返嗎？

　　對於這個問題，看來的確有些棘手，但若弔詭的語式本身亦待掃除，則崩解的語言有沒有可能只是一種理想的想望呢？若然者，則此有之回返於存有的根據豈不即將落空？不過我們如果再進一步檢討一下弔詭的語式，則問題或也有解決的希望。即仍以大智若愚為例，其形式上的直接意思，固是以若愚來掃除智之外延性，但若愚的否決智，何嘗不可進而視之為否決一切關於智之表述呢？這意思和禪宗的話頭，一些機鋒式的説法是類似的，如問佛祖東來意，則答曰鄭州蘿蔔十八斤，這樣的答法是何意呢？它當然完全不是判斷式的表意，甚至也不是在否決佛祖東來這概念的外延，而只是在攔斷此一問題之表述❷，這也就是臨濟禪種種打殺的怪姿態之所示。於是弔詭的語式固然是取著語言的形式，但事實上此一語式本身即已涵著對此形式的解消，此即所謂言語道斷也。換言之，弔詭語式之「説」，事實上和某種「不説」──即根本不表述為任何語言形式的「相視而笑，莫逆於心」，「當下默然」──之義，根本就是等價的，我們必須將維摩詰對不二法門的默然，視為即是弔詭語式的另一種表述，而不能僅意指為緘默。甚至如《莊子・齊物論》在説朝三暮四的故事時所云「為是不用而寓諸庸」，這寓諸庸的説法，也就是採取某

種「因順式」的說法，也根本可視為弔詭語式的另一種變式，這就像說「可乎可，不可乎不可」，莊子之意只是在說隨順世俗的然可之「隨順」而已，並非真然真可也⑳。由此看來，弔詭語式的形式是極其飄忽的，而這飄忽事實上只是表示它根本「無」形式而已。於是，我們乃不至因無窮後返的問題，而影響到對弔詭語式的擴張性詮釋。

按照如上的擴張性詮釋，我們乃能為海德格續成關於語詞崩解的論證，這也就是說，此有通過靜觀式之本質思攷以復返而揭示存有之「可能性的根據」，正必須建立在此一弔詭的語式之上。根據這樣的論證，我們也可以進而返回來說心唯有通過弔詭的語式，乃能取得形著性體的必然保證，這說法和牟先生由本心——即智的直覺——之朗現以建立「以心著性」之根據的說法自然不同，但卻應是筆者新詮釋的必然結論。同時，我們也能因為這一可能性根據的提供，而圓滿地證成此一圓教表述之所以為圓也。

以上我們大抵是順論證程序，提供了圓成此一新詮釋的可能性根據。然而這樣的講法，和天台乃至密教型範之原典的說法，其密合度又是如何呢？即以天台言，如前文所述，天台圓教之所以為圓的關鍵，乃在「即」這個概念上。對天台而言，即字事實上是在兩個脈絡中使用，一個比較明顯的脈絡，乃是存有論上依「依他住」而說的「無明無住，無明即法性」，此語牟先生也常為它再補一聯，即「法性無住，法性性無明」，這只是依理具事造而存有論地說性具時，對「無明無住」和「法性無住」這兩個存有論基點所作的補充性說法，事實上只是法性之在理在迷地即

事而顯而已。因此，在這脈絡中的「即」字，事實上並無太深刻的意義，它嚴格説，並無法表示出牟先生所謂的「詭譎」之義。而另一個脈絡，則是如知禮所云，斷證迷悟俱約即而説之「即」，這個即字用老話來説，乃是指工夫義上的即。這一義的即和上一義的即當然是密切相關的，我們只要從天台説「六即」——理即、名字即、觀行即、相似即、分真即、究竟即——便可明顯地看出來。然而它們的差別也是顯然的，這主要是因為天台之説工夫，理論上固是從「信一心中具十法界」上説起，但此「信」之具體落實於行上，卻不能僅簡單地理解為信解由存有論而説的一念三千。天台説圓教五品位，對修行次位有種種比擬性的説法，亦不廢信、住、行、迴向、地上以至等覺、妙覺等分法，但《摩訶止觀》亦説：

> 故知小大次位，皆約十法界十二因緣也。若寂滅真如，有何次位？初地即二地。地從「如」生，「如」無有生；或從「如」滅，「如」無有滅。一切眾生即大涅槃，不可復滅。有何次位高下大小耶？不生不生不可説。有因緣故，亦可得説。十二因緣法為「生」作因。如畫虛空，方便種樹，説一切位耳。若人不知上諸次位，謬取生者，成增上慢，即菩薩梅陀羅。㊾

必須注意的是，這段話並不只是説由寂滅真如之理上説無次位，而是從行上説一切眾生皆是如，「不可復滅」。這所謂的不可復滅，其實很明顯就是轉從行上説的「無明即法性」，由此乃

有前文曾提及的逆修、修惡法門。然而我們如何理解由行上說的無明即法性呢？也就是說無明即法性如何能轉成一個實踐根據呢？這當然並不能理解為一念心之致此法性於無明事相上；照一般的理解，它乃是指當下即於無明事相上「解心無染」，即是法性，也就是就事相之純然地去執之工夫，所謂「除病不除法」的工夫。但問題是何謂純然地去執呢？依天台的想法，它顯然不是去一執持的識心，以入於無執之真心，也就是這關鍵並不在於心上之染淨對翻，而是指一念心觀法之法上的染淨對翻，任何一法都在依「無明即法性」之觀照下，而成法性之顯示。於是，「無明即法性」乃在這一脈絡上始顯示出「詭譎」之義❸。它是一種觀法上的詭譎，但這詭譎並不用在心上，而是用在心之觀法上，因此它又不同於如來藏系統。如此看來，既然這無明即法性之「詭譎的即」，並不是用在任何主體本身的去執，而是即依此「詭譎的即」去觀法，這思路顯然和前述論證是若合符節的，而且也正須在此論證基礎上，我們才能理解何以「無明即法性」會成為一個實踐根據，而不是某種境界的點示。

同樣的情況亦發生在明道身上。依照第二章的綜述，牟先生總將明道「圓頓之一本」理解為一種圓融境界的點示，這種圓融境界的根據，依牟先生的論證，乃是建立在超越智心與經驗識心之對翻上，這一對翻當然也需要有某種詭譎的表示，但如此而說的詭譎卻只是在主體上之「無相原則的通化」，由此通化而成無限智心之圓滿朗現，此即所謂立基於超越的分解上之辯證的綜合也。換言之，他是將明道的一本說，視為對主體之通化，但這樣的說法是否符合明道之語脈呢？明道說一本，確有某種詭譎之義

在，如他總說「體天地之化」之體，天人合一之合，參贊化育之參贊，皆是多餘字眼的說法，的確含著「予欲無言」式的默然，「默契道妙」式的默契。如前所述，默然無疑也是一種弔詭語式之變式，但明道在說此「一本」義時，這默然是用在通化道德本心上嗎？明道云「窮理盡性以至于命，三事一時並了，元無次序。不可將窮理作知之事。若實窮得理，即性命亦可了。」❸所謂不可將窮理作知之事，即指窮理原非知解邊事，它不可分解地說，而是直下地以窮理、盡性和至命為一時並了之事，換言之，這三事是一本的，而且盡在默然中一時並了。如是，默然之直接語義，乃所以窮理盡性，這明是以心著性之事，也就是心之觀法上的事，而不是返回來以默然通化本心之事，這是很顯然的，以此，牟先生之曲折地返而言本心之通化，是否必要且恰當呢？而我們若將默然理解為以心著性之可能性的根據，則這思路和前述論證就顯然是一致的。於是，我們乃為前述論證確立了原典上的根據。

至此，筆者完全確立了以心著性之可能性基礎，這也完成了圓成儒家圓教之另一個關鍵性論證。但是誠如本章前言所說，這樣的詮釋方式是否能和由道德而說的人本人文之道構成必然的連繫呢？於是我們乃必須進入最後一個關鍵性論證。

附 註

❶ 關於語言的轉向這個概念，一般而言，是指由分析哲學在近代的發展，所引生的一次哲學革命，它主要是指一場將哲學典範由意識哲學轉移到語言哲學的過程。洪漢鼎在《語言學的轉向》一書中引到

理查‧羅蒂（R. Rorty）之言云「所謂語言哲學，我指的是這樣一種觀點，它認為哲學問題是一些或者通過改造語言，或者通過對我們目前使用的語言有更多的了解而可以得到解決或排除的問題」（見該書頁 256），如今這一語言哲學的典範早已不限制在分析哲學的領域內，而成了一種廣泛的典範革命。

❷ 陳榮華在《走向語言之途》一書的導讀中，曾提到海德格在《形而上學導論》一書的思想中，「Dasein卻不一定要以語言將存有表達出來，因為，Dasein在理論上可以僅止於默識，但卻不將之表達出來。這樣，存有雖被瞭解，但卻不一定會出現語言，因為一切皆在默識中。換言之，《形上學導論》的主張，仍無法說明存有的意義與語言的必然關係。若這個必然關係不能成立，則存有的意義就不會必然的表達出來，這就無法完成存在意義的探問了。」陳先生文見該書導讀頁 8。

❸ 海德格《走向語言之途》，頁2。

❹ 同上，頁13。

❺ 同上，頁20。

❻ 珀格勒《海德格爾的思想之路》，頁305。

❼ 同❸，頁20，海德格云「寂靜之音並非什麼人的要素。倒是相反，人的要素在其本質上乃是語言性的。這裡所謂『語言性的』意思是：從語言之說而來居有（案：即筆者行文中之「自現」，下同）。這樣被居有的東西，即人的本質，通過語言而被帶入其本己，從而它始終被轉讓給語言之本質，轉讓給寂靜之音了。這種轉讓之居有，乃由於語言之本質即寂靜之音需要人之說，才得以作為寂靜之音為人的傾聽而發聲。」

⑧　海德格《林中路》〈阿那克西曼德之箴言〉，頁315～316。

⑨　同上，〈尼采的話：上帝死了〉，頁242。

⑩　同上，海德格云「由於看到了這種對其本己的本質的自行遮蔽的庇護，我們也許就觸著了那種神祕的本質。」

⑪　同❸，〈語言的本質〉，頁151。

⑫　同上，頁186，海德格云「我們把這種無聲地召喚著的聚集——道說就是作為這種聚集而為世界關係開闢道路——稱為寂靜之音。它就是：本質的語言。」

⑬　同上，頁156。

⑭　卡西勒（E. Cassirer）在〈語言與神話〉一文中，曾詳細論證了語詞初出之震撼，他說「語詞首先必須以神話的方式被設想為一種實體性的存在和力量，而後才能被理解為一種理想的工具，一種心智的求知原則，一種精神實在的建構與發展中的基本功能。」引文見《語言與神話》頁54。

⑮　同❸，頁162。

⑯　同上，頁168。海德格特別把老子之道稱為「老子的詩意運思」，這說法是很有意思的。

⑰　同上。

⑱　同❸，頁350。

⑲　同上，〈藝術作品的本源〉，頁36。

⑳　同上，頁52。

㉑　同⑪，頁132～133，海德格引了格奧爾格這首名為「詞語」的詩。

㉒　同上，頁184，海德格云「時間的出神和帶來，空間的設置空間、承納和釋放——這一切共同歸於同一東西，就是寂靜之遊戲。」

㉓ 同上，頁187。

㉔ 關於語言遊戲這個概念，主要來自維根斯坦在《哲學研究》一書中對語言問題的一個新提法，但維氏始終避免為它下定義，因此我們也不應隨便為它作一概括性的說明，而最好是回到原著中去作理解，但原則上他是很強調語言是必須有規則的，就像遊戲得有規則一般，儘管這一規則有其隨意性，但就是不能沒有規則。詳細說明請參閱該書第54、125、143、205、558、567等節。

㉕ 《文學與美學》第五集，頁338。

㉖ 杜普瑞（L. Dupre）《人的宗教向度》云：「宗教語言並非向外指涉，而是必須轉向內在」，這即是一個典型的說法。杜氏說法詳見該書頁189～229。

㉗ 關於此一問題的探討，可參閱牟先生《理則學》附錄所收傅成論〈禪宗話頭之邏輯的解析〉一文。傅氏謂此類話頭皆是無意義的命題，但這些命題卻有大作用，以「了斷向外執著的糾纏」，「啟示反身目證的密意」。詳參該書頁287～298。

㉘ 對〈齊物論〉此一說法的詳解，請參閱拙作〈齊物論釋〉中，《鵝湖月刊》第230期，頁46～48。

㉙ 智者大師《摩訶止觀》卷九下，《大正藏》冊四十六，頁129。

㉚ 天台此一思路，原則上是接近空宗的，因此在傳統法脈上，天台也常被視為般若學的嫡傳，但因空宗並無存有論式的說明，遂使其純觀法性的說法有了很大的侷限性，這則是兩者的歧異處。

㉛ 《二程集》，《河南程氏遺書》卷二上，頁15。

第二節　儒家圓教與溝通倫理學之存有論轉化

　　在前述有關儒家圓教的新詮釋中，筆者主要將其論證基礎奠基在天台思路和海德格的後期哲學上。這樣的詮釋途徑，無疑是會引起大疑竇的。此一質疑除了儒佛之分野外，更重要的是如何可能由海德格哲學引生出一套足以相應於儒家的倫理學。大凡稍識海氏哲學者，都會了解到其思路之趣味和所有儒者嚴整的道德意識，其實是極不相契的。海氏的哲學風格，誠如考夫曼（W. Kaufmann）所謂的，是深契於尼采的❶，這使他的思想帶著一種深重、憂鬱的英雄主義情調。牟先生曾在泛論存在主義時謂：

> 存在主義不只是要暴露那些負面的病象，那些陰暗面的腐朽與罪惡，而且還要正面地指引到如何轉化這些病象而使你的生命超昇，使你歸於性情之正。存在主義不應當只是現象學地揭露那存在的活動中的真實情形。真實的人不只是無顏色的氾濫的暴露，而正當我們說真實的人時，即幽蘊著要歸於性情之正的一個價值判斷。放縱恣肆，肆無忌憚，驚世駭俗，直情逕性，不得謂為真實的人。❷

　　這雖是對存在主義哲學家的普遍看法，但只用之於海氏，也是很貼切的。如果只是泛論所謂在召喚中的抉擇，它的確可能只是「無顏色的氾濫的暴露」，這和儒者安身立命之說，不只是不相契，簡直還是背道而馳。即使如海氏的後期哲學，已相當程度地離開了存在主義的情調，但從他只說靜觀，這氣味也是和儒者不相類的。熊偉曾謂海氏頗喜道家思想❸，倒還的確有幾分近

似，但說什麼似乎都很難把海氏和儒家想在一起，那麼我們如何可能運用海氏的哲學來詮釋儒家圓教呢？

關於如是的質疑，筆者毋寧是完全承認的。原則上說，海德格對意義的實踐，從來就不是建構性的，他可以通過一種存在的倫理，對自我的實存作一種英雄式的承擔，但這種承擔並未必要意許為某種建構性的力量，雖然把納粹式的暴力歸諸於此種思想的後果，是唐突了些，但英雄式的承擔卻也的確未必需要指向任何定點。而後期海德格雖由此英雄氣中沉潛了許多，但他也只是不斷通過對歷史向度中的一些陳跡之詮釋活動，指出其對存有的隱蔽，及存有是如何在其中顯示其自己的。像這種在危機中指出轉機式的意義實踐，當然不容否認地也有其重要價值，它對於沉陷於時代、歷史洪流中的心靈，自也會發生某種清流式撥亂反正之力量，但無論如何，這終只是一種「意義治療」式的意義實踐❹。也許廿世紀的哲學家對哲學的功用，多半有種極其謹慎的態度，很少有哲學家願作開創性的建構工作，而多半僅致力於對現實中各種病象的指陳、描述而已，海德格也正是一個代表。以此，我們幾乎無法期望可以由海德格哲學直接引生出一套建構性的倫理學，以相應地詮釋儒家。這樣的事實我們當然必須承認。

然而，承認如上的事實，是否意味著援引海德格哲學以詮釋儒家圓教，這一企圖終將歸於失敗呢？為此，筆者曾困擾經年，直至有一天在處理關於哈伯瑪斯（J. Habermas）溝通倫理學的思路時，才又燃起了解決此一問題的希望，這主要是因為哈伯瑪斯的想法既有可以和康德的道德哲學相接筍處（雖然其差別亦甚顯然），因此他的倫理學恐怕也是所有建構性的倫理學中，極少

數可能和儒家之道德思想相溝通的倫理學；再者，哈伯瑪斯有關互為主體性（intersubjectivity）及語言等的主張，如果通過某種存有論的轉化，則也頗有可以和海德格相連繫的可能。當然，哈伯瑪斯可能根本會反對此一轉化，但筆者也以為此一轉化，可能對證成溝通倫理學的道德性，將更為有利。以此，假如筆者能通過「溝通倫理學的存有論轉化」，便可能有機會繼續貫澈前述的詮釋方向，從而使儒家圓教得到更圓滿的證成。這當然是很值得嘗試的工作。是以底下筆者即打算依據溝通倫理學，以論證它和儒家道德思想的關聯，並嘗試將它和海德格哲學勾聯上關係，以為儒家圓教建立完整的哲學基點，並完成筆者重新反省牟先生儒家圓教詮釋的第一步工作。當然，這一切工作均必須始於對哈伯瑪斯溝通倫理學的簡介。不過筆者仍須聲明，鑑於篇幅，底下的簡介當然仍只是擷取筆者所需的來說，因此它必然是粗疏而不完備的。

　　哈伯瑪斯的系統是極其龐大的，他一方面仍繼承了啟蒙運動的精神，希望確立理性在實踐上和知識上的優越性，以化解眾多由實證主義、懷疑主義所導致的理性之軟疲無力；雖然他也深切了解到，顯然不能再將理性理解為某種超越的主體性，否則他必擋不住各方的責難。另一方面他也意識到馬克斯（K. Marx）和韋伯（M. Weber）這兩大社會學的支柱，都有必要進行某種形式的重建。他由法蘭克福學派直接繼承了馬克斯主義的批判精神，但他也了解若仍想維繫歷史唯物論的說法，便有必要放棄馬克斯的勞動典範，而代之以他所謂的溝通典範❺。此外，他也完全承繼了韋伯將理性化描繪為一個世界史進程的說法，但他對韋

伯將後資本主義社會描述為一個「鐵的牢籠」之圖像，也就是將之描述為理性化作為意義和自由的失落之說法，所流露的對理性化前景之失望，則有不同的看法，他顯然仍希望通過重建來賦予這個世界史進程以更大的生命力。基於如此龐大的構想，則其系統之紛繁，當可想像。但原則上，他的思路乃是依「人類興趣」之不同向度所展開的一套知識論為起點，他以為人生於世，總是在營社會生活的，而人也總是基於各種興趣（interest），遂在社會中進行各種勞動或是人際互動。這包括一種「技術控制」的興趣，人想控制各種對象的自然，由此而有「經驗—分析」的知識；其次，則是一種「實踐」的興趣，人想在人際間遂行各種溝通和理解，由此而有「歷史—詮釋」的知識；最後則是一種「解放」的興趣，人基於想要避免由各種宰制所形成的扭曲的溝通，由此遂有解放的、自我反省的知識。

由這樣一套知識論為各種重建工作的起點，哈伯瑪斯進一步則是將整個重建工作的基礎，奠基在一套溝通倫理學的構想之上。關於這樣一個體大思精的系統，此處自然無暇述及其思路的發展及論證。我們只可以簡單地看到，在某個意義上，哈伯瑪斯似乎是重作了一遍康德的工作，而他同樣地將整個工作的核心，又落回了一套倫理學之建構上。康德以實踐理性為其系統的拱心石，哈伯瑪斯則以溝通理性為拱心石，而微妙的是，這兩套倫理學之間還有著極相近的血緣關係❻。現在，筆者基於本文的需要，只有略過其它牽涉，而單就這套溝通倫理學作一簡述。

在哈伯瑪斯，他為了解決由意識型態之宰制所導致之扭曲的溝通，乃倣照心理分析之醫療模式，訴之於一種「理想的言談情

境」（ideal speech situation）之構想，而這一構想則奠基於一種普遍語用學的預設。按照哈氏在〈何謂普遍語用學〉一文中所述，他主要依據了杭士基（Chomsky）的提問模式，但揚棄了對所謂「語言學能力」和語言學分析模式的強調，轉而強調溝通能力，並以為它只有通過由後期維根斯坦，經奧斯丁（Austin）、賴爾（Ryle）等人所發展起來的語用學分析模式之重建，乃能找出來一些成功的語言行為之普遍的有效性要求，這些要求除了對應於語法、語義性質之可領會性並不涉及語用學功能外，其它則恆須在語用學功能中，類比著和「現存物之總體性的外在世界關係」，「人際間之總體性的社會世界關係」，「言說者意向經驗之總體性的內在世界關係」這三種關係，而表現為「真實性」（truth）、「正確性」（rightness）和「真誠性」（truthfulness）三種普遍有效性的要求❼。依據這些要求，哈伯瑪斯乃構想出了幾個進行溝通之論證時底程序性預設，藉以保障一個成功的言語溝通行為底完成。其中關乎真實性的，包括「每個發言者只可主張他自己所相信的」和「誰若是攻擊一個並非論辯底對象的說法或規範，必須為此提出一項理由」，而關乎真誠性、正確性的，則包括「每個能說話和行為的主體均可參與討論」、「每個人均可把任何主張當作問題，每個人可把任何主張引入討論中，每個人均可表示其態度、願望和需要」、「任何人均不得因在討論內或在討論外的支配性強制，而被阻礙去利用其在（上兩項）中確定的權利」這三點預設❽。亦即由這些程序性的預設，規定出了所謂的「理想的言談情境」。同時，哈伯瑪斯復進一步指出，這些規定並不僅是一些保障溝通完成的程序而已，它們更

具有倫理學的意涵。這講法就有些費解了。

關於上述這些程序性預設，何以能具有倫理學意涵的問題，哈伯瑪斯以為乃是因為這些預設同時都早已隱含地假定了一個「普遍化原則」，他即把這一論證名之曰「先驗語用學之證立」❾。所謂普遍化原則，即是「每項有效的規範必須滿足以下的條件：由該規範之普遍被遵循，而可能對每個個人底興趣之滿足所可產生的結果與附帶作用，均能不經強制而為所有相關者所接受」❿，同時基於語用學的假設，這樣一條原則還須輔以另一條原則，哈氏即將之名為「溝通倫理原則」，這原則是指「只要一切有關的人能以參加一種實踐的溝通，每個有效的規範就將會得到他們的贊成」⓫。哈氏以為這樣的原則必須內在於一切溝通之論證中，而為一種不離於實用義的「先驗」規則（案：這先驗義當然和康德所說的不同）。而正是因為他以為這樣的原則，足以完全保留康德在「定言令式」中所表述的道德意涵，因此他乃以為普遍化原則足以取得倫理學意涵。又由於他以為這一先驗語用學的論證並不是一種「終極的論證」，也就是它保有語用學之假設性格，因此它允許引入某種行為主義式的驗證方式。於此，哈伯瑪斯乃進一步根據對柯爾伯格（Kohlberg）等人的道德發展理論之檢討，證實了這一普遍化原則正是代表了道德發展的最高階段⓬。在這裡，「規範的證實原則不再是那種可獨白式運用的一般化能力原則，而是一種共同遵循的、採用推論方式兌現規範的有效性要求的程序。」⓭於是，哈伯瑪斯乃以此而完成了關於溝通倫理學的論證。

由如上的簡述，我們的確很容易看出來，溝通倫理學和康德

倫理學的血緣關係。哈伯瑪斯很準確地看到，唯有依一種普遍主義的觀點，乃能對抗所有的道德懷疑論，這也是他特別推崇康德定言令式的原因。如果純從形式上來作一類比的話，康德將定言令式直接連繫於純善的理性，同時將定言令式所表示的法則視為意志之為自我立法，這樣一種思路的形式，和哈伯瑪斯之將普遍化原則連繫於溝通理性，並由普遍化原則所蘊含的規範義，視為溝通理性之自律，其進路簡直是如出一轍，只是哈伯瑪斯以互為主體性之溝通理性，取代了超越主體性之純善的理性而已，哈氏也以為如此即能摒除康德倫理學的獨白性格。然而現在我們的問題是，當哈伯瑪斯以這樣一套倫理學來重構康德的倫理學時，他是否仍足以保住康德系統的最大特色——即道德的理想性？

關於這個問題，筆者想引述李明輝的一段相關討論。李先生在〈獨白的倫理學抑或對話的倫理學〉一文中，曾引用了威爾默（A. Wellmer）的觀點，強烈地批判了哈伯瑪斯的倫理學，他特別引述威爾默的話謂「在普遍化原理中，一項普遍主義的道德原則與一項民主的正當性原則以隱晦的方式被混合起來，以致最後它既不能作為道德原則，也不能作為正當性原則而使人信服。」❹ 其原因依李先生的論證，大略可包括如下幾點，其一，他認為哈氏的普遍化原則本質上只是個民主的正當性原則，依此原則所提供的程序，只能保證共識的合理性，可是哈氏卻將它滑轉成一道德原則。其二，哈氏既將普遍化原則視為一個道德原則，則它必是一個規範原則，但它同時亦是程序的正當性原則，因此它本身就是一個應用原則，而這就違背了哈氏自己所說的「沒有任何規範包含它本身的應用底規則」，由此一違背，它

必將引生一種兩難情境，亦即在非理想的言談情境中，要不是必須放棄將普遍化原則作為一個應用原則的說法，就得冒著成為一種「劣義的嚴格主義」之危險。其三，李先生也以為哈氏將「模糊了法律規範與道德規範間的區別」，也就是說它無法在規範的合法性和道德性間作出區分❻。

李先生如此的批判，當然是十分強烈的，但筆者卻認為不無可以商榷的餘地。這主要是由於一點，也就是普遍化原則是不是「僅是一個民主的正當性原則」？依照哈伯瑪斯論證普遍化原則的方式，它固是依一些溝通論證之程序性規定而推出，但並不表示普遍化原則便代表一些程序性原則，甚至也不表示一些程序性原則是直接由這個普遍化原則所提供。原則上說，普遍化原則的確如哈伯瑪斯所說，是在正確性這一有效性要求之下，提供了一些適切的義務，這無疑是一些規範性的內容❻。因此，若說普遍化原則只是一個民主正當性原則，只規定程序而不規範義務，這似乎是不妥當的。其次，基於普遍化原則和一些程序性規定之間，事實上存在著一些相關中的區分，於是我們可以如此看，即由普遍化原則所得之規範，其來源原則上是不預設著任何特定之溝通參與者的，換言之，我們固可說一切溝通行為皆隱含著向此普遍化原則而趨，但普遍化原則之能顯題化為一義務之規範，仍恆須連繫著理想的言談情境。因此，即使因為某種非理想的言談情境之出現，致使由普遍化原則所導出的義務面臨了挑戰，也並不必然就會造成某種劣義的嚴格主義之危險。是以筆者仍然認為哈伯瑪斯有理由將普遍化原則當成是道德原則，而維持其理想性。

　　然而對於李先生另外一點批判，則筆者倒是頗為同意（雖然筆者對這個批判了解的內容，可能和李先生所意指的並不一致）。何以言之呢？筆者以為即使哈氏的確可以將普遍化原則當成道德原則，但它也只有合法性，而並不真具有道德性。關於這點，我們可以如此簡單來看：這樣一個通過溝通論辯而來的道德原則，固然可以在無強制的狀況下為我所接納，但哈伯瑪斯所謂的無強制，是指在溝通過程之內外，皆不存在任何或隱或顯的壓迫性力量，然而我們仍可問，即使任何造成「扭曲的溝通」的宰制性力量皆拿掉了之後，我就真是真心誠意（案：暫且仍權用一下這種意識哲學式的提法）地接納了這一義務，而「由仁義行」了嗎？這裡會不會仍存在著某種如海德格所謂的「常人的宰制」❶，因而使我們僅只是以「閒談」、「好奇」之類的存在狀態在參與此一論辯過程呢？也就是說扭曲的溝通並不僅僅來自於意識型態的宰制，或是超我對本我的壓抑，它也可以是向來屬己的在世存在之於日常狀態下的沉淪，沉淪而為一個非任何主體意義的「常人」（das Man），每個人都是「他人」（der Andere）。海德格如此描述道：

> 此在（案：即筆者行文中之「此有」，下同）作為日常的雜然共在，就處於他人可以號令的範圍之中。不是他自己存在；他人從它身上把存在拿去了。他人高興怎樣，就怎樣擁有此在之各種日常的存在可能性。在這裡，這些他人不是確定的他人。與此相反，任何一個他人都能代表這些他人。要緊的只是他人不觸目的、從作為共在的此在那裡

趁其不備就已接收過來的統治權。人本身屬於他人之列並
且鞏固著他人的權力。人之所以使用「他人」這個稱呼，
爲的是要掩蓋自己本質上從屬於他人之列的情形，而這樣
的「他人」就是那些在日常的雜然共在中首先和通常「在
此」的人們。這個誰不是這個人，不是那個人，不是人本
身，不是一些人，不是一切人的總數。這個「誰」是個中
性的東西：常人。⑱

在這狀況下，所謂的「輿論」、「公眾意見」，或任何通過
公共論壇之論辯而形成的共識或是規範，固然可以具有民主的正
當性，甚至是規範的合法性，但誠如康德對合法性和道德性所作
的區分，所謂「行動之道德價值中那本質的東西便是：道德法則
定須直接地決定意志。如果意志底決定實依照道德法則而發生，
但只因著一種情感，不管是那一種，始能如此（要想法則可足夠
去決定意志，這種情感須被預設），因而也就是説，不是爲法則
之故而如此，則這行動將只有合法性，但無道德性。」⑲，則
很明顯地，凡是在常人宰制下的規範，都是不具有道德性的，它
之所以不具道德性，主要即是由於形成規範的論辯參與者，他所
由以形成規範的決意未必是出於本真的決意，這決意的此有可能
是個從本真狀態異化出去了的此有。換言之，哈伯瑪斯對於「真
誠性」這一有效性要求是不是看得簡單了些呢？他説「話語的真
誠性就只能依靠言説者以後行爲的連貫性來加以驗證了」⑳，
但就算行爲是連貫的，就代表規範的道德性獲得保證了嗎？

準於如上之討論，則哈伯瑪斯若真要賦予普遍化原則以和定

言令式相同的道德理想性，他便有必要在理想的言談情境之外再預設一個前提，即所有論辯之進行必須是出之於本真的決意，而本真的決意顯然唯賴於某種內指性的自我抉擇。當然，哈伯瑪斯似乎不太可能接受這樣一個前提，因為他一旦接受了，不只表示他必須承認所有具道德理想性的倫理學，終須帶著一些「獨白」的性格，而不可能只通過溝通協商而得；更重要的，這也將會影響到他對歷史唯物論的重建，因為他勢必得進一步解決此一決意「如何落實」的問題。不過，若是哈伯瑪斯堅持不作修正的話，則他顯然就必須冒一個危險，即理想的言談情境將可能喪失作為批判之判準的地位，這代價不也是太大了嗎？當然，按李明輝的說法，他根本就想否決溝通倫理學的想法，這似乎也決絕了些；在筆者看來，既然普遍化原則仍可具有道德規範的意涵，則我們也許只要通過如上的修正，或許就能保住溝通倫理學的構想。但現在的問題是，此一修正應如何進行？它會不會動搖到哈伯瑪斯溝通倫理學的整個哲學基礎？

　　就筆者的想法，這一修正無疑不能朝康德所設想的方向回頭考量，因為訴諸超越性的自由意志之想法，等於是全盤否決了溝通倫理學的基礎，如此自然不能說是修正了。但筆者以為如果「本真的決意」意指的是海德格式的此有之存在的抉擇，則它和哈伯瑪斯之系統間，就可能存在著比較高的相容性了。這最重要的原因，乃是由於兩者的哲學基點都同樣建立在「互為主體性」之上。以哈伯瑪斯而言，如其在《道德意識和溝通行動》一書中所述：

從事交往行動的主體在他們就世界中某種東西彼此進行理解時，自己必須考慮種種的效準要求。因此，無論其論證形式發展得是何等不完全，也無論理智的理解過程的體制化是如何之不足，世上並不存在一種社會文化生活形式，它竟會不是至少潛在地根據以論證手段來繼續交往行動的這點構局的。一俟我們把種種論證看作特別加以調節的相互作用，它們就會使人認識到它們是按理解來定向的行動的反思形式。它們從按理解定向的行動的種種前提借取我們在程序性層次發現的那些實用的前提。維持有估量能力的主體互相承認的相互性已包含在論證依以為根本的那種行動之中。❹

　　即明白表示了互為主體性乃是一切溝通行動之前提。他的這個想法，直接來自於和意識哲學的決裂❷ ，而這決裂也並不是憑空而起，其中尤其是由胡塞爾現象學而起的對形上學傳統的批判，和對生活世界這概念的強調底新論證模式，絕對起著主導性的作用，而海德格無疑正是他這想法的最重要先驅者之一。高宣揚《哈伯瑪斯論》曾謂：

　　　　對「生存世界」和「交往行為」的概念的研究，繼承自狄泰爾、胡塞爾、經沙特、梅格‧龐蒂，到海德格等人的批判傳統形而上學的路線，把對於理性的批判「現實化」，即放置在一定的「周在世界」中實現對理性的批判，使這種批判獨立於意識哲學的路線，在實際的交往行為的網路

中分析理性，分析在生存世界中的言語的功能及其保證理
性之自我反思和自我解放能力的決定性作用。這樣一種對
於舊形而上學的批判，實質上是以言語中介物所建立的生
存世界及其交往網路，取代那個空洞的、抽象的「第一實
體」或別的類似物，充實著越來越相互脫離的、失去活力
的社會體系及其「次體系」，診治和克服那些由於忽視交
往中介網路而處於「病態」的現代社會的各個組成部分，
真正實現生存世界和社會體系合理交流。㉓

　　這表示超越主體的否決，而代之以強調互為主體及語言之功
能，乃是海德格和哈伯瑪斯的共同想法。關於這點，我們的確可
以看到，海德格正是將此有之在世存在詮釋為互為主體性。海氏
在解釋此有以在世存在的方式開顯著自己時，它總是預設著世
界，也預設著「他人之共在」，此有與他人共同存在乃是此有之
本質㉔。海氏云「自己的此有的主體性質與他人的主體性質，
都是從生存論上加以規定，也就是說，從某些去存在的方式來規
定的」㉕，即很清楚地表示了主體是不能孤立來看的，他必須
以存在狀態中之相互共在來看，這也就是說所有的主體皆是互為
主體。這樣的想法，遂使哈伯瑪斯關於溝通倫理學的相關討論，
很容易就可以和海德格所建立的此有概念銜接上，而不致有扞
格。
　　然而這裡亦可能出現一個問題。按照哈伯瑪斯的想法，他基
本上乃是將溝通行動，以及由此所導引出來的道德規範問題，皆
視為是一語言問題，關於這點，我們可由前述哈氏關於普遍語用

學的構想，即可輕易地看出來。哈氏如此的想法，無疑和伽達瑪（H-G. Gadamer）的哲學詮釋學有著密切關係，這一系的想法，不只是如伽達瑪所謂的將語言視為「詮釋學經驗的媒介」❷

，而是在哈伯瑪斯看來，語言即是社會行動的本身，或者在伽達瑪看來，語言即是存有的整個視域。這兩者間唯一的差別，只是哈伯瑪斯原則上並不從存有論的立場考量問題而已。而我們若是想將哈伯瑪斯的系統予以存有論的轉化，則事實上只要將社會行動視作存有解蔽其自己的方式，即可輕鬆地將哈氏的系統接引到伽達瑪將語言視為存有的視域這樣的表述之中，而不致發生什麼理論上的困難❷。進一步說，當伽達瑪在說「能被理解的存有就是語言」❷時，我們很清楚地看到了海德格的復活。這也就是說，通過語言，我們極容易連繫起海德格和哈伯瑪斯的關係。可是這裡卻亦必須注意，當我們說有必要將海德格所說之此有的存在抉擇，引入到哈伯瑪斯建立理想的言談情境之前提中去時，卻可能面臨一個問題。

這問題乃是如此：即依一般的理解，海德格在說存在之抉擇時，並不能為此有和語言連繫上必然的關係，然則這會不會使前述的引入發生困難呢？關於這點，筆者有必要作一較詳盡的說明。

海德格依一種特殊的方式展開他關於抉擇的思考，這思考以此有在世存在之沉淪為出發點，沉淪乃意指沉淪於常人，也就是此有讓自己跌落於非本真的可能性中，人即在這非本真的深淵中「閒談」著，此所以世間總是充斥著閒言語也。此有在閒言語之枉費精神中是聽不到本真之自己的，但作為向來屬己的此有也總

會給自己一個聽到自己的可能性，這可能性自然也是此有開顯自己的一種方式，也就是說此有早已在這種開顯的言談中理解著自己，只是他又在沉淪於常人中迷失了它，海德格即將此一言談名之為「良知的呼喚」——這意思的良知，並不是呼喚一個能自給道德法則之本心❷，而只是呼喚著一個並無特定內容的本真之自己，此所以海德格說良知的呼喚只是呼喚了一個「無」，它並不是呼喚此有前來作什麼「溝通」，而只是單純地把本真的自己「呼喚上前來」❸。

　　然而一般說，言談總是有所說的，由此所說它即會固定而為某種語言的陳述，但良知的呼喚這種言談，它表述為什麼語言呢？在此，海德格有一種特殊的說法，即這種言談可能是唯一一個不表述為語言的言談。他說：

> 　　呼聲不付諸任何音聲。它簡直就不付諸言詞——付諸言詞
> 卻照樣晦暗不明、無所規定。良知只在而且總在沉默的樣
> 式中言談。它非但不因此喪失其可覺知的性質，而且逼迫
> 那被召喚、被喚起的此在（案：即筆者行文中之「此
> 有」）進入其本身的緘默之中。無言可表述呼喚之何所呼
> 喚，這並不把呼喚這種現象推入一種神秘莫測之音的無規
> 定狀態，它倒只是指明：對於所呼喚的東西的領會不可寄
> 望於諸如傳達告知之類的東西。❶

　　依照這樣的說法，不就等於在這點上切斷了此有和語言的必然連繫嗎？他說「呼聲在無家可歸的沉默樣式中言談」❷，它

只是「沉默」，而「願有良知只有在緘默中才恰當地領會到這種默默無語的言談，緘默抽掉了常人的知性閒談之言」❸ ，他即將這「願有良知」之投企名之曰「抉擇」，以此抉擇即是「緘默的、準備畏的、向著最本己的罪責存在的自由籌劃（投企）」❹

。抉擇是完全自由的決意，但也是緘默而空無內容的。這樣的抉擇甚至是連語言都談不上的，它當然就根本連「獨白」都用不上了。

但誠如前節所述，就連此有都能通過崩解的語言以入於存有，則此有之逆反於本真的自己，真只能通過如此神秘式的、直覺式的非語言之言談嗎？於是，我們可否進一步來問，海德格所謂的緘默本身，會不會原本就是一種語言呢？關於這點，我們也許必須先再回頭看一下海德格所說的常人。常人是誰？常人不是那個特定的主體，它是「他人」，但這個他人又是誰？是泛指和我相對的所有共同在世的人嗎？海德格早已指出他人原非此義，依海氏的想法，此有和他人當然取著相互性，但這相互絕對不是相對式的相互，而是他人即在我中，我亦即在他人中，這樣一個切分不開的相互共在。然而我們可試想，何謂他人即在我之中呢？如果他人乃是一個現成的存在者，他如何能在我之中？因此，這話實際上只能表示他人與我無別。但這無別又是什麼意思？於此，海德格云：

> 他人倒是我們本身多半與之無別，我們也在其中的那些
> 人。這個和他們一起的「也在此」沒有一種在一個世界之
> 內「共同」現成存在的存在論（案：即筆者行文中之「存

有論」)性質。這個「共同」是一種此在(案:即筆者行文中之「此有」,下同)式的共同。這個「也」是指存在的同等,存在(案:即筆者行文中之「存有」)則是尋視著煩忙在世的存在。「共同」與「也」都須從生存論上來了解而不可從範疇來了解。由於這種有共同性的在世之故,世界向來已經總是我和他人共同分有的世界。此在的世界是共同世界。「在之中」就是與他人共同存在。他人在世界之內的自在存在就是共同此在。㉟

　　這也就是說此有原本即是「共同此有」,他人與我無別這話,只能依此有之「煩」的結構去描述。正是在這意思上,我們看到所謂他人不在外,乃是指他人原即是我這個此有的一種存在樣式,他人不是別人,他就是我,是抽掉了一切本真的可能性之我,或者這麼說,他人的本質意義乃是一種類似「外延性」的我,一種我的抽象化、無顏色化,他是我而又非我。我在煩忙中論述著,但一切論述亦皆與我無涉,這個論述中的我既是我而又不是我。於是我們乃可說,我與他人的對舉,事實上即是我與非我的對舉,因此,海德格所謂的良知底呼喚,正表示著某種我與非我的辯證。而這種辯證,在齊克果(S. Kierkegaard)看來,它恰好正是一個語言的命題,因為「對一個主體攸關生死的事是無法以客觀的語言恰當的表達的,然而一切語言都是客觀的,因此,真正遭遇存在性真理時,就需要採取厭憎的表達,使主體轉向內在,逼著他從內在去理解這個真理」㊱,齊克果將這種厭憎的表達名之曰「蘇格拉底的弔詭」㊲。齊克果這說法是很有

意義的，即使海德格並不會同意所謂「使主體轉向內在」的説法，也就是説事實上並不存在著什麼內在的主體，但由「厭憎的表達」的説法，使我們很直接地想起了海德格所謂的「有罪責」——這所謂的有罪責，首先並非表示我們已犯了罪，而只表示了一種存在的命運 ❸ 。罪責的種種言説，在海氏而言，乃是由良知底呼喚所直接喚起的，但我們可否進一步説罪責的表達作為一種厭憎式的表達，它本身即是良知的言説呢？也就是説，我們可否直接將罪責的表達視為某種弔詭（paradox）的語言，亦即以為罪責的表達並非在正面地指述罪責，而只是以一種卑微的表達反過來顯示我足以面對自己，並承擔起自己，在這反顯中，我為此一語言所啟示，而這種語言即是良知的語言呢？

　　假如上述説法可以成立的話，則一方面我們可以再次看到弔詭的語言並不是無意義的、偽設的語言，另一方面，我們也可以説，呼聲的緘默並非只是非語言的言談，它正是弔詭的語言之一種展示模式，如此，我們也就解決了此有和語言相連繫的問題，從而也排除了將此有的存在抉擇，引入到哈伯瑪斯建立理想言談情境之前提中的障礙。但我們亦應知，這種弔詭的語言無論存在著多少變式，它總只指向著此有自身，或者説它正是此有之為本真的此有之必然性的保證；也因此之故，這一種語言恆是獨白性的——雖然這種獨白並無任何實指性的內容，因此它並不同於哈伯瑪斯所指的康德式的獨白 ❹ 。這種獨白，我們當然亦可方便説為是一種「逆覺」，但此覺並非直覺，而實是一種言説，它是説逆而言説其本真之自己，而非逆而直覺一超越的本心也。於是，連同上節所述，我們可以看到弔詭語式之兩層次意義，首

先，此有必須通過它而指向於本真之自己，進而此有亦須通過它
而復返於存有、復返於真理。這兩層次自然是緊密相關的，以
此，甚至我們亦可倒反來說，存有即以弔詭的語言以顯示自己於
本真的此有，這當然也相當程度地呼應了齊克果所說「真理成為
一種弔詭這一項事實，正深植於它和一個存在的主體有一種關係
上」⑩，像這樣「真理即主體性」的說法的確是相當有意義
的。

　　按照如上所述，則哈伯瑪斯依語言典範所建立的溝通倫理
學，既可以通過一個前提的引入，而保住其道德理想性，並可為
批判現實之基準；也可以予以存有論化，同時結合引入之前提所
必然涵蘊的弔詭語言，而使溝通倫理學完全成為通達海德格意義
下的存有之某種途徑，此有通過普遍化原則所含蘊的規範義而揭
示了存有，而且這一揭示可以是純然無遮蔽的，或者倒過來說，
存有可以一種顯示自己而又遮蔽自己的方式，將自己解蔽於溝通
之實踐中，如是這一實踐既是存有論的，也是道德的，同時它也
可以通過弔詭語言之接引，而完全復返於存有。當然，這話並不
涵蘊著溝通行動的實踐乃是存有解蔽其自己的唯一途徑，也就是
說道德實踐並沒有壟斷真理的權力，存有仍會依不同的歷史條
件，將自己解蔽為形形色色的實踐，如果一定要說這些實踐之別
的話，大概也只有一點，即溝通行動的實踐更為方便引入弔詭的
語言，以復返於真理之無遮蔽的顯示吧！

　　另一方面，對本文而言，另一個重要的意義，則是通過此有
本真的自律和溝通論證中的普遍化原則，完全足以展示出一種道
德法則的先驗性建構，這遂使哈伯瑪斯的說法可以和儒家倫理充

分地發展出對話關係。關於這點，在上章對五峰的重新詮釋中，
筆者曾保留了幾個段落，其中五峰之論男女之事的「以保合為
義」或「以淫欲為事」，此事之究竟為保合或淫欲，當然是道德
判斷上的事，但我們實在不必要將它視為本心之獨白式的判斷，
保合之義事實上完全可以在溝通論證中獲得一種無強制的共識，
並成為一種法則性的規範，這由今天所有兩性之合理溝通過程所
獲致之結論，均可得到確證。而這一規範的獲得，乃是建立在有
限的，互為主體的此有上，它和前文所論，五峰之說「良心之苗
裔」之並不一定意指本心，也很可以構成一種創造性的詮釋關
係。這也就是說，五峰所意指的性體之解蔽其自己，乃是將之解
蔽於一溝通行動中，而不是解蔽於某種「良知之獨白」，如康德
所意指者一般。在這一解蔽中，性體即落實而持存於一有限的溝
通理性中，藉溝通理性以完成「以保合為義」的道德判斷，這也
就是在一溝通行動中賦予性體以道德性的內容，於是通過這樣的
詮釋，並不會導致道德性的脫落或減殺，而且更足以將道德落實
在體制的實踐中。依此一意思，我們進一步可以看到「仁者人所
以肖天地之機要」這話中所謂的仁，仁在儒家傳統的用法中，它
恆是涵著道德性的，但由上述分析，我們並不一定要將仁類比到
康德之實踐理性或自由意志，而是可以直接代之以溝通理性，藉
由本真之自己依溝通理性以進行道德實踐，其法則性是不曾脫落
的。同時復依對溝通理性之向存有論轉化的過程，它乃可以返而
形著性體，如此當然可說仁者乃所以肖天地之機要。如是，則五
峰言盡心能「立天下之大本」，這意思便也甚易明瞭。盡心當然
不只是在海德格意義下，經良知的召喚所作的向本真之回歸，也

不是孟子義的復其本心，而是盡其溝通理性之用也。再者，五峰
順中庸所説的「中節、不中節」之義，筆者亦不理解為依本心自
發之道德法則所説的中節與否，而是理解為通過溝通理性，在一
體制之實踐中，由「普遍化原則」所決定的中節與否。而依上述
的論證，我們可以了解，它並不會導致道德性之失落。這樣筆者
就既補作了上章所保留的詮釋，也充分開闢了儒家倫理和溝通倫
理學的對話管道。於是綜合來看，憑藉著哈伯瑪斯溝通倫理學之
存有論轉化以為媒介，筆者的確有理由將儒家圓教的哲學架構，
定位在由後期海德格所展示出來的一套存有論思路上，由於有此
一媒介以為過轉，它乃能必然地涵蘊一套依主體（此處當然只是
指互為主體而言）之自律所自給的普遍道德律令而契接之人本人
文之道，從而它得以保住依仁心之遍潤所展示的儒家道德境界，
由此而簡別出儒佛圓教境界之異同。同時，由於此一境界只是存
有解蔽其自己的途徑之一，也就是隨著不同的歷史條件，存有原
即有不同形式的解蔽其自己的途徑，所以此一境界並無從壟斷真
理，這也就解消了在不同意義系統間再度進行「判教」之壓力。
於是，根據如上一套表述模式，筆者乃圓成了儒家圓教最關鍵性
部分的哲學論證。

　　尤有進者，通過依溝通倫理學之存有論轉化，以創造性地詮
釋儒家圓教，尚可有一重附帶效益，即儒家可返而提供溝通倫理
學在具體落實上的一項語用規則之基礎，何以言之呢？在前文
中，筆者曾提到普遍化原則若想具有道德性，則必須引入一項獨
白性的言談，即參與溝通之此有的存在抉擇。但問題是此項前提
的引入是否可以而且必須依憑於溝通機制呢？如果它根本和溝通

機制無涉，則此一獨白性的言談之引入，便似只能存於杳冥之間，而缺乏了某種語用學上檢證的基礎，但問題是我們從何處可以找到這樣一個基礎呢？於此，筆者注意到了在儒者師弟傳法之間，所普遍通用的一種溝通模式。在許多語錄的記載中，我們經常可以看到儒者在師弟之一段問答後，聞者即「當下有省」，這當下有省之主要意義，當然並不是知解性地說「我懂得了」，而多半是存在性地說我受到了一種震撼，因而「我被啟發了」。而這樣的問答模式，的確存在著一些值得分析之處，此種語言依牟先生的說法，即是一種指點式的、隨機引發的「啟發語言」，❹它和鬥機鋒式的否定的詭辭語式不同，它的表述總是正面的，但卻總是非命題性的、論辯性的語言。然則我們如何了解此種語言呢？

關於這種語言，也許孟子的一些指點性的問答，如其答齊宣王「推此心足以保四海」之類，即是最典型的範例。當然照一般的理解，孟子設為這樣的答辭，乃是為了從當機的情境中，去超越地指點一個本心，這在孟子整個系統的表述言，亦的確是如此。但假如我們純以一種溝通行為視之，而拉掉一切哲學預設來看的話，則也可以說孟子如此的答辭，既不是要在溝通過程中論辯性地表達自己的主張，也不是要提出任何攻擊性或防衛性的論證，它的語用學意義顯然只是在促請溝通之對造進入一種自我反詰其「誠意性」的情境。換言之，它乃是提供了不表述任何命題性內容的「敦促性」機制，而這種溝通機制乃在將參與溝通者引入一種獨白性的言談中。必須注意的是，此一機制和心理分析之誘導性機制是不同的，它倒是比較接近於某些意義治療的機制，

是在敦促某種存在性底躍出，此即弗蘭克（V.E.Frankl）所謂的
「求意義的意志」之躍出㊷。林安梧在《中國宗教與意義治
療》一書中述唐君毅先生之學謂：

> 唐先生在其「人生之路」的諸多體驗之作，是可以導向一
> 儒家型意義治療學之建立的。這樣的治療學是環繞著人生
> 存在的意義而開顯的，而所謂的人生存在是關連著人的本
> 心潤化所及、詮釋所及而成的一套歸本於「一體之仁」的
> 意義世界而說的。這樣的一套意義世界是以「是，我在這
> 裡」這個存在述句爲起點而展開的。「是，我在這裡」，
> 一方面點出了「把我放在世界內看」的理解（詮釋）原
> 則，一方面亦指出了此原則實亦含著「把世界放在我之中
> 看」的實踐原則。這樣的理解（詮釋）與實踐必然地隱含
> 著治療。治療不是外力的加入，而是生命的歸根與復位，
> 是生命的凝聚與開發，是生命之微通幽明，了知生死，是
> 生命之進入世界之中，而自立其志。能如此，則能去虛妄
> 而返回真實，去顛倒而復歸正位。㊸

這裡所謂的「是，我在這裡」，他很準確地將之描述爲一個
存在述句，這個述句當然是獨白性的，不過這個述句的引發卻不
一定要預設「本心潤化所及」，既然它只是「詮釋所及」，則它
顯然即是一個語言的過程，而這個過程事實上正可由啟發語言所
提供的溝通機制而促成。於是，我們乃能由啟發語言而逆反地提
出一個語用學預設，並將之收入理想的言談情境中，從而得以促

進（雖然並非必然地促進）溝通倫理學的道德理想性之落實。這樣一個方向，筆者以為正是儒家足以提供給溝通倫理學之助益。當然關於這樣一個預設的形成，仍須進一步的論證，不過由於題旨所限，本文也只有暫時從略了。

至此，筆者已由哲學論證的層面，完整地——雖然只是極初步地——交待了儒家圓教如何重新詮釋的問題。筆者以為如此詮釋，一方面足以克服牟先生系統內部關於圓教表述的困難，另一方面也不至於喪失儒家最足寶貴的道德理想主義，同時，由於任一意義系統在這樣的詮釋架構中，均沒有權力宣稱自己具有壟斷真理的資格，因此我們亦可以避開判教的壓力。這些自然都是此一重構的好處。而且如此詮釋，其與原典的相應度，至少絕不遜於牟先生的詮釋，同時復可依海德格消融康德或整個觀念論傳統，以及天台判教消融如來藏系統的模式，而將顯教型範的主體性哲學模式，完全吸納為此一重構系統的別教模式，這就依然可以充分尊重牟先生系統的詮釋效力，而不必視之為錯誤的詮釋，這點當然也是此一重構重大的優點。不過，筆者認為尚有一層至關緊要的好處：大凡稍識牟先生之真實關懷者，都會了解他苦心孤詣地重構儒學詮釋，乃是希望提供根據儒學精神以促進中國現代化的可能途徑，但近些年來，牟先生此一構想確實遭致了不少批評，筆者也承認這些批評確有部分內容頗中要害，因此，如果仍想接續牟先生此一特殊的現實關懷，而又足以避免攻擊，則確有必要另謀其它詮釋途徑。筆者自問前述的重構，將更足以發揮儒學和現代性相接榫的理想，從而得以為跨接傳統和現代的巨大工程，再盡一些疏導之功。關於這點，自然必須有更詳細的說

明，此則詳見下節所述。

附　註

❶　考夫曼《存在主義哲學》云「（海德格）在他的後期著作中，他只把齊克果當宗教作家，而他的大部分注意力都放在尼采的著作上。」見該書頁30。

❷　參見李天命《存在主義概論》，牟先生所作之序，頁2。

❸　熊偉在海德格《形而上學導論》台灣版的譯序中說，四十年代海氏曾與蕭師毅合譯《老子》八章。這是一項直接證據。

❹　關於海德格和意義治療的關係，最顯著的例子便是由海氏的學生賓斯汪格（L. Bins Wanger）依其哲學所直接開出的精神病學。對此一發展，請參閱康恩（E. Kahn）〈存在分析評述〉一文。此文見《存在主義與心理分析》頁47～95。當然這一趨勢也包括了直接開創意義治療學的弗蘭克（V. E. Frankl）在內。

❺　關於這一典範的轉移問題，可參閱羅曉南《哈伯瑪斯對歷史唯物論的重建》第四章第一節。值得本文特別注意的，則是此一典範的轉移，事實上直接關聯到哲學上由意識哲學到語言哲學這一典範的轉移。

❻　如哈伯瑪斯所說的「一切認知主義的倫理學均以康德在定言令式中所表達的那項直觀為出發點。」這表示了溝通倫理學和康德倫理學的直接關係。哈氏語見《道德意識與交往行動》，此處譯文則引自李明輝《儒學與現代意識》，〈獨白的倫理學抑或對話的倫理學〉頁167。

❼　有關於這三種有效性的要求，其論證請參閱哈伯瑪斯《溝通與社會

演化》，〈何謂普遍語用學〉頁58～79。

❽　關於這幾項預設，仍見❻引文，譯文亦參考李明輝同一作品頁169。

❾　關於此一原則，哈伯瑪斯亦將之比擬到阿培爾（Apel）的「理解可能性之規範條件」，這一條件具有先驗的強制力。哈伯瑪斯云「人們可以說，當一個人在頭腦中不僅具有行為標準，甚至一般準則的約束性特質，而且具有橫貫其全部領域的言語的有效性基礎時，那種普遍的、不可避免的（以及超驗的）、可能理解的條件就有了規範性的內容。」引文見於❼引書頁2。

❿　同❻，譯文亦參考李明輝同一作品頁167。

⓫　同❻，譯文則參考《哈伯瑪斯的溝通倫理學》頁2。

⓬　關於哈伯瑪斯借助柯爾伯格道德發展理論所作的論證，詳參❼引書第二章〈道德發展與自我同一性〉，不過，哈伯瑪斯認為柯爾伯格之說只能夠講到類似康德所說之道德自由之階段，他則更進一步論證了可以依普遍化原則所開展的「言語的普遍倫理」之階段。

⓭　同上，頁124。

⓮　同❻所引李明輝之作品，頁174。

⓯　同上，頁176～177。

⓰　如❼引文頁76，哈伯瑪斯云「言說者和聽者能夠彼此相互推動去承認有效性要求，因為言說者之約定的內容決定於某個主題化被強調的有效性要求的特定參照，言說者藉此（通過某種認識性可檢驗的方式）假設了：⑴提供根據的義務（運用真實性要求）。⑵提供正當性的義務（運用正確性要求）。⑶提供可信性的義務（運用真誠性要求）。」這正當性的義務當然是一些規範性的內容。

⓱　照海德格在《存有與時間》中的說法，乃是所謂的「常人的獨

裁」。詳參該書第廿七節。

⑱　同上，頁162。

⑲　康德《實踐理性底批判》，牟先生《康德的道德哲學》，頁244。

⑳　同❼，頁75。

㉑　同❻，譯文則參考⓫引書頁13～14。

㉒　哈伯瑪斯在《社會科學的邏輯》一書的序言中云「從解釋學和語言分析的使用讓我確信社會批判理論必須跳脫康德和黑格爾所發展的意識哲學的概念工具」。

㉓　高宣揚《哈伯瑪斯論》，頁309～310。

㉔　詳論請參閱⓱引書第廿五、廿六節。

㉕　同上，頁161。

㉖　這是伽達瑪《真理與方法》第三部分第一章的標題。

㉗　當然哈伯瑪斯不見得會贊成進行此一轉化，在哈伯瑪斯看來，社會行動不可能是一個存有論的概念。不過依存有之解蔽性，它原即是內在於歷史向度中的，這並不會發生困難。再者，我們當然亦不應忽略，哈伯瑪斯和伽達瑪在詮釋學立場上的歧異，伽達瑪極重視偏見與傳統在詮釋學中的先在性，這在哈伯瑪斯看來，無疑是為意識型態之扭曲在張目。不過，由於筆者所謂的轉化，只意指將社會行動這一概念和存有之解蔽性勾聯起來，因此哈伯瑪斯和伽達瑪之論爭，至少對此處之論題而言，是不太相干的。關於上述哈、伽二氏之論爭，其簡單的描述可參看利科爾（P. Ricoeur）《解釋學與人文科學》第一章第二節。

㉘　同㉖，頁602。

㉙　同⓱，頁362，海德格云「良知之所以不給出這類實踐性的指示，

只因為良知向生存、向最本己的能自己存在喚起此在（案：即筆者行文中之「此有」）。」此處所謂「實踐性的指示」，當然也包括著康德所謂的實踐理性之自給法則而言。如此，自也不能將良知的呼喚等同於孟子的本心之呈現。

㉚ 同上，頁338。

㉛ 同上，頁339。

㉜ 同上，頁342。

㉝ 同上，頁364。

㉞ 同上，頁370。

㉟ 同上，頁152。

㊱ 杜普瑞《人的宗教向度》，頁204。

㊲ 齊克果《語錄》頁152云「真理的弔詭性，就是他那客觀的不確定性。這個不確定性，乃是激情的內向性的一項表述，而這股激情正是真理。這即是蘇格拉底的原則。」

㊳ 同㊲，頁353，海德格云「其存在為煩的存在者（案：即筆者行文中「存有者」）不僅能背負實際的罪責，而且他在其存在的根據處就是有罪責的；唯有這種是有罪責的才提供了使此在實際生存著能夠成為有罪責的存在論上之條件。」這表示了「有罪責」乃是此有之被拋擲的命運。

㊴ 哈伯瑪斯以為康德的倫理學乃是一種獨白的倫理學，這當然是因為康德所謂的倫理學，純只意指著實踐理性之內在地自給法則而言。這種獨白是有特定內容的。

㊵ 同㊲，頁226。

㊶ 牟先生於維根斯坦《名理論》譯文之前〈譯者之言〉頁17云「我們

承認于科學語言外，有啟發語言或指點語言。超絕形上學中的語言
都是啟發語言或指點語言。凡屬康德所說屬智思界者皆屬啟發語言
中事。」

⑫ 弗蘭克《從存在主義到精神分析》一書之第一章〈意義治療法的哲
學基礎〉，曾詳細論述了「求意義的意志」，及其與求快樂的意志
和求權力的意志之差別，可參看。

⑬ 林安梧《中國宗教與意義治療》，頁136。

第三節　儒家圓教與現代化

關於牟先生畢生投入傳統哲學疏導工作，其背後的現實關
懷，這是任何明眼人都看得出來的。今天有些人常很風涼地指責
牟先生（甚至包括第二代新儒家如唐先生、徐先生等）的學究工
作，只是以更精美的包裝來讓陸王之學借屍還魂；這實在不是什
麼有識見的批評❶。在現實關懷這點上，牟先生的工作無非只是
不斷地想突出儒家作為一種超越性的、終極關懷的，和作為一種
批判性的道德理想主義的地位，另外則通過「辯證的坎陷」這樣
一個極易引生誤解的概念，來嘗試銜接儒家和民主、科學這一現
代化主要內容的關係❷，這也是為什麼他總要在哲學上堅持「一
心開二門」這一架構的原故。筆者以為此一關懷事實上滲透在他
的思考之每一個地方，抽掉了這點，便簡直不成牟先生了。然而
牟先生之學遭到最嚴屬批評的地方，也正在此，其中最主要的攻
擊，大半是集中在「良知的辯證坎陷」這概念上❸。無疑地，這
些攻擊有不少是出於誤解，關於這些誤解，李明輝在《儒學與現

代意識》一書的許多篇中，大抵已有相當明確的澄清，本節主旨
亦不在辯駁這些誤解，故亦不煩縷述。總結而言，李先生的基本
立場，可以用他自己的話來說，即：

> 當代新儒家對「内聖外王」思想所作的重新詮釋，爲林毓
> 生先生所謂「創造的轉化」或傅偉勳先生所謂「批判的繼
> 承」提供了一個極佳的例證。傳統儒家基本上要求由「内
> 聖」直接開出「外王」，最明顯的例子是〈大學〉底三綱
> 領、八條目。當代新儒家一方面要繼承傳統儒家底内聖之
> 學，另一方面則要突破傳統儒家在外王方面的局限性，故
> 將由内聖通往外王的關係解釋爲一種間接的辯證關係，即
> 以「曲通」取代「直通」。此即牟宗三先生所提出的「良
> 知底自我坎陷」說。但是此說也引起不少批評和質疑。就
> 傳統儒家「内聖外王」思想之轉化而言，「良知底自我坎
> 陷」說即使不是唯一可能的理論，至少是筆者迄今所見到
> 的最適切的理論。因爲只有這套理論能使「内聖外王」底
> 思想在經過轉化之後與現代化底要求相切合，而仍保持儒
> 學底本質。傅偉勳、林毓生等人要求放棄「内聖外王」底
> 思想，實不足以言傳統儒學之「轉化」或「繼承」。因爲
> 這等於放棄其本質，焉能言「轉化」或「繼承」？要求儒
> 家放棄「内聖外王」底思想，無異於要求基督徒否定「三
> 位一體」及耶穌底象徵意義。❹

李先生此一立場所表現的信道之篤，誠然是令人感動的，而

在他整個論辯過程中，他也總是堅持將儒學的內聖外王思想，定位在一種超越的理想性上，以此而批判地指導經驗界的一切，於是他可以切分出道德與政治乃至知識等等各自獨立的領域，就如同康德之切分現象與物自身一般。這樣的想法無疑會得到牟先生的完全首肯，筆者也完全同意，依牟先生的疏導，他只是企圖為民主與科學如何能在中國的土壤上出現，尋求一種哲學的解釋和精神價值上的資糧，他並無意混淆道德和其它領域的各自獨立性，而且原則上說，牟先生作為一位無財無位，四海飄零的東西南北人，但憑丹心寸管，實亦不必為如何實際開出民主科學而負任何責任，因此指責新儒家不能實際承擔開出民主之責，就猶如指責清談誤國一般地荒謬可笑。無論如何，在種種意識型態和價值相對主義的滔滔洪流中，新儒家獨力捍衛道德理想主義的業績絕不容誤解，就此而言，李先生以「闢異端」之勇氣起而力辯，亦絕對是大有功之舉，然而如果人們期望儒家能在這些現實志業上，扮演更積極的角色，這是否是逾分的要求？如果這要求並不逾分，則李先生若光只是作此釐清，會不會也嫌消極了一些？

在筆者看來，牟先生本人的立場，其實亦不只是以提出如何由道德主體開出民主科學的「實踐必然性」為已足，亦即良知的坎陷並不只是在指出某種辯證的必然性，它尚有實質的安排，此即牟先生在《政道與治道》一書中所示的，由「理性的運用表現」通過坎陷，而轉為「理性的架構表現」，牟先生以為如此即能接引民主與科學。他說：

　　架構表現……它的底子是對待關係，由對待關係而成一

「對列之局」（Co-Ordination）。是以架構表現便以「對列之局」來規定。而架構表現中之「理性」也頓時即失去其人格中德性即具體地說的實踐理性之意義而轉爲非道德意義的「觀解理性」或「理論理性」，因此也是屬於知性層上的。（運用表現不屬於知性層）。民主政治與科學正好是這知性層上的「理性之架構表現」之所成就。❺

這樣一種表現的出現，牟先生即將之名爲「開出新外王」。按照這樣的講法，他當然就涉及了民主與科學理論上如何建立的問題。於是我們可問民主和科學真是由理性之架構表現所轉出的嗎？或者輕鬆些說，民主和科學的成立，必須以理性之架構表現爲主要條件嗎？如果這問題的答案是肯定的，則坎陷說之解釋效力應該仍是不錯的，但如果答案並不那麼肯定，則情形又將如何呢？筆者以爲像陳忠信所提出的質疑雖放錯了焦點，但事實上已觸及到了此一問題❻，然則我們應如何看待此一問題呢？

即使跳開許多歷史的偶然來看民主和科學成立的條件，以今天的許多研究來看，似乎都不宜過度高估理性所扮演的角色。啟蒙時代將理性作爲大寫的理想，看來似乎是過去了，這就誠如傅柯（M. Faucault）在〈論何謂啟蒙〉一文中所謂：

我不知道我們會不會成熟到成人狀態。我們經驗裡的很多事情，讓我們相信啟蒙這個歷史事件並沒有使我們成爲成熟的成人，而我們也還沒有到達那個階段。不過，康德省思啟蒙而具述了對當前、對我們自己的批判性質問，我覺

得這種質問仍有意義。我認為，康德的省思甚至是過去兩世紀以來不無重要性、不無效用的一種哲學思索方式。我們自身的批判性存有論當然不可視為一個理論、一個學說，也不可視為一套不斷在累積的永恆知識體，而應該視為一種態度、一種特質、一種哲學生活，在這個生活裡，對我們自己的批判，同時也就是對我們所受限的歷史作分析，以及實驗超越這些限制的可能性。❼

　　理性與啟蒙在此似乎只退縮到一種卑微的地位，它只成為一種謹慎的批判態度。傅柯這樣的想法絕不是偶然的，在這個時代，涵蓋著知識論、社會學、史學……等等領域的研究，都相當一致地指出了一個事實，即它們都不適合用一種如康德所說的理性建構的方式來看❽。即使許多人仍想維持理性的地位，他也必須從「知性為自然立法」這樣強的說法中弱化下來，我們看韋伯在說「目的理性」、「工具理性」之類的概念時，何嘗還有意氣風發的表示呢？以此而言，牟先生以如此強的方式來說理性，會不會妨礙和一些經驗學科對話的可能性呢？尤其他以如此強的方式來概括民主和科學的成立條件，到底妥不妥當？

　　即以牟先生所說的科學而論，事實上他所說的科學，乃泛指一切概念知識系統而言。依他的看法，所有知識皆是繫屬於認知主體，並依此主體自覺地拉成一對列的格局而成，如其所云：

　　　　科學知識之成，一則由於經驗而限於經驗，一則遵守邏輯數學。經驗接觸對象使知識有特殊的內容，思想遵守邏輯

數學而了解對象使知識成一系統（即所謂一組命題）。知識之成非預設主客觀間的對偶性不可。道德宗教的境界是攝所歸能，攝物歸心。成知識則非從圓滿自足之絕對境中，自覺地造成主客體之對立，使對象從情意中提煉出來，成為一個知識的對象，不可。外界推出去成為知識的對象，則主體即成為認知的主體。這兩者都在對立關係中而凸現。程明道所謂「觀雞雛可以知仁」，周茂叔「窗前草不除」，這並不能成知識。是故科學知識亦是理性之架構表現。在架構表現中，必然要使用概念而且形成概念。每一概念都是抽象的，都有所當於一面，因而亦是對於整全之破裂，即所謂分解，因此成系統。凡科學知識都是些有特殊內容的一定系統。❾

這樣的想法當然是順康德而來。但從狄泰爾（W. Delthey）以來，便早已發現歷史之類的人文知識，並不服從於這樣的看法，於是而有詮釋學的長足發展❿，這都是西方知識論進程中顯而易見的事實。到了廿世紀，這一發展甚至也擴及到了自然科學之上，如孔恩（T. Kuhn）的「典範（paradigm）說」，即指出了包括自然科學的知識，也不能離開科學社群而獨立存在。⓫在這趨勢下，即使是護持康德甚力的卡西勒，他也必須捨棄康德知識論背後的實體觀，而代之以一種「功能」論。劉述先云：

惟有了解卡西勒知識現象學的這一個基本的論題，我們才立即知道，一切自然的模倣論必須倒塌，不只抽象的數學

甚至就是最實證的物理學也並不是由實體世界中抽象出來的法則，而是人類精神創造的一種符號形式的成就。⓬

　　於此狀況下，理性的實體地位當然就面臨了拆除的命運，因此即使在科學哲學的領域中，理性和知識的關係也必須作弱化的處理。更何況在整體知識論的發展趨勢中，已少有人能不正視生活世界在其中所扮演的角色⓭。如前文所曾提及的，哈伯瑪斯在知識論上，是有意識地想要承襲康德的傳統，但他卻必須將理性根本地弱化為「人類興趣」，我們當然不能不看到其中所透露的訊息。換言之，按照今天一般知識論的研究，我們實在很難說知識是源自於一種實體義之理性的架構表現的。

　　對於牟先生理解民主的成立條件而言，這情形恐怕會更嚴重。牟先生每將民主和理性勾聯上必然關係，主要當然是為了「不可斬斷民主政體底理性之根，不可輕易抹殺普遍的人性、理性，與本質諸詞之意義」⓮，也就是說為了將民主視為一種道德理想的落實。但什麼叫做依理性的架構表現（或說是外延的表現）而成立的民主呢？依他自己的說法乃是：

　　　　民主政體下的個體原則是「理性之外延的表現」。這與
　　　「民主政體」本身之成立，同是「理性之外延的表現」。
　　　在內容上說，是民主的。「理性之內容的表現」下之個體
　　　原則是民主之「內容的意義」，而不是其「外延的意
　　　義」。然而民主政體之完成正是要靠「理性之外延的表
　　　現」而使其具有「外延的意義」。外延的意義使民主政體

> 形成而確定，即民主之所以爲民主者：有制度的基礎，有
> 法律的保證；且亦使「內容的表現」下所具有的「民主之
> 內容的意義」得到確定與保障。⓯

　　簡單地說，即依照一種知識之對列格局而成的制度安排，和
完全客觀中立的法律機制。然而這樣的想法會不會太素樸、太簡
單，甚至有淪為工具理性所宰制的危險呢？

　　依照牟先生對民主的想法，看來倒頗為接近韋伯所說的「法
制型支配」（legal domination）這一理念型（ideal type）⓰，
這一類型的基本特徵即在法律的純粹形式化，以一種形式之正確
性來確保法律的正當性。而牟先生似乎以為，民主政體能達致此
一境界，即是實現了「政道」，也就是足以解除各種權力的壓
制，成為體現人民意志，甚至是一切實質的價值理性可能得以實
現的場所。然而韋伯的講法，卻好似給牟先生潑了一盆冷水一
般，因為依這樣的想法，勢將使整個社會交由一個超能的官僚體
制所支配⓱，對官僚體制而言，其基本性格總是功利性的，於
是由純形式的法律加上功利的官僚體制，所形成的工具理性之膨
脹，最後勢將形成一種龐大的宰制性力量，甚至反而侵吞了價值
理性展現的機會，然則這又豈會是牟先生之期望呢？關於這種工
具理性宰制之危險，事實上在早期批判理論諸健將的著作中，早
有詳細論述，而特別值得注意的，則恐怕是牟先生此一想法，倒
頗有一些科學主義的痕跡。牟先生在許多地方對科學主義都有批
判性的警覺⓲，但民主的問題豈容如此簡單地類比於科學知識
的對列格局（姑先不論科學知識宜否以對列格局視之）呢？權力

宰制的問題是如此地詭譎多變，然則牟先生是否警覺到理性的架構表現之說法，亦有可能轉成另一種科學主義意識型態的宰制呢？如此一來，我們是否仍適合說民主是源自於理性之架構表現？

　　根據上述這一簡單的檢討，則牟先生似乎並沒有充足的理由來說民主、科學和一個如此強的理性之關聯，如此一來，勢將影響到他和其它經驗學科對話之可能性，甚至也將使我們返而質疑良知坎陷說，乃至「兩層存有論」的實質效力，這不是很嚴重的事情嗎？假如今天有人即針對這點提出質疑，則我們應如何衛護牟先生的理想？是仍然堅持其坎陷說嗎？還是必須另覓它途？

　　關於這個問題，筆者還是必須再提及李明輝的努力。李先生在兩篇近作中❶，主要在嘗試說明由現代科技所衍生的問題，迫切地需要一種相應的「責任倫理學」，而韋伯關於責任倫理學的構想，正可相應於此一需要。而韋伯這套倫理學，按李明輝自己的綜述云：

　　　　韋伯底「責任倫理學」本身是一套特殊倫理學（政治倫理學），它若要取得完整的系統意義，就必須在一般倫理學底層面上預設康德式的「存心倫理學」；但在另一方面，「責任倫理學」底概念也可在政治倫理學底層面上凸顯出康德底「存心倫理學」中隱而未發的一個重要面向。因此，真正的「存心倫理學」與韋伯底「責任倫理學」在邏輯上可以相容。從康德底「存心倫理學」之立場來看，它甚至可以涵攝「責任倫理學」底原則。❷

他對韋伯倫理學作出這樣的補充，其基本的意圖當然是為了
將儒家倫理接引到解決現代科技問題的思考上，因此他說「儒家
在面對現代科技底問題而思考如何將其德性之學落實於制度層面
時，實可以責任倫理學作為居間的理論環節」●。這也就是
說，借助責任倫理學式的坎陷說，儒家仍可以和科學乃至民主機
制取得對話的地位。那麼，如果李明輝此說成立的話，是否就仍
能在堅持坎陷說之下解決前述疑難了呢？

其實對韋伯這麼一個絕望的自由主義者而言，當他把支配的
最理想型態交託給「領袖民主制」（leader democracy）之卡理
斯瑪（charisma）領導時●，他就把整個政治的價值，託付給
了卡理斯瑪型領袖之內心獨白了。依韋伯的看法，卡理斯瑪的特
質原是非理性的，今李明輝之說，在某種意義下，即是說儒家倫
理能提供卡理斯瑪特質以理性之約制，這看起來倒頗有些像是聖
君賢相的現代版。然而如此一來，問題就很顯然了。在政治上，
我們當然仍會期待聖君賢相，一種卡理斯瑪的領導——而非卡理
斯瑪支配——總是更足以激起政治參與的激情，而不致淪為官僚
機器的捱板與功利●，但就算真有如此理性的聖君賢相在，就
足以在政治上開出民主嗎？當然，李明輝可如是辯駁說，在一個
民主機制已穩固的政體下，聖君賢相仍是避免政治庸俗化的良
方，這說法自然是事實，但從一個很現實的角度來說，現代科技
和民主機制真已在我們的社會中落實了嗎？也許對比之下，現代
科技在我們社會的紮根工作，是好了很多，但民主體制呢？我們
民主機制的運作穩固嗎？然則在此狀況下，儒家倫理對現代科技

和民主機制之走向穩固，可以發揮什麼力量呢？單只借助責任倫理學之接引，便足以解決此一問題嗎？看來這答案顯然是否定的。於是我們仍得回到前面的問題上，而且我們也看得出似乎沒有太多理由繼續堅持坎陷說了，然則另外的途徑何在？

　　筆者必須指出的是，在前文中，筆者之所以嘗試依哈伯瑪斯溝通倫理學的存有論轉化，來重構儒家圓教詮釋的哲學架構，除了是為因應圓教哲學模型所作的內部調整，另外一個積極的理由，便是由於通過哈伯瑪斯和海德格的接引，它提供了許多可能途徑，一方面它足以保住儒家道德理想主義的特質，也足以延續天人和諧之存有論、真理層次的基本精神（這就某一義言，也仍然是保住了既超越又內在之義，只是超越而內在者主要不就主體言，而只就性體這一存有言，但就互為主體而言之「心」仍可不失與存有相諧和之道），這是「返本」的一面。另一方面，則主要是借助哈伯瑪斯，我們可以根本不必通過主體良知之坎陷，而是就著同一個互為主體義的主體，它即可藉著不同的「興趣」面向，而開出各層次的知識；另外，則通過具有倫理學意涵的理想言談情境之建構，提供確立民主機制最重要的批判判準，及其向制度面落實之可能性，這是「開新」的一面。結合這兩個面向，筆者以為我們既足以衛護牟先生的理想，又足以避開坎陷說的諸般難題，如此我們自然就可以為儒學與現代化的關聯，找到另一條更理想的途徑。這也就是說，筆者進行前述重構的積極理由，不只是哲學的，亦是人生的；不只是理論的，亦仍是內聖外王式之實踐的。其中，關於前一個返本的面向，筆者已大體提出過粗略的論證，但對後一個開新的面向，則仍有待進一步說明。以

下，筆者茲仍分知識與民主這兩個面向概述之。

就知識的面向言，如前所述，哈伯瑪斯雖仍繼承了強調理性的啟蒙精神，但理性的意義已明顯地弱化了，這情形誠如普塞（M. Pusey）所謂：

> 在這個（現代化）過程中，我們並未「發現」任何類型的本體論意義的「理性」——那種經常被用來解釋歷史和社會的「大寫的理性」。這根本是個唯心論的幻覺。相反的，我們所能依賴的只是我們共同具備的，具有社會本質的追求溝通與理解的能力。㉔

然而此一弱化，並不意味就必須放棄康德式的命題，即理性在知識形構過程中，所扮演的主導角色，只是它當然不可能如康德所説，是一種作為立法者的強勢地位了。依他的説法，知識具有二類層級，它分別連繫於人的二種興趣，此即前文亦曾提及的，依技術控制的興趣而有的經驗分析的知識，這主要即對應於科學知識；其次則是依實踐的興趣而有的歷史詮釋的知識，這主要對應著人文學的知識；再其次則為依解放的興趣而有的批判的知識。必須注意的是，這三層知識的區分，並非是互不統屬的，在這點上，哈伯瑪斯當然是順著孔德（A. Comte）以迄新康德學派乃至狄泰爾等人，他們區分知識層級的傳統而來㉕，而其中則以批判的知識佔著最根本也最重要的地位。

關於這樣一套知識論，首先值得注意的是「興趣」這個概念。哈伯瑪斯不再説由理性形構知識，而説興趣形構知識，這當

然有特殊的用意。其用意，依哈伯瑪斯的說法，首先乃是為了對顯於康德由純先驗層次所說的理性，在這脈絡中，興趣是順應於人的社會生活，而為人營社會生活之動機這樣一個「準先驗」（quasi-transcendental）式的概念，其實說穿了，它就是不離於人之經驗性欲求之弱化了的理性概念。這樣的興趣永遠不能離於生活世界之外，也因此，每個人皆作為生活世界中之互為主體的一個主體，他最基本的需要，當然是與其它主體營共同生活之相互溝通的需要，依此需要，他最關心也最本質之一種興趣，自然必須是解放的興趣，唯其如此，它才能免於處身於扭曲的溝通之中。而所謂的依解放的興趣而有的批判的知識，其實正是所謂的「溝通理性」依理想的言談情境以為判準，所批判地獲致之規範性知識，這一知識一如前述，它是具有道德意義的，那麼，我們不就可以依此方式而說由人類興趣發出了「德性之知」嗎？（當然，嚴格說來，以人類興趣之批判解放的面向來相當於道德心，仍須有　規定，此即依前文所述的，這　興趣必須是基於　種存在抉擇之投企所引生之興趣）

　　然而，如此說的人類興趣，亦可基於社會生活需要的多樣化，而分化為其它興趣的表現方式，由此而有科學知識的產生，依此知識使我們得以控制這個生活世界，但也由於這一興趣乃是由更本質的解放興趣分化而來，如此使我們得以依批判的知識使我們免除由科學知識之自我膨脹，所代來的科學主義之宰制。另一方面，人與人之間的相互理解，絕不能表現為一種控制的型態，由此相互理解之實踐興趣，乃有人文知識的產生，依此知識使人與人間得有互動，以組成人文世界的種種面向。不過在此哈

伯瑪斯和伽達瑪之間曾有很大的歧見，依哈伯瑪斯的看法，這一人文知識的本質是詮釋學的；但照伽達瑪詮釋學的講法，詮釋學必有一個先在的結構，必依此構成一個詮釋學循環，而這循環之前理解是無法消除的，可是哈伯瑪斯以為如此一來，這就形成了一種由語言傳統所造成的意識型態宰制❷。哈氏以為我們正亦可依批判的知識來消除這一宰制。按照這兩方面的說法，我們可不可以說，這也是某種意義的由「德性之知」開出「見聞之知」呢？或者說，這也可當成是某種意義的由「道德心」開出「認知心」呢？只是這個道德心已經不再是超越性的道德本心，而是指人類的解放興趣，或說是溝通理性，而認知心則涵蓋了技術和實踐的興趣，而不僅指一種純知性的活動了。

於是，我們乃又看到了另一種由德性開出知性的可能性，這可能性完全不必訴之於一個超越的、實體性的理性，而只須建立在互為主體之人類興趣上，如此一來，它自然也不需要「坎陷」，這裡並沒有什麼「執的主體」與「無執的主體」之區別，而只有興趣表現面向之區別，這區別不是體的區別、存有論的區別，同時由此而開出的知識，則更涵蓋了自然科學與人文知識的全部層面，其涵蓋性自然也遠大於牟先生由理性之架構表現而說的純外延性之知識，從而也避開牟先生之知識論始終很難處理歷史性的、社會性的乃至美學性的知識之難題❷。這對於儒家思想在知識面的現代化而言，當然具有重大的作用。

依此知識的面向進一步來看，復可涉及民主的問題，但所謂民主，當然並不是如牟先生所說，僅只是將法律和憲法體制視為外延性知識的延伸。關於這個問題，哈伯瑪斯基本上乃是將之收

在「理性化」這個概念之下。理性化這個概念，在韋伯的系統
中，它代表的是一個世界史的「除魅」（disenchantment）的進
程，不過哈氏以為這個進程並不只如馬克斯所謂的，決定於生產
力與生產工具的理性算計，它同時還必須將文化等屬於意識型態
的東西相當程度地獨立出來㉓（儘管它仍不能脫離其下層基
礎，這是哈氏和伽達瑪很重要的不同所在），並以之為更重要的
指導性因素，此如哈氏所說：

> 文化一直是一種上層建築現象，儘管它在向新的發展水準
> 的過渡中，似乎發揮著比迄今為止的許多馬克思主義者所
> 承認的更為突出的作用。據我看來，這種突出性已解釋了
> 溝通理論可能對歷史唯物論的更新作出貢獻。㉔

他在此很明白地指出了要將理性化這一世界史的進程，和一
種規範結構相連繫的企圖，而他以為社會演進止是建築在由規範
結構所提供的「合法性」之上。進一層來說，哈氏也論證了由此
一規範結構的不斷發展，進而它終將指向於溝通倫理學的形成，
這主要是因為理性化層次的提昇，在哈伯瑪斯看來，它正相應於
道德發展的層次之原故。這也就是說，理性化的進程相當程度地
是個知識的問題，這個知識問題不只表現在工具性、技術性知識
對生產的開發，或是國家、法律之類的不斷客觀化，它更是一種
批判知識的不斷增長。於是，如韋伯之理性化所導致之意義與自
由的失落問題底解決之道，遂必須落實在意識型態之批判這樣一
個法蘭克福學派的傳統主題上了。

以意識型態之批判作為理性化過程的出路，這在某種意義上，當然是對啟蒙時代過於樂觀之精神的修正，但反過來，也可以說是對啟蒙精神之批判的繼承。而哈伯瑪斯關於意識型態之批判的講法，已遠比馬克斯更為精密。在馬克斯而言，意識型態大抵只是指虛偽意識，是一種只為服務於統治階層的歪曲理念。❸這樣的看法基本上只是將意識型態視為某種物質性的東西，它當然不能正視意識型態背後複雜的歷史因素，不過無論如何，意識型態總是代表一種社會意義上的權力宰制關係，因此對哈伯瑪斯來說，儘管他不再以純然負面的方式看待意識型態，但任何意識型態的存在總是表示經由一種「不對稱的權力關係」所導致的扭曲的溝通 ❸ ，也就是說在意識型態的作用下，任何人與人之社會交往，總必然會存在一種強勢聲音對弱勢聲音的壓制，甚至終而導致對弱勢力量的完全排擠，這一現象自然需要嚴肅地批判，否則社會必然永在一種偏傾的狀態下，而無法向真正之理性化而趨。於此，我們遂看到了哈伯瑪斯建構溝通倫理學的積極意義，因為他正是要借助前文所述「理想的言談情境」之建構，提供批判一切意識型態之判準，同時這判準也有可能落實於制度的實踐中。而更重要的，由理想的言談情境背後所預設的普遍化原則之道德意涵，我們更可以看到道德和整個社會意義的理性化進程間之必然關係，這關係當然並不只是說道德必然足以開出民主，它更是說道德必然是促成世界理性化之最終根據。這樣的想法對於儒家思想與民主化、理性化的關聯，的確足以提供堅實的論證，從而也使牟先生「民主開出論」的理想，得以進一步落實。

至此，筆者已儘可能地提供了另一條途徑的說明，雖然這一

說明在論證上仍極粗略，但只要我們依溝通倫理學的存有論轉化
來重新詮釋儒家圓教，便有可能超越牟先生良知坎陷的說法，而
為儒家傳統和現代化問題搭起一座更堅實的橋樑。同時，由這一
模型所指出的對「權力」與「真理」的區分，也讓我們進一步窺
見了儒者「民胞物與」襟懷的現代意義。如果說儒者之外王事業
是在現實中創造一個理想的目的王國的話，則其最大的障礙，恐
怕並不是在個人的私慾，而根本是在由權力機制之偏傾所導致的
扭曲底人際溝通。今天許多社會心理學的研究，都指出了許多傳
統所謂的私欲泛濫，往往皆是體制的產物❷，然則作為一個民
胞物與的儒者，能夠不正視社會性的系統扭曲嗎？換言之，仁心
之現代實踐，能夠不以一種體制性的反省和批判為主嗎？

　　平心而論，整個儒學的傳統，即使從不缺乏批判精神❸，
但無疑皆缺乏了對權力和體制的認知和警覺，遂使仁民愛物之外
王精神，只表現為「得志澤加於民」的形式；而一個缺乏對權力
之警覺的儒者，一旦進入體制，鮮有不被體制吞沒者，其不願被
吞沒者，則總只有飛蛾撲火或飄然遠舉兩種選擇，這寧非是道德
理想之絕大困境嗎？原則上說，牟先生對權力是有高度警覺的，
但依良知坎陷說來看，其警覺顯然是不夠的。然則筆者如上之疏
導，就「新外王」這一儒家傳統之時代性志業而言，不正是最本
質的工作嗎？說仁心之遍潤、之成己成物，又豈只是一條鞭式的
主體性之德業創造呢？於是筆者乃終於依儒家圓教詮釋之重構，
完成了儒家和現代化之關聯性的詮釋。如果說良知坎陷說真有啟
人疑竇處，或說真只表示了一種過時的啟蒙理性主義、道德理想
主義的樂觀情懷的話，則筆者相信，上述的詮釋可能會是繼承牟

先生之精神的另一種更理想的「創造性轉化」，同時也提供儒家
應對一切「現代─後現代」論述的基本資源，如此自能賦予儒家
更大更新的生命力，並促使新儒家的志業邁向一個更新的領域，
這當然是筆者最關懷的所在。

附　註

❶　如李澤厚在〈為儒學的未來把脈〉講辭中，即謂牟先生的工作「根
本理論並沒有超出宋明理學多少」，「它只是第三期儒學（宋明理
學）在當代或隔世的迴響」，引文見《鵝湖月刊》第254期，頁27。
李氏這一說法當然仍是承襲著他在《中國現代思想史論》〈略論現
代新儒家〉一文中的說法。他似乎完全不曾正視牟先生在外王上的
說法，因而也完全看不到此一說法的生命力。就這點而言，李氏的
態度顯然還不及今天大陸上許多新儒學的研究者。

❷　關於「坎陷」這個概念，首見於《王陽明致良知教》一書。牟先生
云「吾心之良知決定此行為之當否，在實現此行為中，固須一面致
此良知，但即在致字上，吾心之良知亦須決定自己轉而為了別。此
種轉化是良知自己決定坎陷其自己：此亦是其天理中之一環。坎陷
其自己而為了別以從物。從物始能知物，知物始能宰物。及其可以
宰也，它復自坎陷中湧出其自己而復會物以歸己，成為自己之所統
與所攝。」（見該書頁35），後來則在所謂「外王三書」的《道德
的理想主義》，《政道與治道》和《歷史哲學》中屢屢申說此義，
可參看。

❸　這些攻擊，除了李明輝《儒學與現代意識》一書所提到的林毓生、
韋政通、傅偉勳、陳忠信、楊儒賓諸先生之外，殷海光先生亦早有

類似批評，余英時先生幾年前亦曾因類似批評，而和新儒家門下掀起過一場論戰。關於這一論題，詳參林毓生〈新儒家在中國推展民主與科學的理論面臨的困境〉，《政治秩序與多元社會》頁337～349；韋政通《儒家與現代化》；傅偉勳〈儒家思想的時代課題及其解決線索〉，《儒家倫理與經濟發展》頁1～43；陳忠信〈新儒家「民主開出論」的檢討〉，《台灣社會研究》季刊一卷四期，頁101～138；楊儒賓〈人性、歷史契機與社會實踐——從有限的人性論看牟宗三的社會哲學〉，《台灣社會研究》季刊一卷四期，頁139～179；李明輝〈徐復觀與殷海光——當代新儒家與中國自由主義的爭辯之一個剖面〉，《徐復觀學術思想國際研討會論文集》頁491～522；余英時〈錢穆與新儒家〉，《猶記風吹水上鱗》頁31～98；楊祖漢〈論余英時對新儒家的批評〉，《儒學與當今世界》頁147～177。又大陸近年來關於新儒家的討論，如以方克立、李錦全為首新儒家研究中，大體亦均涉及了此一問題，筆者手邊所有的鄭家棟之《現代新儒家概論》、郭齊勇之《熊十力思想研究》、韓強之《現代新儒學心性理論評述》等書均是，可參看。有趣的是，對良知坎陷這概念，來自自由主義和方克立等之馬列主義立場的批評，卻頗有異曲同工之妙，關於這點，請參閱羅義俊〈近十餘年當代新儒學的研究與所謂門戶問題〉一文，此文詳見《儒學與當今世界》，頁113-146。

❹　李明輝《儒學與現代意識》之序言，頁4。

❺　牟先生《政道與治道》，頁52～53。

❻　如陳忠信在❷引文頁138中曾謂「政治秩序是在具體的歷史處境中，人類社會生活中之具體活動的結果，它或者是偶然發展的結

果,或者是在社會構造之各局部性結構與支配結構間多元結構決定之具體條件下,有限度的創造與發展,但決不是普遍的、全知的設計安排的結果。」如果良知的坎陷真只是如李明輝所説的,僅只決定民主之開出何以能有價值,這當然沒有問題,但若坎陷是指以理性之架構表現來開出民主,那陳忠信的問題便有進一步論辯之必要了,至少民主的確很難僅視為「全知」通過某種積極的辯證性(即由良知積極地坎陷為架構理性)而開出。

❼ 傅柯〈論何謂啟蒙〉,《思想》,頁34。

❽ 陳榮灼在〈圓善與圓教〉一文中曾云「從實踐哲學進展至社會哲學之開出,乃是近代哲學的一個本質特徵……康德本人的實踐哲學,可説是處於這一轉變的中間地帶。」這看法是值得注意的。上引文見《當代新儒學論文集 —— 內聖篇》頁44。

❾ 同❺,頁54～55。

❿ 帕瑪云「他並沒有懷疑康德的範疇適合於自然科學,但他卻洞察到時間・空間・數字等諸如此類的東西中,很少有理解人的內在生命的可能性;『情感』這個範疇似乎也沒判明人類主觀性的內在歷史特徵。狄爾泰斷言:『這是一個進一步發展整個康德的批判態度的問題;但是,這一發展須在自我解釋(Selbstbesinnung)的範疇,而非知識理論的範疇中進行,在對歷史理性所做批判,而非(純粹)理性批判中進行。』於是而有狄爾泰在詮釋學上的發展。關於此一發展,詳參氏著《詮釋學》,引文亦見該書頁114。

⓫ 關於孔恩的説法,請參見氏著《科學革命的結構》。

⓬ 劉述先《新時代哲學的信念與方法》,頁35。

⓭ 即使如分析哲學的大師維根斯坦,在其後期的語言遊戲説中,也轉

而注意此一概念，如其云「語言遊戲一詞是為了強調一個事實，即講語言是一種活動的組成部分，或者一種『生活形式』的組成部分。」（《哲學研究》第23節，頁19）即可見一斑。

⑭　同❺，頁160。

⑮　同上，頁122～123。

⑯　依照韋伯在《支配的類型》一書中論「法制型支配」這一理念型之基礎，包括(1)任何法律規範主要均依價值理性，由協議或強制手段而建立，並要求組織成員的服從。(2)任何法律均由一些抽象規則依一致的系統而構成。(3)任何人均須服從於上說之秩序。(4)每個服從該支配的人均是以一個客觀化的身分而服從之。(5)每一成員不服從於任何個人，而只服從於上說之無私的秩序。這樣的說法和牟先生所意許的民主政治，其一致性是很顯然的。韋伯之說參見該書頁33～34。

⑰　莫姆森（W. J. Mommsen）在為韋伯上引書所寫的導言〈支配的類型‧韋伯的政治社會學〉中曾云「對那些最接近完全實現所有純粹法制統治類型所具備之要素的社會，韋伯持著一個悲觀的看法，他認為這樣的社會將由一個超能的官僚體制來治理，其所根據的乃是本質上完全形式化的、由法律與規則所緊緊織起的一套羅網，使得個人取向的創造行為少有發揮的餘地。在這樣的一個系統下，因為在組織的結構裡只考慮工具性因素，所有的道德價值皆失去效用，毫不顧及任何個人或團體所關懷的價值態度。」這段話很值得參考，引文見韋伯上引書頁11。

⑱　同❺，頁58，牟先生云「科學家內在於科學本身，可以不管其與道德理性方面的關係，但若從人性活動的全部或文化理想方面說，則

不能不了解其貫通。若是外在於科學而作反省時，卻又這樣截斷，則便是科學一層論之蔽。」所謂「科學一層論」即指科學主義而言。

⑲　李明輝〈存心倫理學、責任倫理學與儒家思想〉，《台灣社會研究》季刊第21期，頁217～244。〈儒家思想與科技問題——從韋伯觀點出發的省思〉，「儒學與現代世界」國際研討會。

⑳　參見李明輝上引〈儒家思想與科技問題〉頁4。

㉑　同上，頁9。

㉒　所謂「領袖民主制」，依韋伯自己的説法，它最重要的類型乃是「直接訴諸民意的民主制」，此一制度也是「卡理斯瑪支配的一種變型」。韋伯説參見⑯引書頁110。當然依韋伯的習慣，他很少直接表示他最中意的型態，不過莫姆森亦曾指出，韋伯認為此制乃是民主政體在工業時代中唯一能夠存活的體制。參見前引書頁12。

㉓　關於「領導」和「支配」這兩個概念的討論，請詳參前引書頁8～9，莫姆森的討論。

㉔　普塞《哈伯瑪斯》，頁108。

㉕　關於此一知識層級區分的討論，請參閱⑪引書第一章第三節，頁16～33。

㉖　關於這一問題，筆者在上一節中已有討論，請詳參上節㉗。

㉗　牟先生之知識論原則上完全奠基在康德「知性為自然立法」的基礎上，但這樣的知識論恐怕只能用以處理科學知識，而對人文知識則是無能為力的。因此當牟先生在解釋歷史時，也只能援引黑格爾式的思路，作歷史精神的疏導。牟先生固然可以以為這才是第一義的歷史，但它不足以成就歷史知識則恐怕也是事實。同樣的，在《判

斷力之批判》一書的序言中，牟先生依「分別說與合一說」的方式，彷彿為美學開闢了一條道路，但最終也只能說到「無相原則」之限定性的使用，這當然是不夠的。至於社會方面的知識，則似乎尚未見牟先生論及。

㉘　普塞云「哈伯瑪斯對馬克斯的重建，目的在於建立知識在歷史中的關鍵性重要地位，並且在馬克斯主義的遺產中加入一種不能以實證主義的方式化約成經濟過程的文化理論。」文見㉔引書頁25。

㉙　哈伯瑪斯《溝通與社會演化》，頁140～141。

㉚　馬克斯在《德意志意識型態》一書中曾謂「人們腦中之空幻構想也是他們的物質的、實驗上可以決定的，在物質的前提上緊繫著的生活過程之必然的附錄。於是道德、宗教、形而上學，以及其它的觀念體系，與同和這些相應的意識型態，便不再保持著那獨立性之外觀。它們並沒有什麼歷史，它們並沒有什麼發展，只是發展著自己的物質的生產與同物質的交通之人們伴隨著他們的這種實際也變更他們的思想與他們的思想之產物。不是意識規定生活，反是生活規定意識。」見該書頁54。

㉛　李英明《哈伯馬斯》一書云「（哈伯瑪斯）認為有關意識型態理論的鋪陳，唯有在深刻的社會理論脈絡中進行，才能有令人滿意的結果。因為，意識型態基本上是一套因為不勻稱的權力關係所導致的系統扭曲溝通，而這一套系統扭曲溝通是透過語言、活動和社會生活表現出來的。」文見該書頁80。

㉜　此處所意指的體制和私欲泛濫乃至和權力的種種糾葛，自然和佛洛伊德關於「壓抑」的說法密切相關，但亦不止於此。如佛洛姆(E. Fromm) 在《逃避自由》一書中所描述的虐待狂與被虐待狂的依賴

關係，儘管他亦說這些人自有一些個別的心理因素在，但「當被虐待狂慾望找不到適合的文化型態時，這種被虐待狂的解決方法就將沒有用武之地了。」（見該書頁 109），這表示了體制的重大和決定性的影響力。

❸ 　這個批判精神從孔子之批判季氏、孟子之「聞誅一夫紂矣」開始，即已一脈而下，徐復觀先生《兩漢思想史》更以這一精神為主要觀察點，至於東漢黨錮以迄明代東林、復社之類書生議政的傳統，足見此一精神的源遠流長。

結　語

　　本文至此，大約也到了該告一段落的時候了。由於整個論證頭緒紛繁，不覺篇幅已大，為免枝蔓，筆者擬以最簡略的方式作一撮述，以為結語。

　　這篇論文的主題，雖係順今天學界關於宋明理學之系統詮釋所引發，但原則上筆者並未將重點置於文獻疏理上，而主要是針對牟先生的詮釋系統進行哲學性的反省。不過，本文亦不能算是一篇純哲學的著作，因為它原則上仍奠基於文獻的脈絡，而整個反省的目的亦為的是能夠返而提供一條創造性地詮釋文獻之途徑。筆者此一作法，就方法論的立場言，很明顯地是因襲自牟先生；筆者亦以為唯有依如此作法，始能為文獻疏理工作賦予新生

命，並為未來的中國思想詮釋奠立一個穩實的基礎。因此，無論本文曾對牟先生提出過多少商榷意見，筆者均須將本文的進路，以及此一進路的精神和理想，歸源於牟先生。這是必須首先說明的。

其次，本文的論述，首先是通過對現有宋明理學的詮釋系統所進行的瀏覽，而選擇出三種典範性的系統，並由這三個系統之比觀，確立了牟先生之詮釋系統的優越性。其次，筆者即針對牟先生的系統及其論證作一簡要的綜述，不過由於牟先生原則上認為伊川朱子一系的說法，對理學所直接想承繼的儒學精神，乃是一種歧出，因此它和牟先生所真正想形構之詮釋架構，並無直接關涉。以此之故，筆者的綜述基本上也排除了伊川朱子這一理學中最大的支脈。

在作了此一綜述之後，筆者乃注意到了牟先生在他自己的表述中所出現的一個矛盾，也就是究竟是依陽明學四有四無的說法，比較能表示儒家的圓教境呢？抑或是依胡五峰「天理人欲同體而異用」的說法，較能表示儒家的圓教境？這一問題直接牽涉到了佛教華嚴、天台二宗關於別圓的諍論，因此筆者也通過對華嚴和天台的綜述以及比較，類比地論證出牟先生一貫對儒家圓教的表述模式，確實存在著一些無法克服的難題。由於圓教之所以為圓的哲學模型必須依本於天台的思路，而牟先生從未依天台思路以說儒家圓教，是以筆者乃有必要重構關於儒家圓教的詮釋系統。

關於此一重構，筆者基本上是借助一些概念的轉換，如將天台的法性類比於所謂理學密教思路之「性體」和「道體」的說

法，並依天台之「無明無住」和「法性無住」類比而說「天理無住」、「人欲無住」，以提供此一重構之存有論的論證基礎。再則復將天台「一念心」的概念類比於理學密教思路之論心。如上這些類比，當然皆只是哲學型態之類比，而非概念內容之挪用。在這一類比之下，筆者復進一步引入了海德格的存有論系統，以提供重構儒家圓教的具體論證。如此，筆者乃完成了對牟先生詮釋系統的轉換，轉換之以使整個系統更適合用來表述儒家圓教之所以為圓，並且也將儒家圓教之表述，歸回到理學密教思路這一文獻的脈絡之中。這一回歸也使得我們可以不必以西方哲學「獨立運思」之型態，來賦予儒家圓教之新詮釋。

根據如上所說之重構，筆者復進一步論證了兩個問題，一是在這一重構中，滿足圓教之所以為圓的必然根據是什麼？對這一問題，筆者通過了對詭辭之考察，而將此一根據建立在「弔詭的語式」之上。另一個問題則是依海德格的思路，並不方便表示出儒家最本質的「道德理想主義」之精神，為要解決此一問題，筆者乃又引入了哈伯瑪斯的溝通倫理學，並由這一倫理學與海德格哲學之接合，來共同提供儒家圓教的具體論證。於是，筆者乃有理由將儒家圓教建立在「溝通倫理學之（海德格式的）存有論轉化」上。如此一來，儒家圓教既可依循文獻脈絡而開出，復有充分的理性基礎以及實踐進路，這當然是一種很有意義的重構。

最後，筆者復進一步說明了依上述之重構，它更可提供以儒家為根基來銜接現代性的一條新進路，藉以克服牟先生依「良知坎陷」而說儒學現代化所面臨的難題。如此一來，我們整個關於儒家圓教的重構，乃有了更具創造性的面貌。其實從詮釋學的立

場上看，任何對古典的詮釋，原本就不必只是為了滿足對古典的癖好而已，它總是為了當下的實存，以此，筆者乃能説如上之重構，是無虧於詮釋之職守的。

　　以上是筆者對正文所作的形式性之撮述，由這一撮述中很明顯可以看出來，筆者並不滿意於繼續照著牟先生的系統説，但無論如何，筆者更不願放棄牟先生所一貫堅持的儒家之道德理想主義，也正是在這一基點上，筆者自問本文乃是建立在「接著牟先生講」的旨趣上。筆者當然了解如此作法的危險，因為可預見的，此一作法即會遭遇到多方的夾擊。至少就習於文獻疏理者來看，便會指責我的「不中不西，不古不今」；就牟先生之論敵言，也會不滿於我對道德理想性的堅持，而就筆者許多同門師友言，恐怕更會無法接受我對牟先生某種程度的「背離」。但筆者之所以寧可遠離庇蔭，甘冒矢石，毋寧更是為了紹述前幾代新儒家的典型。從熊、梁諸先生開始，即努力為儒學的前程冒險開新，然則後起者又焉能不有所奮勵！而今儒門固然淡薄如昔，花果飄零的悲劇感亦仍在，但時代的巨輪已如此快速地輾過，當共產紅色浪潮已杳，民主已是我們生活之主要內涵，甚至連現代性的論述皆已隱然要為後現代的論述所取代時，我們的「生活世界」便已遠不同於牟先生成長的一代了，然則我們今天重拾儒門家業，如何能沒有更新的詮釋格局呢？

　　當然筆者亦完全自知，以目前自己的學力，離成熟之途顯然仍極遙遠，本文的所有論證亦均只能算是初步發端。因此作為一個狂簡之徒，筆者亦甚能了解主張「重複即創造」之師友的矜慎，論學力之深沉邃密，和對道業的堅持，他們都是我嚮往和學

習的典範，但狂者進取，狷者有所不為，筆者自問以我向來多疑
而少自信的性格，似乎從來不是狂者一流，然而如今卻仍想不避
艱險，寧取狂者之途，恐也不無微意吧！近兩年來，在筆者耳聞
目見，乃至師友講論中，亦曾聽聞諸如李瑞全、袁保新、林安
梧、楊儒賓等先生，有不少或同或異之意見，而他們大體亦皆主
張必須尋求另一形式之返本及開新，我於諸先生皆是心嚮往之
的。但無論此道孤不孤，本文總是筆者這幾年的心得，雖是閉門
造車，但敝帚亦有足以自珍者。今謹以此貢獻於諸方家，除了期
待各方之裁成外，亦願聊明心跡，然則知我罪我，其在斯矣！

參 考 書 目

一、原典文獻(依時代先後排列)

甲、經部

《周易》,《十三經注疏》本,台北,藝文印書館,民
78。

《禮記》,《十三經注疏》本,台北,藝文印書館,民
78。

《論語》,《十三經注疏》本,台北,藝文印書館,民
78。

《孟子》,《十三經注疏》本,台北,藝文印書館,民
78。

朱　熹,《四書集注》,台北,世界書局,民68。

乙、史部

脫脫,《宋史》,台北,藝文印書館,民71。

章學誠,《文史通義》,《章氏遺書》本,台北,漢聲出
版社,民62。

丙、理學諸子

周敦頤,《周濂溪先生全集》,《叢書集成初編》,北
京,中華書局,1983。

邵　雍,《皇極經世書》,《中國子學名著集成》本,台
北,中國子學名著集成編印基金會,民67。

《伊川擊壤集》,《四部叢刊》本47冊,上海,上海書

店，1989。

張　載，《張橫渠集》，《叢書集成初編》，北京，中華
書局，1983。

程顥、程頤，《二程集》，台北，漢京文化公司，民72。

胡　宏，《知言》，《粵雅堂叢書》本，《叢書集成新
編》冊22，台北，新文豐出版公司，民74。

李　侗，《李延平集》，《叢書集成初編》，北京，中華
書局，1983。

朱　熹，《晦庵先生朱文公文集》，《四部叢刊》本，冊
179-182，上海，上海書店，1989。

——，《朱子語類》，台北，文津出版社，民75。

陸九淵，《象山全集》，《四部備要》本，台北，中華書
局，民68。

王守仁，《王陽明全集》，台北，河洛出版社，民67。

王　畿，《王龍溪語錄》，台北，廣文書局，民75。

——，《王龍溪全集》，台北，華文書局，民59。

聶　豹，《雙江聶先生全集》，台北，中央圖書館藏善本
微卷，嘉靖甲子刊本。

羅洪先，《念菴文集》，《文淵閣四庫全書》本，台北，
商務印書館，民75。

羅汝芳，《盱壇直詮》，台北，廣文書局，民66。

劉宗周，《劉子全書》·《中華文史叢書》之57，台北，
華文書局，民57。

黃宗羲、全祖望，《宋元學案》，台北，河洛出版社，民

64。

黃宗羲，《明儒學案》，台北，河洛出版社，民63。

———，《梨洲遺書彙刊》，台北，隆言出版社，民58。

王夫之，《張子正蒙注》，台北，世界書局，民56。

丁、佛教經論

《勝鬘師子吼一乘大方便方廣經》，《大正藏》冊13，台北，白馬精舍印經會，民77。

《大乘起信論》，《大正藏》冊38，台北，白馬精舍印經會，民77。

天台智者《摩訶止觀》，《大正藏》冊46，台北，白馬精舍印經會，民77。

天台智者，荊溪湛然釋《法華經玄義釋籤》，台北，新文豐出版公司，民65。

荊溪湛然，《維摩經略疏》，《大正藏》冊38，台北，白馬精舍印經會，民77。

《法華文句記》，《大正藏》冊46，台北，白馬精舍印經會，民77。

《維摩經疏記》，《卍續藏經》冊28，台北，新文豐出版公司，民83。

《止觀輔行傳弘決》，《大正藏》冊46，台北，白馬精舍印經會，民77。

智　儼《華嚴一乘十玄門》，《華嚴義海》，台北，河洛出版社，民64。

賢　首，《華嚴一乘教義分齊章》，《華嚴義海》，台

北，河洛出版社，民64。

四明知禮，《十不二門指要鈔》，《大正藏》冊46，台
北，白馬精舍印經會，民77。

二、近人研究專著(依姓氏筆劃排列)

王開府，《胡五峰的心學》，台北，學生書局，民67。

尤惠貞，《天台宗性具圓教之研究》，台北，文津出版
社，民82。

印　順，《勝鬘經講記》，台北，正聞出版社，民70。

———，《大乘起信論講記》，台北，正聞出版社，民79。

牟宗三，《生命的學問》，台北，三民書局，民73。

———，《理則學》，台北，國立編譯館，民71。

———，《王陽明致良知教》，台北，中央文物供應社，民
69。

———，《道德的理想主義》，台北，學生書局，民71。

———，《政道與治道》，台北，學生書局，民69。

———，《歷史哲學》，台北，學生書局，民65。

———，《智的直覺與中國哲學》，台北，商務印書館，民
69。

———，《現象與物自身》，台北，學生書局，民71。

———，《心體與性體》，台北，正中書局，民70。

———，《從陸象山到劉蕺山》，台北，學生書局，民68。

———，《佛性與般若》，台北，學生書局，民71。

———，《中國哲學十九講》，台北，學生書局，民80。

———，《中西學之會通十四講》，台北，學生書局，民

79。

──，《圓善論》，台北，學生書局，民74。

李天命，《存在主義概論》，台北，學生書局，民81。

李英明，《哈伯馬斯》，台北，東大圖書公司，民75。

余英時，《歷史與思想》，台北，聯經出版社，民68。

──，《中國思想傳統的現代詮釋》，台北，聯經出版
社，民68。

──，《猶記風吹水上麟》，台北，三民書局，民80。

杜念中、楊君實編，《儒家倫理與經濟發展》，台北，允
晨文化公司，民78。

李明輝，《儒家與康德》，台北，聯經出版社，民79。

──，《儒學與現代意識》，台北，文津出版社，民80。

汪義麗，《帛書五行篇思想研究》，台北，中國文化大學
博士論文，民84。

李澤厚，《美的歷程》，台北，蒲公英出版社，民73。

──，《中國古代思想史論》，北京，人民出版社，
1985。

──，《中國現代思想史論》，台北，風雲時代出版社，
民80。

李澤厚、劉綱紀等，《中國美學史》，台北，谷風出版
社，民75。

林月惠，《良知學的轉折---聶雙江與羅念菴思想之研
究》，台北，台灣大學博士論文，民84。

林安梧，《契約、自由與歷史性思維》，台北，幼獅文化

公司，民85。

──，《中國宗教與意義治療》，台北，明文書局，民85。

周昌忠，《西方現代語言哲學》，上海，上海人民出版社，1992。

林毓生，《政治秩序與多元社會》，台北，聯經出版社，民79。

侯外廬等，《宋明理學史》，北京，人民出版社，1984。

洪漢鼎，《語言學的轉向》，台北，遠流出版社，民81。

唐君毅，《中國哲學原論·原教篇》，台北，學生書局，民79。

──，《說中華民族之花果飄零》，台北，三民書局，民78。

韋政通，《儒家與現代化》，台北，水牛出版社，民78。

高宣揚，《哈伯瑪斯論》，台北，遠流出版社，民80。

徐復觀，《兩漢思想史》，台北，學生書局，民68。

──，《學術與政治之間》，香港，南山書屋，1976。

張立文，《宋明理學研究》，北京，中國人民大學出版社，1985。

──，《宋明理學邏輯結構的演化》，台北，萬卷樓圖書公司，民82。

麥仲貴，《王門諸子致良知學之發展》，香港，香港中文大學，1973。

陳　來，《宋明理學》，台北，洪葉文化公司，民83。

張岱年，《中國哲學發展》，山西，山西人民出版社，
　1981。

陳俊輝，《邁向詮釋學論爭的途徑》，台北，唐山出版
　社，民78。

郭齊勇，《熊十力思想研究》，天津，天津人民出版社，
　1993。

陳榮華，《海德格哲學：思考與存有》，台北，輔仁大學
　出版社，民81。

舒　光，《維根斯坦哲學》，台北，水牛出版社，民75。

勞思光，《中國哲學史》，香港，友聯出版社，1980。

劉述先，《朱子哲學思想的發展與完成》，台北，學生書
　局，民71。

——，《黃宗羲心學的定位》，台北，允晨文化，民75。

——，《新時代哲學的信念與方法》，台北，商務印書
　館，民80。

蒙培元，《理學的演變》，台北，文津出版社，民79。

——，《中國心性論》，台北，學生書局，民79。

鄭家棟，《現代新儒學概論》，廣西，廣西人民出版社，
　1990。

錢　穆，《宋代理學三書隨劄》，《錢賓四先生全集》
　本，冊10，台北，聯經出版社，民84。

——，《宋明理學概述》，《錢賓四先生全集》本，冊
　9，台北，聯經出版社，民84。

——，《現代中國學術論衡》，《錢賓四先生全集》本，

冊25，台北，聯經出版社，民84。

韓　強，《現代新儒學心性理論評述》，遼寧，遼寧大學
　　出版社，1992。

龐　樸，《帛書五行篇研究》，山東，齊魯書社，1988。

羅曉南，《哈伯瑪對歷史唯物論的重建》，台北，遠流出
　　版社，民82。

不著撰人，《哈伯瑪斯的溝通倫理學》，台北，結構出版
　　群，民78。

三、西方學術譯著(依原作者姓名英文字母順序排列)

Cassirer(卡西勒)，甘陽譯，《人論》，台北，桂冠圖書公
　　司，民79。

──，于曉等譯，《語言與神話》，台北，桂冠，民79。

Dupre(杜普瑞)，傅佩榮譯，《人的宗教向度》，台北，
　　幼獅文化公司，民75。

Frankl(弗蘭克)，黃宗仁譯，《從存在主義到精神分
　　析》，台北，杏文出版社，民81。

Fromm(佛洛姆)，莫迺滇譯，《逃避自由》，台北，志文
　　出版社，民80。

Gadamer(伽達瑪)，洪漢鼎譯，《真理與方法》，台北，
　　時報文化公司，民82。

Habamas(哈伯瑪斯)，沈力譯，《溝通與社會演化》，台
　　北，結構群文化公司，民79。

杜奉賢、陳龍森譯，《社會科學的邏輯》，台北，結構群

文化公司，民80。

Heidegger(海德格)，陳嘉映、王慶節譯，《存有與時間》，台北，唐山出版社，民78。

熊偉、王慶節譯，《形而上學導論》，台北，仰哲出版社，民82。

孫周興譯，《林中路》，台北，時報文化公司，民83。

熊偉譯，《形而上學是什麼》，台北，仰哲出版社，民82。

孫周興譯，《走向語言之途》，台北，時報文化公司，民82。

陳小文、孫周興譯，《向於思的事情》，台北，仰哲出版社，民82。

彭富春譯，《詩‧語言‧思》，北京，文化藝術出版社，1991。

Kant(康德)，李明輝譯，《道德底形上學之基礎》，台北，聯經出版公司，民79。

──，牟宗三譯，《純粹理性批判》，台北，學生書局，民72。

──，牟宗三譯，《康德的道德哲學》，台北，學生書局，民72。

──，牟宗三譯，《判斷力之批判》，台北，學生書局，民81。

Kaufmann(考夫曼)，陳鼓應、孟祥森、劉崎譯，《存在主義哲學》，台北，商務印書館，民82。

Kierkegaard(齊克果)，陳俊輝譯，《祈克果語錄》，台北，業強出版社，民76。

Kuhn(孔恩)，王道還譯，《科學革命的結構》，台北，允晨文化公司，民74。

Marx(馬克斯)，郭沫若譯，《德意志意識型態》，台北，問學出版社，民77。

Palmar(帕瑪)，嚴平譯，《詮釋學》，台北，桂冠圖書公司，民81。

Poggeler(珀格勒)，宋祖良譯，《海德格爾的思想之路》，台北，仰哲出版社，民83。

Polanyi(博蘭尼)，彭淮棟譯，《意義》，台北，聯經出版社，民75。

Pusey(普塞)，廖仁義譯，《哈伯瑪斯》，台北，桂冠圖書公司，民78。

Ricoeur(利科爾)，陶遠華等譯，《解釋學與人文科學》，河北，河北人民出版社，1987。

Ruiten Beek(雷登貝克)等，葉玄譯，《存在主義與心理分析》，台北，巨流圖書公司，民78。

Weber(韋伯)，簡惠美等譯，《支配的類型》，台北，允晨文化公司，民74。

康樂、簡惠美譯，《支配社會學》，台北，遠流出版公司，民82。

Wittgenstein(維根斯坦)，牟宗三譯，《名理論》，台北，學生書局，民76。

——，范光棣譯，《哲學研究》，北京，三聯書店，1992。

四、單篇論文(依姓氏筆劃排列)

牟宗三，〈超越的分解與辯證的綜合〉，台北，《中國文化大學中西比較哲學會議》主題致詞手稿本，民83。

李明輝，〈牟宗三哲學中的物自身概念〉，嘉義，《第一屆台灣經驗研討會》預備會議論文，民81。

——，〈徐復觀與殷海光--當代新儒家與中國自由主義的爭辯之一個剖面〉，台中，《「徐復觀學術思想國際研討會」論文集》，民81。

——，〈孟子的道德思考方式：以康德的理性底事實為中心的詮釋〉，本文系作者民國八十年國科會研究計劃成果報告。此文現收於《唐德倫理學與孟子道德思考之重建》一書中，台北，中央研究院中國文哲研究所，民83。

——，〈存心倫理學、責任倫理學與儒家思想〉，台北，《台灣社會研究》21期，民85。

——，〈儒家思想與科技問題--從韋伯觀點出發的省思〉，台北，《「儒學與現代世界」國際研討會論文》，民85。

沈善洪、王鳳賢，〈王陽明哲學的內在矛盾〉，《論宋明理學》，杭州，浙江人民出版社，1983。

李瑞全，〈論當代新儒家之新外王--從現代到後現代化〉，《中西哲學的會面與對話》，台北，文津出版

社，民83。

李澤厚，〈為儒學的未來把脈〉，台北，《鵝湖月刊》，民85。

袁保新，〈盡心與立命--從海德格基本存有論重塑孟子心性論的一項嘗試〉，台北，《孟子國際研討會》論文，民83。

陳忠信，〈新儒學「民主開出論」的檢討〉，台北，《台灣社會研究》一卷四期，民77。

郭齊勇，〈唐牟徐合論〉，《當代新儒人物論》，台北，文津出版社，民83。

黃進興，〈所謂「道德自主性」:以西方觀念解釋中國思想之限制的例證〉，台北，《食貨》復刊14卷七、八期，民73。

傅佩榮，〈人性向善論--對古典儒家的一種理解〉，台北，《哲學與文化》12卷六期，民74。

陳榮灼，〈圓善與圓教〉，《當代新儒學論文集·內聖篇》，台北，文津出版社，民80。

馮憬遠，〈試論張載的樸素唯物主義氣本論〉，《論宋明理學》，杭州，浙江人民出版社，1983。

楊祖漢，〈論余英時對新儒家的批評〉，《儒學與當今世界》台北，文津出版社，民83。

楊儒賓，〈人性、歷史契機與社會實踐--從有限的人性論看牟宗三的社會哲學〉，台北《台灣社會研究》一卷四期，民77。

──，〈帛書五行篇、德聖篇論道德、心性與形體的關聯〉，台北，《中國文哲研究的回顧與前瞻研討會》論文，民79。

劉述先，〈有關理學的幾個重要問題的再反思〉，台北，《國際朱子學會議》論文，民81。

鄭家棟，〈現代新儒學的邏輯推展及其引發的問題〉，《當代新儒人物論》，台北，文津出版社，民83。

謝大寧，〈齊物論譯〉，台北，《鵝湖月刊》第229、230、231期，民83。

──，〈中國的美感境界及其存有論的意涵〉，《文學與美學》，第五集，台北，文史哲出版社，民84。

──，〈儒學的基源問題--德的哲學史意涵〉，《鵝湖學誌》，第十六期，此文正出版中，頁碼待考。

羅義俊，〈近十餘年當代新儒學的研究與所謂門戶問題〉，《儒學與當今世界》，台北，文津出版社，民83。

Foucault(傅柯)，薛興國譯，〈論何謂啟蒙〉，《思想》，台北，聯經出版事業公司，民77。

國家圖書館出版品預行編目資料

儒家圓教底再詮釋：從「道德的形上學」到
「溝通倫理學底存有論轉化」

／謝大寧著. --初版. --臺北市：
臺灣學生，民85
面；　公分
參考書目：面

ISBN 957-15-0804-7(精裝).
ISBN 957-15-0805-2(平裝)

1.儒家‧中國

121.2　　　　　　　　　　　　　　　85014137

儒家圓教底再詮釋—從「道德的形上學」
到「溝通倫理學底存有論轉化」（全一冊）

著 作 者：謝　　　大　　　寧
出 版 者：臺　灣　學　生　書　局
發 行 人：丁　　　文　　　治
發 行 所：臺　灣　學　生　書　局
　　　　　臺北市和平東路一段一九八號
　　　　　郵政劃撥帳號○○○二四六六八號
　　　　　電　話：三 六 三 四 一 五 六
　　　　　傳　眞：三 六 三 六 三 三 四
本書局登
記證字號：行政院新聞局局版臺業字第一一○○號
印 刷 所：常　新　印　刷　有　限　公　司
　　　　　地　址：板橋市翠華街 8 巷 13 號
　　　　　電　話：九 五 二 四 二 一 九
定價　精裝新臺幣三七○元
　　　平裝新臺幣三○○元

西 元 一 九 九 六 年 十 二 月 初 版

臺灣學生書局 出版

中國哲學叢刊